組織の交渉と調停

数家鉄治著

文眞堂

はじめに

　交渉や調停は司法的領域で研究されていたが，今日のビジネス交渉や紛争解決にあたって企業間の取引やコンフリクトということで組織間関係論や組織論の考察を必要とするようになってきたのである。合併交渉や経営統合交渉のように交渉力がより必要になっていて，経営学の重要な研究テーマになっている。他方，激変する環境に適応していくためには，改革が必要になっていて，そのためにコンフリクトが生じている。コンフリクト・マネジメント力を欠くがゆえに，改革ができにくい組織も多く，地方自治体の行政改革もコンフリクトを恐れて，踏み込んでの改革にはなっていない。交渉や調停を学ぶことによって改革が推進されるのであって，それゆえわれわれもコンフリクト・マネジメントを論じてきたのである。

　組織領域のコンフリクト・マネジメントに焦点を合わせているが，それは経営学の古典である C.I. バーナードや M.P. フォレットのような学説から学ぶとともに，裁判所の民事調停委員や地方自治体の行政改革委員としての 10〜15 年にわたる経験も生かしている。交渉や調停に関しての内外の文献を利用しているが，アメリカのビジネス・スクールではこれらは大いに研究されているが，日本では一部の法学者の研究はあっても経営学者の研究はきわめて少ないのである。国際ビジネス交渉などにおいて経営学者の活躍を期待したいのであり，そのためにわれわれも一石を投じている。

　「組織の交渉と調停」というのがわれわれの研究テーマであるが，コンフリクト・マネジメントの視点から論じている。ジェンダー・コンフリクトも含まれていて，非正規メンバーの問題もジェンダー視点から論じている。さらに地方自治体の行政改革にも論及しており，行政と住民の協働というガバナンス改革のもとでの組織変革にはコンフリクトは不可避であって，コンフリクトを解決してこそ実行力のある行政改革がなしうるのである。一般に官

僚制的行政機構では改革のための交渉力が弱いのである。

　裁判所の調停制度はADR（裁判外紛争解決）の成功した事例の一つであって，民事調停と家事調停の調停委員は日本国中の至る所に配置されていて，2万人を超える大規模なスケールで紛争解決を担っている。とくに簡易裁判所は住民の身近な所にも存在し，個人間の近隣紛争や交通事故の調停など取り扱う範囲は広く，裁判官を含む3人以上の調停委員会を複数構成し，事件の調停を担っている。弁護士や不動産鑑定士，公認会計士，医師などの専門家とともに，元市役所の助役や部長などの一般人も調停委員として任命されていて，その組み合わせの妙によって，住民に利用されやすい形で調停がなされていて，ADRの模範とされるものである。われわれはこのようなメンバーから紛争解決について大いに学んだのである。

　交渉はかつての外交交渉中心から，合併交渉，経営統合交渉，取引交渉などのビジネス交渉が脚光を浴びていて，実務的にも関心は高く市販の本も増えている。そこで交渉実務よりも交渉理論にウエイトをおいて交渉の理論と技能をいわば組織論的に論じている。司法的領域で論じられてきたのでこれらも吸収して学んでいるが，ビジネス交渉を中心として双方とも知的創造性を発揮して双方が利する協調的交渉（統合的交渉）に焦点を合わせている。

　われわれのコンフリクト・マネジメントの意図は大きいが，行政改革の推進のためのコンフリクトの解決を含めて，考察を深めていかねばならないことはあまりにも多い。次の本で論じる予定であるが，交渉や調停の重要性を指摘したのにすぎないから，若手研究者に参入してもらって大いに開拓してもらいたいのである。

　日本の文化，制度という状況のもとで当事者間の紛争の調停や，紛争当事者との交渉等をそれらの特定の文脈のもとでコンフリクトの解決を意図して論じている。その後，文献によって内容の充実を求めたのであるが，必ずしも実践性にとらわれているわけではない。行政組織の行政改革においても，行政組織の職員が作成した行政改革推進大綱をただ答申するだけではなく，行政改革のあり方を問い，その枠組みにとらわれることなく，改革すべき項目を論じ，さらに改革の実行力を高めるためにコンフリクト・マネジメント

能力をどのように用いるかを論じてきた。交渉や調停を組織理論をベースにして論じるがゆえに、コンフリクトの司法的解決とは異なるけれども、われわれは司法的解決と行動科学的解決を総合した総合的コンフリクト・マネジメントという視点である。

行政組織では司法的文脈で論じられることが多いし、裁判所の民事調停においても同様であるが、しかしコンフリクトが生じた文脈にかかわってコンフリクトの解決ともなると、そこには組織論的な考察が重要になってくるのである。事実、行政改革においては単なる財政改革ではなくて、制約諸条件の多いなかでの組織そのものの改革が求められているのであって、経営資源を動員していく組織的能力を高めることが眼目である。行政経営とはそのようなものであって、行政経営のガバナンス改革といえるものである。行政指導型から行政と住民の協働型というのは今日的なガバナンス改革であって、これを推進していくにもコンフリクトの解決能力が求められている。行政組織は概して、交渉力や調停力というのは劣位にある。そこにまた行政改革委員の役割があるのである。

元大阪商業大学学長・理事長であった故谷岡太郎先生には、研究に悩んでいた私に対して「おれも落ちこぼれであった」と言って励ましていただき、そのお蔭で学究生活を何とか過ごしていけることが出来た。私学経営のお話しも聞かせていただき、経営学的にも学ぶところが大であった。先生の大きな包みこむ度量は凡人のなしがたいことであって、そのような環境のもとで研究に打ち込んでこれたことは幸せなことである。学問として研究するならば、どのような研究も非難されることなく、それは世間的な評価にとらわれるものではなかったのである。

恩師である武部善人先生、鈴木和蔵先生、小平隆雄先生はご逝去されて、その後の私の研究内容を見てもらえることはなくなったが、ここらで質の高い研究をめざしたいが、渡瀬浩先生はまだご健在である。みっちりと基礎理論を踏まえて論じるときがきたのであるが、新テーマに追われて日々を過ごしている。今の研究が一段落したら、私の研究の集大成とともに、じっくり

と基礎を固めたいものである。整理整頓して，ささやかながらも一学究の生きた証を示したいものである。凡庸な私にとっては精進して励むしかないのであるが，雑用を整理して一筋に努力していくしか道はないと自覚している。

それにしても，こうして60歳代の私が研究してこれたのは多くの学会等の先生方や友人のお蔭であって，そのご教示，励ましがなければ，学問への意欲をなくしていたであろう。挫折しかかったことが何回もあるが，そのつど励ましていただいた。これは凡庸な私にとってはどれほどありがたかったかは言葉で言い表わせないものがある。平凡すぎる私にとっては，何とかこれからの努力によってこのような学問的にも人間的にも優れた先生方の後をついていきたいものである。それが今の私にとっての楽しみになっている。

自由な研究の場を与えていただいた大阪商業大学の先生方にお礼を申し上げるとともに，私の研究のために公私にわたって支援し続けてくれた妻・佳子にも感謝したい。何回も脱線しかかる私を巧みに軌道修正もしてくれたのである。

30年以上にわたって学究生活をしてこれたのも，子供のころからの友人の励ましがあってのことであって，逸脱しない方が不思議なくらいである。全く平凡な私にとっては学究生活を挫折していてもふつうのことであろう。それが何とか今まで学究としてやってこれたラッキーさを感じるとともに，多くの人々のご支援のお蔭なのである。だからと言って学問が安易に収得出来るものではないし，学問を甘く見てはいけないのである。高年になったが，自己の未熟さはとくに痛感するこのごろである。これからこそ本格的に学問に励むときなのである。

少々難解であっても，いくつになってもつねに高みをめざして研究に励む姿勢は持ちつづけたい。学界の先達の一流の先生方のそのような研究態度は凡庸な私にとっても研究への刺激になっている。ご逝去された先生も少なくないが，今なお学会でお会いするたびに，学問的レベルが違っても抱く感情は同じで根本は共通するから励まされるのである。一いちお名前は記さないが，そのような先生方の学恩によって学究としての基本的姿勢を保っておれ

るのである。平凡な私であっても，物事を多面的，立体的にとらえる契機を与えていただいたのである。感謝しお礼を申し上げたいのである。

　また，まだ粗削りな私に出版の機会を与えていただいた前野弘社長，前野隆専務をはじめ文眞堂の方々にお礼を申し上げます。

　自然と文化，歴史が一体化した大和・宇陀にて
　　　　　　　　　　　　　　　　　2007 年 10 月 31 日　　数家鉄治

目　　次

はじめに

序 ·· 1

第1章　調停と調停による紛争解決 ······························ 7

1. はじめに ··· 7
2. コンフリクト・マネジメント ·· 8
3. 調停とコンフリクト ·· 13
4. コンフリクト・マネジメントと調停 ······························ 18
5. 紛争解決の方法と調停 ··· 21
6. 紛争解決規範と紛争解決意欲 ·· 26
7. おわりに ··· 33

第2章　調停とコンフリクト・マネジメント ···················· 37

1. はじめに ··· 37
2. 紛争処理と調停 ·· 37
3. 合意形成による紛争解決 ·· 43
4. 調停による公正な紛争解決 ··· 59
5. おわりに ··· 65

第3章　ADRと調停 ·· 69
　　　　　―ADR基本法と調停機関―

1. はじめに ··· 69
2. 調停というやり方 ··· 71

3. ADR基本法（促進法）……………………………………… 78
　　4. ADR機関……………………………………………………… 90
　　5. おわりに……………………………………………………… 93

第4章　コンフリクト論とM. P. フォレット………………………… 96
　　　　―交渉と調停―

　　1. はじめに……………………………………………………… 96
　　2. コンフリクト論……………………………………………… 97
　　3. M.P.フォレットのコンフリクト論……………………… 105
　　4. フォレット理論の展開…………………………………… 114
　　5. おわりに…………………………………………………… 127

第5章　交渉の理論と技能………………………………………… 131
　　　　―組織行動論的アプローチ―

　　1. はじめに…………………………………………………… 131
　　2. 交渉………………………………………………………… 132
　　3. 交渉の理論………………………………………………… 136
　　4. 交渉の技能………………………………………………… 147
　　5. おわりに…………………………………………………… 157

第6章　組織の交渉とビジネス交渉……………………………… 159

　　1. はじめに…………………………………………………… 159
　　2. 現代の交渉………………………………………………… 160
　　3. 交渉プロセス……………………………………………… 165
　　4. ビジネス交渉……………………………………………… 178
　　5. おわりに…………………………………………………… 183

第7章　コンフリクト・マネジメントと交渉のあり方………… 185

　　1. はじめに…………………………………………………… 185

2. 交渉と改革 …………………………………………………… 187
　　3. コンフリクトと行政改革 ……………………………………… 196
　　4. 交渉とコンフリクト解決 ……………………………………… 207
　　5. おわりに ………………………………………………………… 217

あとがき ……………………………………………………………… 223
初出一覧 ……………………………………………………………… 225
索引 …………………………………………………………………… 226

序

　本書はコンフリクト・マネジメントについて論じているが，単なる文献的研究ではない。裁判所の調停委員や地方自治体の行政改革委員として，現実に紛争を解決したり，行政改革を担ってきた経験も踏まえて論じている。その結果として，現実には交渉や調停が改革や現状打破にとって大切であって，交渉や調停の能力があってこそ，コンフリクトをこえて改革や変革がなされるのである。逆に言えば，コンフリクトを解決してこそ，本格的な改革がなしうるのであって，コンフリクト・マネジメントの重要性を論じているのである。改革に伴う利害関係者との交渉をへて，むしろ改革への協力体制をつくることが大切であって，交渉もせずに自然に改革されるものではなくて，交渉・調停を合せて改革への意識的・意図的な努力を必要とするのである。このプロセスは理論に加えて技能を必要とするのであって，交渉技能や調停技能を欠くと改革は推進されないのである。

　対人的コミュニケーションも交渉の一つであるが，交渉には豪腕というイメージがあるように，能動的で主体的なものであって，コンフリクト解決にも積極的にかかわっているのである。日本の司法制度も強力ではなく，裁判にしても自己の思うようにならないことが少なくない。そこでADR機関に依存したりすることになるが，やはり企業にとっても交渉力を身につけなくては難局を打開することはむずかしい。裁判所の調停制度にしても，紛争当事者間の調停を担うが，それも当事者の交渉力の差異によって，結果はかなり異なってくるのである。もちろん企業自体が調停を担って，紛争を解決することも多いが，日本のコンフリクト・マネジメント力は概して劣位にある。これは国際ビジネス交渉でその劣位性が示されていて，国益をそがれているのである。国をあげて紛争解決力を高めなくては，日本企業の持続的競

争優位性の確保もむずかしくなってくる。

　地方自治体の行政改革委員として10年以上も行財政改革にかかわってきたが，行政組織の枠組みは旧態依然である。実質的には国の下部機関としての位置づけには変化がなく。3割自治とも言えない程度の自由裁量の幅しかもっていないのに，地方交付税の削減によって公債費が膨らみ，財政赤字がさらに巨額になっている。こうしたなかで地方自治体もやっと地方交付税依存体質から脱却して，自前で分に合った行政経営を担う必要が出てきたのである。行政経営，公共経営学の視点を改革に組み込んで，固定的な行政管理の枠を脱してパラダイム変革が求められているのである。H.E. オルドリッチは「組織転換」を組織進化論の立場から論じるが（H.E. オルドリッチ『組織進化論』東洋経済新報社，2007，第7章），まさに行政組織もこうあらねばならないのである。ここでいう組織転換とは，「組織における大きな変化あるいは実質的な変化」（245頁）である。「変化が重要であるか否かは，変化が組織全体に及んでいるか，変化に必要な資源が重要な価値を持つものであるか否かにかかっている。たとえば，変化によって既存の組織的知識がすっかり役に立たなくなり，適切な新しい組織ルーチンや組織能力がつくられるなら，組織転換が行われたと言える」（245頁）。われわれも地方自治体の行政管理から行政経営への転換はガバナンス改革を伴い，そして行政改革は組織転換が行われるものと認識したい。それは市の行政改革委員・会長として行政改革委員間のコンフリクトの調停も担ってきて，そのような根源的な論及なくしては組織転換は行われないことを認識していたからであって，そのレベルの本格的な行政改革では身を削る思いである。改革とはコンフリクトを伴い，大きなコンフリクトの解決にはまさに知的創造性を必要としているのである。そこでは交渉と調停のダイナミズムなくして改革は推進されないのである。

　行政改革もガバナンスを担う人の統治理念に左右されるものであって，行政の枠にとらわれるものではない。組織論者としてのわれわれは，政治学者のような広範な分析をするわけではないが，行政組織も進化するのであって，その進化論的プロセスを改革に関連させて見ていきたいのである。それ

は住民を主体としたガバナンスのあり方にかかわっているのであって，それぞれの統治理念が反映されなければならないのである。もはや庁舎にしても権力誇示の対象にしてはならないのである。新しいガバナンスを示す視覚効果を示す対象はどのようなものであろうか。それは地域社会によって異なるであろうが，住民がガバナンスの担い手であるというのは不変であって，歴史，文化，伝統，自然との調和や，税収を確保するための産業振興を無視しては財政が成り立たないのも事実である。

　これまで経営学においては交渉や調停が本格的に論じられることがなかったのであるが，組織論ではD.カッツとR.L.カーンが『組織の社会心理学』(1966, 1978)でコンフリクト・マネジメントを論じているように，かなり研究されていて，R.リッカートもコンフリクト解決を論じている。ミシガン大グループにとってコンフリクト研究は組織の行動科学的研究の一環をなしていて，法学的な紛争処理よりもコンフリクト解決について精緻に考察されているのである。われわれは裁判所での調停経験を踏まえて，司法的紛争解決と行動科学的紛争解決を綜合する総合的紛争解決を意図しているが，そのベースをなす考えは経営学の古典であるM.P.フォレットの「統合的解決」やC.I.バーナードの人間協働の哲学などにもとづいている。この点でわれわれの論考は経営学的であって，ビジネス交渉についても司法的よりも経営学的な考察である。

　調停にしても裁判所の調停委員としての実務経験を踏まえているけれども，司法的な考察の多いなかで経営学の視点，コンフリクト・マネジメントの視点で論じているのである。コンフリクトの解決はあらゆる領域で必要であるにもかかわらず，交渉や調停の能力が劣位のために安易なる妥協に走る場合が多い。行政改革にしてもコンフリクト解決能力が劣位のために，重要であっても大きなコンフリクトをもたらすような改革は回避されやすいのである。それゆえ行政経営にもとづいての行政と住民の協働というガバナンス改革も遅々として進んでいないのである。地方自治体の行政改革をコンフリクト・マネジメントの視点から照射するのが，われわれの組織論的研究である。コンフリクトの視点から現代社会の歪みをえぐることが出来るし，その

対処を非力ながら論じているのである。

　われわれの研究テーマは，「組織の改革とコンフリクト」であって，生じたコンフリクトを交渉や調停をつうじて解決していくことである。コンフリクト・マネジメントの一環として交渉を論じるが，それは地方自治体の行政改革においても改革にはコンフリクトが生じるから交渉をつうじてのコンフリクト解決を意図している。ビジネス交渉においては交渉力が経営成果に大きな影響を与える状況になっているから，とくに国際ビジネス交渉においては交渉力を高めることが急務になっている。そこでさらに交渉の理論や技能を論じていきたいのである。

　改革と交渉をテーマにしているが，行政改革には交渉や調停などのコンフリクト・マネジメントが不可欠である。われわれは M.P. フォレットのいう健全な「建設的コンフリクト」に注目したいし，行政改革にはそのようなものが多いのである。むしろコンフリクトを回避していては状況はさらに悪化していくのである。ここでの人間モデルは人間は利己的にして利他的であって，他者との同感によって自己中心的感情を抑えることも出来るのである。行政改革は地域社会の秩序の再構築であって，とくに財政の健全化のために，既得権益者の抵抗を排しても改革を指導していく面があるので，コンフリクトが生じやすいが，それは健全な姿である。というのも財政破綻しては業者にとっては元も子もなく，入札制度も広域化してより落札がむずかしくなるのである。そして大手の下請けとして安い受注価格で仕事を引き受けなければならなくなったりして，むしろ行政改革に協力する方が互恵的な相互作用が形成しやすいということで反対者に対して交渉していくのである。これは敵対的交渉というよりも協調的交渉であって，「ダイアローグ（対話）」を重視しているためである。対話重視の交渉こそ行政改革には不可欠なのである。決して威圧的な権力行使を遂行してはならないのである。

　現実の交渉や調停は司法的，社会的，制度的，文化的な裏づけのもとで行われていて，決してフリーハンドのもとで交渉したり調停したりしているわけではない。M. グラノベッター（1985）の有名な言葉を用いると，交渉や調停も広義の社会的関係のなかに埋め込まれている。「埋め込み」アプ

ローチは，社会的文脈から切り離されている（脱埋め込み化）取引コスト論やプリンシパル―エージェンシー理論とをくらべて，交渉をより具体化している。制度的信頼（L. ツッカー）や社会的信頼（F. フクヤマ）にしても，交渉をスムースにする各種の制度や共同体内部で生じる価値規範を論考の基底にしているが，かかる制度や共通の価値規範がいかにして生じるか，そして主体的，動態的な交渉による文脈転換は論じられていない。「埋め込み」がなくなるわけではないけれども，交渉によってそれが変容していくのである。そこでは，社会的紐帯，ネットワークの強弱が問題となるが，交渉力の威力というものを軽視すべきではない。また制度的信頼やシステム信頼が確立されていれば，交渉の折り合いはつけやすいのである。したがってわれわれも，信頼と交渉の関係を研究する必要はあろう。信頼，互恵的相互依存関係のもとでの交渉というものは，どのような交渉結果をもたらすかということである。交渉力というのも一つの能力であるが，その能力への期待も組織内部での信頼を高めるのであって，これが組織外部との交渉をしやすくしているのである。

　このようにわれわれの研究方向を示したのであって，本書においてこれらのことを論じる時間的余裕はなかったので，次の本（『組織経営の理論』）で，この点に留意して少しでも説得的に論じうるように念じている。交渉や調停の背景をなす信頼などの社会関係資本や歴史，文化というものを軽視していては実効力を伴わないのである。

第1章
調停と調停による紛争解決

1. はじめに

　仮想現実が肥大化して現実を直視する機会が減っているが，日本的システムは痛み病んでいる。そのために，われわれはジェンダー問題に焦点を合わせてコンフリクトを少しは論じている。ジェンダー・フリーがめざす方向であるが，組織ではむしろジェンダーバイアスが多い。そこで組織をどのように変革していくかであるが，まだ，理論的体系化はなされていない。日本的経営は男の仕事労働を中心として編成されてきたから，女性の家事労働をその支えにせざるをえなかった。このように日本的経営は，日本の制度的経路に依存しており，それらが複雑に関連しているので，文化，風土，歴史などの研究が必要である。それゆえに，文化相対主義の立場から日本的システムを総合的に考察していきたい。ところで，ジェンダー問題は内容が多岐にわたっており，立場によって見解が大きく異なる。しかも利害が大きく異なる。それゆえ，現実的な問題を考察するとコンフリクトに巻き込まれやすい。ジェンダー・コンフリクトはこの点からも，むずかしい研究テーマである。したがってジェンダーの視点からコンフリクトを論じている。

　もはや夫が妻子を扶養する世帯給のもとで専業主婦という生活パターンは崩壊していて，妻がパート等で働いているのがふつうの生活様式である。しかし女性労働を円滑にする制度や組織になっていないので，女性へのしわ寄せの大きい，仕事労働と家事労働の両方をこなしていかなければならない仕組みになっている。しかも女性も家計支援のために本格的な女性労働が求められると，この構図はコンフリクトを高めるのである[1]。

2. コンフリクト・マネジメント

　ジェンダー問題とコンフリクト・マネジメントとを関連させて考察するのがわれわれの立場である。調停においてはこれらが密接に関連していることが少なくない。ジェンダー・コンフリクトの調停においてはふつう内容が多岐にわたっている。それがために，調停理論は調停技能と一体化してとらえることが大切である。とくに調停では人間の主観的認識にもとづいて話し合うことが多いから，客観的に論理だって解決していくことは少ないのである。司法的解決は一般的には論理的に紛争解決をなすと考えられているけれども実際には，調停は人間にかかわることなので人間的感情を取り込んで話し合いをしている。すなわち，コンフリクト・マネジメントは論理的思考に限定されるものではない。司法的解決のみに限定して問題解決されるのではなく，行動科学的な解決も求められるのである[2]。行動科学的問題解決は経営学ではすでに論じられてきたが，調停ではこれまで体系的にはほとんど考察されてこなかった。家庭裁判所の家事調停では幾分それらは利用されてきたが，コンフリクト・マネジメントといわれるものではない。

　われわれの立場は，司法的分析にとらわれることなく[3]，組織論的コンフリクト・マネジメント論であるからそのあつかう範囲は広い。さらに日本的システムのコンフリクトの解決も意図している。そこで，まず実践的には，裁判所の調停制度を利用している。特に民事調停のコンフリクト解決の方法を利用している。われわれはコンフリクト・マネジメントの一環として裁判所の民事調停を論じているが，それはわれわれの調停経験をいかすためでもある。官僚は行政指導をつうじてコンフリクト・マネジメントを担ってきたのであるが，それはマクロ的な紛争解決といえよう。それにたいして，われわれが意図している紛争解決はミクロ的といえよう。もちろんマクロ的視点を欠いているわけではない。実務経験を生かすためにミクロ的なコンフリクトに焦点を合わせている[4]。裁判所の民事調停はサラ金調停など身近な紛争

を取り扱っているので、生活者にとってはコンフリクトの解決に役立っている。しかも現実的に対応しているから生活者にとっては、費用が安くて早く解決するから生活の改善に役立っている。裁判所の調停制度はまだまだ広く知られていないが、紛争の解決に大きく貢献してきたので、企業の担当者にはその効能が評価されている。ただ、調停技能が発達していないので、紛争当事者の全面的な信頼を得られているとはいえない。そこで調停技能とはどのようなものかを検討していかねばならない。

　一般に、裁判所は身近な存在とは思われていないが、少なくても民事調停は地域住民にとっては利用しやすい存在である。ただイメージとしては堅苦しいので敬遠されている。利用者にとってはその利便性に気がついて反復して調停を申し立てている。裁判所の民事調停は費用が安く、公平であるから生活者にとってはよき制度であるから利用しやすいのであるのに、実際にはあまり利用されていない。その理由として裁判所はイメージ的に敬遠したくなる組織と思われているからである。さらに調停制度を知らない生活者も多いからである。もっと広報をして裁判所の調停制度を広く知らせる必要がある。事実、調停制度を利用した人々は調停のよさに気づいている。とくに金銭的トラブルにおいては調停の効力を発揮している。そんなこともあってサラ金調停はあまりにも多いのである。利息制限法に置き換えて計算するので返済金額が減るだけではなく、将来利息がゼロ円になるからである。それでも多重債務者にとっては40回から50回にわたる分割返済になる。さらに長期にわたることもある。自己破産同然の人にはサラ金会社も譲歩せざるをえないのである。

　このように、調停理論や調停技能の高度化によって多くのコンフリクトが解決されてきたが、最近においてはコンフリクトがより複雑になっている。そのために、より高い調停の理論や技能を必要とされるのである。この点で大学でもコンフリクト・マネジメント論を講義する必要がある。しかし、日本の大学ではこの講義は皆無といってよく、経営学部では一般にコンフリクト・マネジメント論はないのである。したがって紛争解決の能力が育成されていない。問題解決能力も低いのであるが、これでは日本企業の競争力は低

下してしまう。特に国際的トラブルに対応できないのである。そこで裁判所の調停制度で蓄積された理論や社会的技能を生かして，コンフリクト・マネジメント理論の本格的な確立をめざしている。もちろん調停理論だけがコンフリクト・マネジメントの理論に貢献するわけではないが，その貢献は大きいといえる。これまで紛争解決は裁判を中心とした司法的解決が広く論じられてきたが，このために経営学の問題と認識されることは少なかった。本格的なコンフリクト・マネジメント論の経営学者はほぼいないといえようから，紛争解決は司法的な問題とされてきたのである[5]。われわれはその流れを変えるための努力をしてきたのである。もちろん司法的解決の大切さも認識しているから，その学習もしてきたのである。特に裁判所の研修には勤めて参加してきた。ただ，裁判所の研修は司法的問題に限定されているから，調停への効力は限定されているのであり，もっと調停理論を幅広く研修していく必要がある。少なくとも調停の理論や技能は人間的なものであり，司法的解決はその一部にすぎないのである。

そこでわれわれは，調停の理論を体系的に論じていきたいのである。M.P. フォレットや C.I. バーナードの理論などは調停に役だっている。それゆえ経営学の古典などを学んで，幅広い素養を身につける必要がある。コンフリクト・マネジメントには経営学の基礎知識が必要であるから，司法的解決に限定されてはならないのである。しかし現実には，裁判を上位におく解決方法になっている。そのために司法的知識のほうが他の知識よりも優先されるのである。そのために解決方法が限定されているのであり，コンフリクト・マネジメント論の体系化が遅れているのである。少なくとも紛争解決方法は多様的に考えるべきである。この点でも裁判と調停とを同等に考えているのであって，調停の意義を大いに評価しているのである。したがって調停を裁判から独立させて論じており，自由選択の一つとして調停を論じているのである。これは司法的思考とは見解を異にしている。

もちろん司法的思考を欠いてはコンフリクト・マネジメント論は成り立たないけれども，司法的解決にとらわれてはならないのである[6]。リーガル・マインドを優先させてきたわが国では，往々にしてこのような思考の偏りを

見せている。それは調停の歴史が司法機関で担われてきたからである。そしてそのために調停は裁判に従属してきたのである。この思考様式から脱するのは決して簡単なことではない。自由な選択肢の一つとして裁判と調停を考えるべきであって、裁判を上位におく考えをとらないのである。これまでの司法判断では裁判を絶対視して、他の紛争解決の手段を副次的なものと考えてきたのである。そのためにコンフリクト・マネジメントの発達を遅らせてきたのである。われわれとしては紛争を予防することに力点をおいているのである。そして紛争解決の解決能力の育成に力点を置いている。しかし、大学ではコンフリクト・マネジメントを教えているところはほとんどない状況である。紛争解決学とは何かという定義もなされていないけれども、われわれは仲裁、調停、交渉などを含む広義な概念として捉えている。特に重視することは垂直的な紛争解決ではなく、水平的で合意的な問題解決、紛争解決である。裁判所の民事調停では合意形成によって調停を成立させているのである。調停では強制力をもたないから、ひたすら合意形成に努力せざるをえないのである。そのために調停技能の向上に励んでいるのである。調停技能には対人交流能力も含まれているが、人間通であることも大切である。感情、気持ちを敏感に汲み取ることが大切である。この点で調停人は権力がないので、意識的、意図的な努力を必要としているのである。

　サラ金の多重債務者の民事調停では、一人で複数の消費者金融会社から多額の借金をしているので、利息制限法で定められた利率で置き換えて計算して、債務額を確定するのであるが、その数が多いので、民事調停委員も時間をかけて計算している。電話であらかじめ合意を取り付けてから十七条決定をしている[7]。その交渉過程は簡単なものではないが、最近ではかなりやさしくなっている。それでもサラ金会社はかならずしも消費者金銭貸借契約書の当初の日づけまで遡及して書類を提出するとは限らない。申立人のほとんどは契約書や返済の記録をもっておらず、そのためにサラ金会社との調停は難航することが少なくない。利息制限法に置き換えて計算しなおすと過払いになる場合にも、書類が提出されていない場合が少なくない。それは過払い返還訴訟への対応と考えられるが、申立人の了承を得て債務不存在として調

停を終える場合もある。サラ金会社は債権債務不存在の決定を望むのであるが，ここでも調停は難航するのである。しかし申立人の希望で債権債務不存在の上申書を書く場合もあるので，そのケースの対応は複数ある。現実には，サラ金会社に対しての過払い返還訴訟がおこなわれている。その返還訴訟を阻止するためにサラ金会社は，債権債務不存在をもとめるのである。しかし，これを認めると，返還訴訟の道を封じるので本人の了承のもとで，調停を成立させている。裁判所は承諾書を書いてもらっている。この問題は双方で対立することが少なくない。しかしサラ金会社は，このことを強く求めるので，調停不成立を避けるために双方を説得しているので，結果はまちまちである。

　そしてサラ金会社は取引事例を契約当初から出さないために，いわゆる過払いにならないことが少なくない。契約書や領収証を申立人が保管していないので，その言い分が相手に受け入れられないからである。それでも申立人が契約書の日づけを覚えている場合は，サラ金会社に再度要求している。この交渉はかなり難しいが，やりがいのあることである。その結果として，債務不存在に変更されたことがある。ある意味において，サラ金会社との交渉は調停技能を高めてくれるので，自己鍛錬になる。われわれもサラ金会社との調停で学んだことが少なくない。利害の衝突こそ交渉力を高めてくれるのである。交渉力を高めるにはかなりの経験も必要であるが，交渉理論を学ぶ必要がある[8]。日本では，この理論のための体系的な教育がなされていないので，交渉には時間がかかる。逆に言えば，サラ金会社から交渉力を学ぶことも大切である。今日では，サラ金会社も脅すよりも交渉力を高めることに力点を置いているのである。このことは，裁判所の調停でもいえることであって，その担当者は調停委員よりも交渉力を持つ人が少なくない。それに対抗して交渉をしなくては申立人にとって不利な調停になることもある。これまでの取引事例をすべて出さないケースもあるからである。そこで再度その書類の提出を求めるのであるが，契約書も持たないので，契約日が特定できないのである。ここに交渉力が大きくものを言うのである[9]。本人の記憶とそこから推測される日にさかのぼって書類の提出を求めるのである。しか

し，途中で完済しているケースもあって，そこで新契約になっているというのが業者の言い分である。ここで交渉は難航するのであるが，申立人の意向によって多様な結果になる。

　われわれとしても申立人の代理人ではないから申立人の言い分をすべて聞くわけではない。そのようなことは調停人としての中立性を犯すことになるからである。しかし，弱者救済の立場を捨てたわけではない。特に力関係が大きく不均衡の場合には，一方が大きく損にならないように努力しているのである。このことはサラ金調停にもいえることであって，サラ金会社にはそのことのための説得が大切である。生活のできないような債務弁済協定を弱者に押し付けることはできないのである。それでもギリギリの毎月の返済金額になることもある。われわれとしてもこのことは辛いのであるが，調停を成立させるために譲歩せざるをえないのである。確かに，公正・公平は大切なことであるが，現実においては権力差があることは事実である。そのことを認識していないと調停を成立させることはむずかしいのである。その不均衡の大きさを何とか縮小していくのが調停委員の力量であるが，時間をかけすぎることはできないのである。場合においては何回も期日を入れて調停をおこなうのであるが，結果的には少ししか改善されない場合もある。

3. 調停とコンフリクト

　コンフリクト問題は複雑多岐にわたっているので，ふつう，問題解決は簡単ではない。そのために状況を全体的に捉えて，解決の糸口を見出していく。簡単に糸口を見出すこともあるが，かなりの経験を経ないとコンフリクト状況はとらえにくいのである。一定の類型化は可能であるが，マニュアルどおりにいくわけではない。というのも，一件一件ごとに内容が異なるからである。背景の全体状況をとらえることが紛争解決において大切であるといえよう。M.P.フォレットは統合的な解決を論じたのであるが，そこでのプロセスでいう全体的状況はこのことである。調整，整合，統合というプロセ

スを経過するのである。しかしながら，現実には妥協で終わることが多いのである。裁判所の調停においては件数も多いので，時間を十分かけて調停することは少ないのである。もちろん案件によっては，十分に時間をかけて調停することも少なくなく，調停期日も2年以上にわたっておこなわれることもある。毎月毎月と調停期日を入れるので，合計回数が20回を越えるのである。それでも最後には調停不成立になってしまうこともあるのである。このときの徒労感は大きいことが多いのである。逆に期日を重ねて，もうだめであるとあきらめかけていたので調停事件が成立した場合には，大いなる精神的充実感を感じるのである。われわれ調停委員の努力もあるけれども，当事者双方のコンフリクト解決努力の結果であるといえよう。ただ双方の意思決定のきっかけになるのである。これを調停能力といえようが，調停技能の支えがあってのことである。

　それでは調停技能とはどのようなものであろうか。技（アーツ）のひとつと考えることができるが，そのほとんどは暗黙知の世界のものであるが，調停実践を通じて経験したことを表現するのは決して不可能なことではないといえよう。行動科学的見方に立脚すればかなりのことが文章として表現することができる。もちろん文章として体系的に論じることは難しいけれども，何とか調停技能を示すことはできるのである。それでは調停技能とは具体的にはどのようなものであろうか。一定の専門的知識は必要であるけれども，人間関係を調整していく技能でもあって，感情の根底に潜む優越感と劣等感との葛藤は根深いものであるが，このような人間の深い心理をどのように調整していくかが調停でも要請されるのである。感情のこじれにはこの問題がからんでいるのである。これは理性的問題ではないから，理屈だけで一方的に論じても紛争は解決しないのである。特に司法的解決で押し通す場合はそうである。したがって，調停技能には広範な領域にわたる配慮が求められるのである。両者間に権力依存関係がある場合には，心の動きを捉えることが大切である。少なくとも調停では両者は対等の立場であって，権力者を優遇しているような印象をあたえてはならないのである。人間のひがみ感情を無視していると調停がこじれてくるのである。裁判所の調停には一定の権威が

あるから双方とも感情的には中立的になっていることが多いので，比較的に調停しやすいのである。それでも裁判所に不信感を持っている人も少なくない。その理由として裁判所は権力統制機関のひとつとして位置づけられているからである。民間から任命された調停委員は国家権力の一翼を担っているとは思っていないが，紛争当事者にとっては調停の趣旨が理解できずに，仲裁的権力を有していると誤解している人も少なくない。民事調停法の十七条決定にしても，異議を申し立てることができるから仲裁的権力を有しているわけではない。しかも，調停においては調停不成立を申し立てることができる。裁判所に出頭しなくても，電話で調停不成立を申し出ている場合もあるから，調停には強制力を有していないのである。したがって，調停と仲裁とは区分されてしかるべきなのに，現実の調停では区分が明確でない人が多いのである。

　このような誤解を意図的に利用する申立人も少なくなく，裁判所で調停しようと相手を脅すのである。とくに，中小のサラ金業者にとっては，返済能力の劣っている債務者に貸し付けている場合が多いので，取立てを厳しくしないと商売がやっていけないことも少なくない。そこで調停においても譲歩することは利益を圧迫するので，相手の書類不備を盾にとって抵抗するのである。調停不成立を申し立てることも少なくない。これは申立人にとっては余計に債務負担をかけることになるので，何とか調停を成立させる条件を考えさせるのである。過去に遡及するだけの書類がない場合は，申立人の債務額を大幅に減額するように交渉をするのである。この交渉はサラ金業者の状況も考慮しているので，折り合いがつきやすい。ただ，この交渉は，かなりの駆け引きを伴なうので，取引コストが大きくなる。しかし，業者の手の内がある程度わかるので，ほぼおとし所で調停を成立させている。ここでの交渉は確かに交渉能力を鍛えてくれるので[10]，調停委員にとってはありがたいことである。

　調停にも交渉技能が必要であるけれども，その技能は公正なものでなければならない。水平的な調停では双方からの信頼がなくては，調停が成立しにくいから駆け引きは取引コストを高めるだけのことになりやすい。これまで

は調停における取引コストはあまり問題にはされていなかったけれども，小額の調停事件ではその負担が大きく，駆け引きは双方に経済的負担を大きくしてマイナスになりやすいのである。他方，高額事件の調停では，駆け引きの誘惑が大きくなり，ここに調停委員の介在が必要になってくる。だが，巧妙な駆け引きになるとその手口を見分けることが困難になる。これでは公平な調停ができなくなるから，時間がかかってもバランスがとれるように努力している。ときには，その巧妙な駆け引きを見破れないので，公正を欠く調停になっている場合もあることは否定できないのである。このことは残念なことではあるが，反省して，次の調停に生かせる努力はしている。しかし，まったく気がつかない場合は，反省もしていないので，同じ誤りを繰り返しやすい。

　こうして考えてみると，調停は責任が大きく，むずかしい仕事であるし，常なる勉学が必要である。専門書のみならず，小説などの人間の心理を描いたものを読んで的確に状況を把握することが大切である。幅広い知識のもとで，総合的な判断がいるのである。調停は常識あるいは条理をベースとしてこそ解決の糸口が得られるのである。法律のみにとらわれると，調停的解決はむずかしいのである。結局，調停には人間が合意し，納得することが大切であるからである。理性的な受け入れ以上に，感情的な受け入れが調停には求められるのである。そこには人情の機微というものをとらえていく必要がある。人間性だけではなく，そこには人間の品性というものも求められるのである。双方とも品性が高潔であれば，調停はしやすいし，論点が整理しやすいのである。ここでは調停を迅速にすすめることができる。策士，策におぼれるというが，駆け引きが過ぎては，取引コストを高めて調停は時間がかかりすぎて，双方ともに経済的メリットが得られにくいものになってしまう。調停担当者もくたびれてしまう。だらだらと長期にわたって調停した結果として，不成立になることもあるが，徒労感も大きいのである。中には時間を稼ぐのが目的の調停もあるが，これも調停担当者が事後的にわかることが多いので，むなしい気持ちになる。そこで，調停回数を重ねていくにあたって，どのように調停を進めるかの判断が大切になってくるのである。

確かに，調停には専門的知識が必要ではあるが，それだけでは調停を進めることができないのである。調停技能といえるものであるが，この訓練が系統だっておこなわれていないのである。組織的学習をつうじて調停技能を教える必要があるが，この技能はかなり暗黙知といわれるものだけに，形式知に転換することはむずかしいのである。そこで経験をつむことが大切ではあるが，経験だけがその唯一の習得方法ではない。事例研究などを通じて大学でも教育することができる[11]。その担当者はやはり理論を踏まえた実践的経験者であるほうが望ましい。現実に調停を担っていないとどのように調停技能を発揮させていくのかがわかりにくいのである。少なくとも調停技能は人間を相手になすのであるから，人間通であるほうが効力を高めるのである。逆にいえば，人間通であることが調停技能を高めるのである。このように調停技能は幅広い範囲のことがかかわってくるのである。調停技能はこれまで学術的にはあまり研究されていなかったけれども，経営学的に見ても重要な技能である。しかしながら，経営学者が調停技能に注目することは少なく，テキストで論じられることは日本では，ほぼなかったのである。それゆえ，われわれは経営学の一分野として調停理論と調停技能を論じることになるが，学説的には，M.P.フォレットの学説に準拠することになるといえよう。フォレット研究はこれまで数多くの研究者によって幅広く研究されてきたので，利用できる文献も多いので，調停理論を発展させる素地はできているといえよう。われわれもこれらを関連させて論じていきたいのである[12]。

　われわれの論じる調停理論と調停技能はこれまでの司法的枠組みを超えるものであって，行動科学的調停理論を導入するものである。いわば司法的解決と行動科学的解決とを総合的にとらえるものである。このような立場からコンフリクト・マネジメントを経営学の研究対象として論じるものである。コンフリクト・マネジメントには調停技能のような紛争解決の技能を伴うのであって，いわば理論と技能を一体的にとらえるものである。実践的技能の積み重ねから得られる理論もあるのであって，たとえば調停実践から得られる実践的調停理論もあるのである。

4. コンフリクト・マネジメントと調停

　調停理論と調停技能はまだ体系的な理論ではないが，裁判所では実践的に蓄積されてきた。日々の調停実務をつうじて調停技能が蓄積されており，その組織的学習もなされている。E. ライダーと S.W. コールマン の『協調的交渉術のすすめ』（アルク，1999）に論じられているように，調停者の役割は，当事者間の意見を調整し，両者の話し合いが協調的に進むよう努める。その結果として，両方がともに満足する（Win-Win）解決に行き着くことができるように，手助けをする。最終決定は当事者が行うので，調停は交渉を担う当事者がお互いに満足のいく解決策を見出しやすい場といえる（23 頁）。かくして，効果的に協調的な交渉を行うためには，立場（相手に対する要請，要求，非難）と欲求の違いをしっかりと認識して，相手の潜在的な欲求が何であるかを見極めることが大切である（53 頁）。ここでは闘争的なやり方は，大きな逆機能をもたらすのである。「闘争」は，お互いの立場を思いやることなく，どのような手段を使っても相手に勝つことだけを重視するコンフリクトの対処法であるので，最悪の手段といえよう。また，競合的に交渉を進めていく場合には，駆け引きをして，自己の利害に執着するので，正直に気持ちを表さない。ともにお互いの違いの細部にこだわり，相手を疑い，時には敵対的な態度をとる。当事者双方は交渉結果を勝ち負けの観点からしか見ないので，誤解が生じても相手側の言動を否定的にとらえがちである。競合しあっている交渉相手同士でも，調停においては，ある部分は協調的であることもあるので，そこを解決の糸口にして，交渉がより生産的に転じることができたりするのである。権力格差の大きい交渉相手では，調停者の力量がとくに要求されるのである。下請企業とその親会社との競合的交渉の決裂後の調停では，その権力格差を十分に考慮に入れて調停を進めなくては，紛争解決はむずかしいのである。それは権力格差の大きい組織内部においても同様のことが言えるのである。

われわれは協調的な調停を主に担ってきたけれども、一方が競合的交渉に終始するので、調停が不成立になることも件数としては少なくないのである。あまりにも理不尽なことなので、調停者としても気分の悪いものである。ここでは企業倫理や企業の社会的責任を問わざるをえないのである。そして、軽蔑や侮りは何ら紛争解決をもたらすものではなく、むしろ、憎しみの連鎖をもたらすものである。これはエリート志向の強い者に見られるが、その軽侮的態度こそ調停を壊してしまうのである。人間の心理を軽く見ると失敗しやすいのである。法理論だけで調停が成り立っているわけではない。調停はきわめて人間的な行為なのである。人間の非論理的側面を考慮に入れないと調停はうまくいかないのである。人間の心理は詳細に論じると男女間にも差異があり、特にジェンダーバイアスによって女性の気持ちを歪めて捉えており、そのために女性を従属化して、紛争を解決しようとしている。今日では、このやり方が女性群の反発を高めており、支配されるのを好まないのである。この点で、本来、中立かつ公平であるべき調停人自身が男女観に偏見を持っては、女性に不信感を持たれて調停がうまくいかなくなってしまうのである。紛争当事者間の不信を取り除くべき調停人が、当事者から不信感をもたれては紛争解決の橋渡しが、一層困難になってしまう。かくして、ジェンダー問題は司法的解決および行動科学的な紛争解決においても重要な課題になるのである。

それにもかかわらず、ジェンダー・コンフリクトを研究している人は、きわめて少ないのである。ここでのジェンダー・コンフリクトは男に対する偏見も含まれている。しばしば男に軍人モデルを当てはめて、行動を拘束することが組織ではよくみられることである。しかしながら、女性にとってはこのような軍人モデルは、支配統制型の組織であってもなじめないし、協働意欲を高めるものではない。女性にとっては、それは抑圧と感じるのであって、仕事上もコンフリクトを高めやすいのである。

これまで組織は性別的に、仕事労働を担う男性に適した組織形態になっていて、男女協働の労働の仕組みにはなっていなかったといえる。社会的にも家事労働を義務づけられてきた女性にとっては、仕事労働に打ち込んでも、

家事労働は免責されることはなく，二重の負担にあえいできたのである。これは，家事労働をほとんどしない男性と比較して，競争条件があきらかに悪いのである。このような社会の仕組みに，女性はジェンダーバイアスをみたのである。したがって，社会の仕組みや組織の仕組みを変革しない限り，このようなコンフリクトを克服することが難しい。コンフリクト・マネジメントはこれまでミクロの紛争を中心に論じられてきたけれども，マクロの紛争を論じることを排除しているわけではない。国家間の外交交渉もそのひとつであって，今日では，企業間の渉外交渉も増えている。国際ビジネスにおいては，渉外交渉も複雑になっているので，コンフリクト・マネジメントへの認識が高まっている[13]。しかしながら日本では，紛争解決の理論的研究は進んでおらず，法学部やロースクールにおいてもコンフリクト・マネジメントという科目はほぼないのである。かろうじて裁判所の大規模な調停制度において，紛争解決の日常的な調停がなされている。大学においても紛争解決の研究者は極めて少ないので，裁判官，弁護士，調停委員や裁判所の書記官などの協力によって，コンフリクト・マネジメント研究を深めていく必要がある。

　企業の紛争担当者は総務課などに所属しているけれども，紛争をもみ消すか，顧問弁護士に相談して，司法的解決にゆだねるなど，意思決定の選択肢がきわめて限られているのである。企業の紛争担当者の主体的な対応のもとで，紛争解決能力を高める必要がある。そのためにもコンフリクト・マネジメント研究は必要であって，経営学の一分野としても研究の深化が求められるのである

　コンフリクト・マネジメントはこれまで，司法的領域で主に研究されてきたが，法律的判断に限定されるものではない。紛争解決という視点では，経営学の領域であって，司法的紛争解決に限定されるものではない。たとえば，紛争当事者間の話し合いでは，非司法的な気持ちや条理，地域社会の掟や慣行は重要な決め手になることが少なくない。人間関係が法に優先する場合も少なくないのである。裁判に勝訴しても，地域社会で評判を悪くすると，長期的には経済的にも，プラスにならないことが多い。そこで，裁判所

の調停を利用して，話し合いという形式をとって，紛争を解決しようとするケースが少なくない。そこでは一刀両断的に勝ち負けをつけるわけではないからである。相手の言い分も少しは取り入れて，紛争の解決を図ろうとするからである。これは論理的というよりは，現実的な知恵といえよう。条理にかなった解決とは，理屈一辺倒ではないのである。

損得を抜きにした紛争になると，面子や意地もあって紛争処理もたやすくはない。妥協ですらむずかしいのである。そこで調停人は感情の拗れを解きほぐして，話し合いができるように対応していくのである。このことは，意外にむずかしいのである。水平的な話し合いにおいては，垂直的な権力を行使できないから，紛争当事者間での合意や納得が得られるように調停人が支援することが求められている。権力行使の代理人だと調停人が見られることは，紛争解決にとっては大きなマイナスである。一方の紛争当事者に裁判所の調停委員は権力行使者と誤解されることは，調停をむずかしくしてしまう。裁判所というイメージが公権力の行使とみられがちであるが，調停制度は双方の自由意思にもとづいており，民事調停法の十七条決定であっても，その決定に異議を申し立てることができるので，強制力を行使できるわけではない。それでも調停制度は誤解されていることも少なくない。出頭という言葉に対しても反発する人が少なくないのである。

5. 紛争解決の方法と調停

紛争解決には多様な方法があるが，ADR（裁判外紛争解決）は調停を含めて今日では，裁判と比較して同等レベルに評価する人も増えている。仲裁と調停が今日では，かなり評価が高いといえよう[14]。ただ仲裁は第三者に最終の決定権を与えており，自主的な紛争解決ではなくなっているのである。すなわち仲裁には強制的な側面も有しているのである。調停ではかならず紛争当事者間の合意形成を必要とするから，強制的に合意を獲得することではない。したがって，調停は権力統制にはなじまないのである。調停人はこの

点で，権力者ではありえないのである。ただ，調停人で自己の立場を誤解している人も少なくない。調停委員は裁判所の権威をバックにしてあたかも権威者のごとく振舞う人もいるけれども，それでも権力者ではないのである。調停委員は紛争当事者に対して命令権はないのである。逆に，紛争当事者が調停委員を裁定権をもつ仲裁人と誤解しているケースも少なくない。また裁判をしても同じ結果になると錯誤している人もいる。このような錯覚に対して，あらかじめ調停のあり方を説明するのであるが，それでも誤解している人もいる。

　調停はある意味で，非営利組織のマネジメントに似ており，水平的なコミュニケーションが権力統制に取って代わるのである。NPOがメンバーの自発的協働意欲に支えられているように，調停もメンバーのボランタリー精神に支えられているといえる。ADR機関において，調停人が営利追求に走ると，公正感や信頼感を欠くようになり，調停成立がむずかしくなる。したがって，調停人は調停を金儲けの手段にすることはむずかしいのである。かくして，調停はNPOになじみやすいのである。裁判所の調停委員も非常勤の国家公務員であっても，半ばボランティアの仕事であって，むしろ他の経済的利益を犠牲にしなければならないことが多い。もちろん手当てが低すぎるというわけではなく，本職でかなり高い年収を得ているからである。したがって調停委員よりも高い報酬のえられる他のアルバイトが得られるのを犠牲にしているという意味である。一般のパートやアルバイトの時給と調停委員の手当てと比較すると，十分に金銭が支給されているといえよう。現に，定年退職者の人にとっては，良き日銭稼ぎになっているといわれる。ここに調停委員に任命されたい人も少なくない。だが，調停委員は公募制ではないので，簡単にはなれないのである。選考方法に不満を残しているのであって，改革の余地はあるといえよう。

　少なくとも，国民の付託を受けている調停制度は調停委員の人選にあたって，民意を反映した公平なものでなければならないのである。もっと門戸を開放して，多種多様な層から人選すれば複雑な調停事件でも対応ができやすいであろう。調停委員の専門領域も司法関係者を優先させないで，多様な専

門分野にわたる委員をそれぞれ対等な立場で，取り扱うシステムを確立すべきである。これまで弁護士委員を優先させてきた嫌いがあるが，調停内容は多岐にわたっているので，ケースに応じて，それぞれの専門家が指導的な役割をはたすようにすべきである。個々の状況には深く精通していなくても，全体状況を的確に捉える才能を持つ人もいるので，委員の組み合わせの仕方に精通することも大切である。これはいままでは，裁判所の課長等の仕事であったが，委員の自薦他薦で選ぶのも一法である。案件ごとに，より的確に調停委員の組み合わせを変えていくのである。これだけでも，調停の効率を高めるのである。そのためにも調停委員の自己申告を生かせるシステムの構築が求められるのである。調停委員のなかにはきわめて高度な専門家もいて，裁判官よりも的確に判断できる人もいて，調停委員会は調停主任である裁判官の見解に左右されない場合もあっていいわけである[15]。ただ官僚制的組織である裁判所としては，権威や威信にとらわれやすいから，常に裁判官を中心に運営したい傾向を有しているのは否めないのである。

　司法的判断においては裁判官が中心になるのは当然といえようが，調停委員会では多種多様な調停事件を扱うので，司法的判断に限定されないケースも少なくない。それゆえ調停委員会の運営に関しては，組織論的な検討を加えて，運営方法を多角的に考えていくべきであろう。今のところ，調停委員会の運営方法は体系的に考察されていない。少なくとも，調停委員会の運営方法によっては調停成立率を左右するだけに，調停委員の組み合わせはきわめて大切なことである。そこで調停委員の能力と得意とする領域の把握が大切であるが，調停事件の処理から類推することができても，潜在能力を捕らえることはむずかしい。ここに調停委員同士の組み合わせの妙によって，相乗効果が大いに働くケースもあるので，個々の調停委員の能力だけにこだわるのはよくないことである。したがって，裁判所の調停担当者は調停委員の利用の仕方に工夫がいるのである。それは，調停委員の能力だけではなく，気質も反映されるのである。調停事件によっては最強の組み合わせが必要であるが，それは能力だけの問題ではない。すなわち，人間的なそりの折り合いも含まれているのである。事件によっては弁護士同士の調停委員がよい場

合もあるけれども，それがベストの選択でない場合もある。医療過誤事件では，医者の調停委員が必要であり，他の委員はケースによっては選択基準が異なってくるのである。専門家調停委員は幅広い領域で必要になってきており，それは紛争の時代状況を反映しているのである。したがって，人選は司法的領域にとらわれるものではない。むしろ紛争は多岐に亘っていて，多面的に照射していかないと，本質的な紛争状況を的確にとらえきれないのである。そこには専門家の動員論のような，知識連合体を必要としているのである。少なくとも紛争の全体的状況を捉えるには，特定の学問視点にとらわれてはいけないのである。特に司法的思考にこだわると，紛争の性質を見誤ることも少なくないのである。その事例は家事調停に多く見られるのである。離婚調停では，本当に司法的判断を求めているのか，もしくはよりをもどしてもう一度，結婚生活を持続させたいのかを深層心理学的に判断することも大切である。現象的にとらえては紛争を激化させたりして，状況把握が適切ではないことが少なくないのである。

かくして，紛争解決は全体状況の把握が大切であって，M.P. フォレットのいう状況の法則が有効的に機能してくるのである。フォレットの状況説はまさに調停の理論といえるものである[16]。ここにも古典的文献に学ぶ理由が広範にある。C.I. バーナードの協働のシステム論も調停には大いに役立つのである[17]。紛争解決の規範はこれらの古典的文献からも学べるのである。たしかに，機能主義的紛争解決規範は紛争当事者に受身の受け入れを期待しているが，しかし，紛争当事者は日常生活経験にもとづいて主体的，能動的に紛争の解決に取り組んでいる側面にわれわれは注目したいのである。当事者が主体的に合意形成に向かうのを支援するのが，調停人の役割である。ここでは紛争解決の合意規範が形成されるのである。この合意規範は普遍的な一般的規範性を持たなくても，当事者には共有された規範であるといえよう。ここでは，意味形成や意味解釈が重要な位置づけを有している。これは機能主義的な紛争解決規範とは異なる立場であるが，現実の紛争解決には主観主義的な側面の重要性も認識しなければならないのである。普遍的な紛争解決規範は客観的な操作性が高いといえようが，これだけに固執しては

紛争解決はきわめて限定されてしまうのである。コンフリクト・マネジメントにおいては、解釈主義的な意味形成が重要な位置づけになっている。個々の紛争を解決するのには、当事者の意味解釈がより重要になっている。それは客観主義の立場ではとらえにくいものである。

われわれは主観主義的立場を科学的客観性を欠くとして排除しがちであるが、個別的認識は共同主観を含めて純客観性のものではないのである。それよりも主観的認識にどれほど状況的整合性をもたせるかということである。紛争当事者にとってはどれほど紛争解決に当たって、状況的整合性をもっているかということである。いわばこれが、紛争解決の鍵をにぎっているのである。かくして、当事者の意味形成のもとで紛争解決の状況的整合性が生成してくるのである。これも紛争解決規範ということができる。

紛争解決規範のエートスといえるものは、心理的起動力である。紛争当事者がこの意欲を持たない場合は、調停を重ねても紛争解決がむずかしいのである。紛争を解決しようという倫理を持たない場合は、調停は空回りしやすいのである。したがって、当事者の一方がまったく調停に応じない場合は、調停を実施できないのである。裁判所の調停においてはまったく出てこないのである。何回も出頭を要請しても出てこない場合は、不調にしている。特別送達などの手続をとっているけれども、それでも出てこない場合もある。調停委員が電話をする場合もあるが、たいていは連絡が取れないのである。ここに民事調停法上の限界があるのである。逆に、紛争当事者はともに紛争解決意欲はあるのであるが、調停プロセスとしてなかなか折り合わず、時間をかけて調停している割には前進しないことが少なくない。そこで辛抱強く調停を重ねて、調停を成立させるのである。これは紛争解決意欲があるから、調停が成立するという信念がもてるからである。調停のめどがまったく立たないケースもあって、調停の回数を重ねても予測が立たないのであるから、もう不成立にしょうと思うことが、しばしばある。これもねばり強く調停を重ねて紛争当事者に解決意欲を高めてもらって、調停が成立することもある。紛争解決規範と紛争解決意欲の両方がうまくかみ合って、意外なほど短期に解決することもある。

6. 紛争解決規範と紛争解決意欲

　今日の調停では，紛争当事者はコストと時間が節約できる裁判所の調停制度を利用して，紛争を解決しようという意欲は高まっている。この点で，紛争解決規範に従って[18]，調停をすることがしやすくなっている。あらかじめ与えられた紛争解決規範も存在するけれども，調停人が紛争当事者間に合意をもたらすために形成する新たな紛争解決規範もある。調停人は権力統制型の管理者とは違って，水平的な機能を担っているので，合意形成型の人格特性を有しているといえよう。したがって，調停人は管理者とはパーソナリティを異にしているのである。したがって，調停人はいわば専門人としての人格を有しているのである。調停人は調停を生きがいにしているのであって，出世主義者のような手段視するものではない。かくして，調停人は支配者的人格とは相容れないのであって，権力からも超然としておれる人でもある。ここに調停の性質がわかるのである。合意形成を担う人は他者を支配してはならないのである。M.P. フォレットはまさに調停人の心得を論じているのであって，今日の管理者はこのような心構えが必要である。調停人は紛争当事者とは距離を置いてバルコニーのような高いところから見ているので，事実関係がよく見えるのである。それゆえ，調停人は紛争を客観的に捕らえて，紛争のもつれを整合的に調停することができるのである。調停人は当事者に感情移入してしまうと，このような立場を見失ってしまうのである。

　したがって，調停人は自己をバルコニーのような立場にいることを忘れてはならない。冷静沈着に対応することが，調停人のベースになるものである。ただし，表面的には感情を表して，当事者の言い分を聞くことが大切である。話しがしにくい雰囲気をもたらしてはマイナスであるので，よき対話をもたらす雰囲気づくりが大切である。ただ，調停人は単なる調整人と異なるのは，紛争解決のためにリーダーシップをとるのであって，判決のような

6. 紛争解決規範と紛争解決意欲

強制力をもたなくとも、妥当性を有する、いわば調停力を行使できるのである[19]。特に裁判所の調停委員は法的裏づけのもとで妥当な調停案を出すことはできる。紛争当事者はこれに異議を唱えることはできるけれども、心理的拘束力は大きいのである。裁判官を含む調停委員会は、裁判官に民事調停法の一七条決定を求めることができる。この場合は裁判官が判決を下す内容と同じようなものと予測されるから、紛争当事者は異議を申し立てることはできても、その数は極めて少ない。裁判所の調停では判決に近い性格を持つ場合もある。

たとえば、サラ金調停の場合では、特定のサラ金業者だけが他社並みの返済期間を認めず、あまりにも公正さを欠く場合はやむなく一七条決定をあらかじめの同意なくしても下している。この場合にも当事者は異議を申し立てることができるけれどもその数はやはり少ないのである。その理由として、その内容が妥当かつ正当性が高く、公正な判断であるからである。手続き上の公正さと内容上の公正さを有しているので、しぶしぶでも受け入れるからである。認許可権限を持つ財務局などとの摩擦を恐れている面もある。そして、電話等で何回も交渉をして業者も自己の主張の限界も感じているからである。その時点でかなりの歩み寄りを感じているからでもある。それ以上に、業者の人にとっては仕事の業績が査定されていることもあって、駆け引きをせざるをえない状況にある。そのことを踏まえて調停をしているので、その手口を学習しているのであるから、駆け引きの度合いがわかるのである。

かくして、状況を判断して、譲歩できる範囲内では相手の立場を配慮して歩み寄ることもしばしばである。中には業者の言い分を聞くことができない場合もあり、このときは交渉の時間がかかるのである。これは精神的にも疲れるのであって、帰宅しても疲労の度合いが大きいのである。サラ金調停以外ではこのような疲れはほぼないといえるが、調停にはストレスを伴うことが少なくない。コンフリクト解決というのは精神的ストレスの大きいものなので、毎日続けて調停を行うのは、負担の大きいものである。これは調停の熟達者にもいえることであって、高度の専門的知識を必要としない調停でも

同様のことが言える。たとえば，サラ金調停は神経を消耗する度合いが大きいのである。行政組織の審議会はふつう難しいことを審議しているけれども，行政改革委員などを除いて，帰宅しても疲労していることは少ない。

　ところが，調停では疲労困憊ということが少なくないのである。確かに調停時間は短くても，調停を終えてからの疲労回復を考えると，トータルの費消した時間は長いといえるのである。さらに予習と復習の時間を加えると，かなりの負担になるので，ボランティア精神なくして，調停委員は長続きしないのである。金銭的損得を考えると，調停委員は疲労多くして収入は少ないから，最低限の回数しかしたくないことになる。しかし，現実には忙しいときでも，数多くの調停事件の期日を入れているのであって，それは奉仕の精神があればのことである。多くの時間を費やして疲労も蓄積しても，調停に失敗することもあって，むなしい気持ちになることも少なくない。けれども，失敗から学ぶ姿勢は大切である。調停期日の前と後で，事件についての勉学をするのであるが，その積み重ねが自己の調停能力を高めていくのである。ただ，15年以上の調停委員の経歴が調停能力をより高くしているとはいえないのである。ここに10年，20年の経験歴がそのまま高い評価を受けられるとは限らないのである。私もこの点は反省し自戒しているのである。

　調停能力というのは総合的なものであって，特定の能力によって左右されるものではない。ここに調停の特色が示されていて，総合的な判断力が必要とされるのである。分析能力に頼っていては，調停が成立しにくいのである。いわば調停は，総合芸術のようなものであって，総合的な理解が求められるのである。ある調停では，芸術的センスなくしては調停での成立はむずかしいのである。調停技能はアートの一種であるが，経験を経ずして得ることは難しいけれども，天性のアートの持ち主がいても，経験から学ぶ姿勢なくしては身につかない人も多いのである。しかし，多くの人は調停実務をへて調停技能を身につけていくのである。本から学ぶことも少なくないが，現場の知恵のようなものがあって，これを身に着けないと調停がはかどらないのである。それは暗黙知といえようから，形式知のように他人に伝えることが難しいのである。裁判所の調停ではふつう2人がペアになって行うから，

他者のなす調停の技能を修得しやすいのである。われわれも調停現場や談話などから学んできたのである。それは受け入れる構えがあってのことであって、意欲的に接しないとなかなか調停技能は身につかないのである。まさに芸を盗むようなものである。調停技能は専門的能力とは別のものであって、対人的接触にかかわるものであって、人間への関心なくして形成されないものである。しかも、紛争当事者と同じ目線で話し合いをしないと、調停技能は高まらないのである。そのためにも、辛抱強い努力が必要であって、コミュニケーション能力を高める必要がある。それは、権力統制型の説き伏せや合意獲得とは異なる水平的な調整や整合にかかわるものである[20]。垂直的な仲裁とは調停は区分されるものであるが、わが国では仲裁的調停も存在していて、紛争当事者の主体性や能動性が軽視されているのである。

　それは、調停も裁判の一種と考える立場であって、それゆえに調停は、裁判所を中心として担われるものであるという思考になる。これでは調停は他の機関で担われることを阻止してしまうことになる。法的知識を無視して調停をすべきとは思わないけれども、総合的知識や調停技能が紛争解決に大きな役割を果たしてきたのである。紛争解決に向けてのセンスや柔軟に思考したり対処することも、調停技能といえるものである。事案ごとに新鮮な目で見ることができることも大切である。ジェンダー問題を含めて、価値観の変化に対処して調停をしないと、国民の見方に柔軟に対処ができなくなってしまう[21]。マンネリ化して、調停に緊張感を欠落させてしまうと、調停への国民の信頼感をなくす恐れがある。この点で、調停制度も変革していく必要があるといえよう。調停委員も自己変革を常になしていくことが大切である。もちろん調停による解決には限界があって、訴訟する正当な理由があるのに説得するのは問題である。

　かくして、調停制度や調停委員の任命の仕方など論ずべきことが多い。かつては、任命には推薦書が必要であったが、今日では何回かの面接と書類選考で調停委員の任命を裁判所はきめている。それでもまったく自由に応募できるというわけではない。おそらく調停委員を自由に公募すれば、広範な層から適切な人材を得ることができようが、そこまでにはいたっていない。た

だ，公募となると膨大な書類審査と数多くの面接になるので，今の裁判所では大きな負担になって，現実的ではない。しかしながら，社会的正義と公正を重んじる裁判所としては，不透明な任命規定では世間的評価を得ることはむずかしいのである。これまでは，調停委員に推薦するのに（調停委員などの）推薦書が必要であったが，今では簡易裁判所などの裁判官の面接をへて，地方裁判所の複数の裁判官の面接をへて，最高裁判所が任命している。書類選考と面接を経て，その中の一定数が任命されるから，過去のようにほぼ全員が任命されるのとは異なってきている。それだけ裁判所が希望する優れた人材が応募するようになってきている。今でも公務員の退職者が多いけれども，その公共性や社会性のある仕事を担ってきたことが評価されているのかもしれない。ただし，過去においては地方公共団体では幹部職員に任命が限定されていたようである。市の助役や部長であった人とはわれわれも数多くの調停を担ってきたのである。世間で言う地域社会の名士といわれる人が任命されてきたのである。その他，専門家といわれる人が比率を高めているようである。高度な専門知識を必要とする調停事件も増えている。世間的な常識だけでは調停ができないのである。調停理論や調停技能を高めなくては，ますます調停がしにくくなってきている。調停にはケアの思想と支援の思想が密接に関係しており，権力統制の行使とは大きく異なっている[22]。合意形成や支援という水平的になじむのが調停である。裁判の判決とは大きく異なるのである。裁判は一種の権力統制の行使であって，法律の裏づけによって正当化されているのが特徴である。

　話し合いによる調停は，紛争当事者がプリンシパルであって，調停人はエージェントであるから，調停人には仲裁権はないし命令はできないのである。ここに調停人はかなりの力量が必要であるから，専門的訓練が求められるのである。かくして調停人は，ケアをする人もしくは支援する人といえよう。ケアや支援という用語は一般にはなじみがないけれども，調停には重要なコンセプトである。ケア学や支援学はこれからの学問であるので，調停にすぐに役立つとはいえないけれども，調停理論の構築には重要な役割を果たすであろうと思われる。われわれはあまりにも権力統制の考えになじみすぎ

たのである。そのためにケアや支援という水平的な自立へのエンパワーメントを積極的に取り入れようとはしていないのである。真の紛争解決には紛争当事者の自発的で能動的活性のもとでの話し合いが大切であって、調停人は紛争解決の支援者の役割を越えるものではない。

かくして、調停とは権力者的思考とは異なる水平的思考のもとで、紛争当事者間に合意形成をもたらす支援者の役割を果たすことが期待されているといえよう。支援やケアの研究が進めば、調停の理論もレベルアップするであろう。また、支援とケアはボランタリー活動と共通のものがあり、NPOの視点からも考察されよう。裁判所の調停とNPOを関連させて考察されることは少ないけれども、調停には表出的活動と道具的活動の両方を担うので、法的紛争処理だけでは不十分である。真の紛争解決には紛争当事者の水平的で、自発的な協働が必要であって、その支援を担うのが調停人である[23]。

このように、調停人は権力的に指示するのではなく、紛争当事者同士の主体的な紛争解決を支援者として合意形成を積極的に支援していくのである。あるいは表出的活動のケアを担うのであるから、より人間的な情動を持って支援していくのである。ここの認識を欠くと調停は単なる紛争処理になってしまうのである。ただ、数多くの調停事件をこなすとなると、このような傾向になりがちではある。どうしても効率的な紛争処理にとらわれてしまうのである。妥協を押し付けるなど、裁判所をバックにした権威主義的な振る舞いになって、紛争当事者に不快感を与えるのである。この不快感は記録されにくいのであるので、改善されにくいのである。紛争当事者の意見や気持ちをフィードバックさせることは今のところなされていないので、しかも調停は非公開でなされているので、紛争当事者に適応的な調停への改善は的確にはなしにくいといえよう。調停が成立しても、紛争当事者の満足度はどの程度であるのかはアンケート調査をしない限り、なかなか実態をつかむことがむずかしいのである。そして、調停委員がどの程度の力量をもっているのかも一緒に調停をした調停委員でないととらえにくいのである。自己評価や自己点検をどのようにしていくのかのシステムづくりが今のところ、裁判所ではなされていないのである。

調停委員の業績評価はむずかしい問題であるけれども，任期の更新は2年ごとにあるので，その際に検討される項目が多様化していくであろうと思われる。今でも，あまりにも年間の調停回数が少なすぎる人は再任されなくなっているけれども，このような人はもともと再任を希望していない弁護士に多いのである。スキャンダルや飲酒運転による交通事故などで，自ら調停委員を辞退する人も見られる。裁判所の威信を傷つける言動や行為は度合いの問題であろうが，性的スキャンダルは世論もきびしいので，本人はたいしたことがないと認識しても，裁判所に迷惑をかけたということで，辞退することもあろう。少なくとも，調停委員は倫理性，道徳性が厳しく問われるので，セクシャル・ハラスメントにたいしても，かなり細心の注意が求められるのである。ジェンダー問題に対しても，注意が必要であるから，甘い認識では足元がすくわれるのである。

　かくして，調停を担うにあたってもジェンダー問題に精通しておくことが望ましいのであるといえよう。さらに言えば，今日では，法律的にもジェンダー問題は避けて通れないのである[24]。

　このことは女性労働についても言えることである。家庭文化を担って組織に参加している女性にとっては，仕事文化に染め上がった男性とは違って，いわば異文化との交流になっているので，国際経営学的な視点がいるのである。日本では，男文化と女文化は大きく異なっていて，ジェンダー的にも内なる異文化交流が必要である。生活者の論理のもとでは，家庭文化と仕事文化とは異質のものであって，それぞれが人間の生活に必要なものとして尊重されるのである。家庭文化は仕事文化に吸収されるものではないのである。この認識を欠くと，日本の女性労働の本格的活用がジェンダー視点の欠落のために男文化と一体化して，むずかしくなる。いわば異文化視点を欠いて，内なる国際経営学の管理ができなくなってしまうのである。

　したがって，女性労働の本格化には国際経営学の視点からの考察が求められるのであって，家庭文化という土着性がどのように普遍性と結びつくかである。そしてまた，これからは男女ともに家庭文化を担うようになるから，組織に男女ともに部分的包含される多元的所属になるといえよう[25]。個人

が同時に複数組織に所属するので、コンフリクトが生じやすくなりコンフリクト・マネジメントの重要性は高まるのである。

まさに、時代はコンフリクト・マネジメントを必要としており、コンフリクトへの対応が組織の有効性を大きく左右する状況になっているのである。かくしてコンフリクトをどのように認識するかによって対応に差が生じて、企業の持続的競争優位性にも影響するのである。そこでコンフリクトおよびコンフリクト・マネジメントの研究が大切になってくるのであって、いまのところ初歩的な段階にとどまっている。ここに問題が生じる。

7. おわりに

コンフリクト・マネジメント研究は司法的領域では紛争処理ということで論じられてはいるが、それは法的紛争処理に限定されていて、本格的な紛争解決には至っていない。そのために行動科学的洞察が加えられてはいないので、能動的で創造的な紛争解決は司法的紛争処理の枠組みの外と考えられているのである。裁判の判決においても知的な創意工夫をこらした判決があっても、独創的で知的創造性を発揮した判決はないに等しいであろう。それをまた裁判官に要求することは酷であろう。ただ判決はそれ以後のもめごとの処理の基準になるので、それに創造的紛争解決が拘束されやすいのである。裁判外紛争解決（ADR）であっても、判例をまったく無視することは通常行いがたいのである。判例の重みを軽視した思考は司法的領域では受け入れがたいのである。弁護士にとっても、そのようなことは負担の大きい仕事になって、経済的にはペイしないのである。

かくして、コンフリクト・マネジメント研究は弁護士にとっては、いまのところ、あまりメリットのないものであって、いわば余計な仕事になっているのである。むしろ経済的な面ではマイナスになっているといえよう。ただ紛争当事者にとっては満足の大きい紛争解決になっているから、おおいに研究してほしいと期待されているのである。紛争解決費用が下がることが予想

されていて，しかも紛争当事者にとっても利用しやすいのである。逆に言うと，弁護士にとっても採算にのらない領域があって，ここにコンフリクト・マネジメントを担う専門人がいてもいいわけである。弁護士法72条の非弁行為にとらわれて，紛争解決を遅らせるようなことがあってはならないのである[26]。コンフリクト・マネジメントは企業内外の多くの人が担うのであって，特定の人のみが担うものではないのである。今日では，紛争はいたるところで生じていて，誰もが紛争解決能力を必要としているのである。

　紛争解決能力は理論的裏づけと技能の両方を必要としており，技能を高める教育も大切である。ところが，大学では紛争解決自体の教育がなされておらず，コンフリクト・マネジメントという学科科目すらないのである。対人間の交渉を担う交渉学は紛争解決の領域で論じられるようになってきたが，これもコンフリクト・マネジメントに内包されるものである。われわれが論じるのは，紛争処理ではなくて紛争解決である。法的紛争処理を用いてはいるけれども，より紛争当事者が満足する紛争解決の方法を考えているのである。これは，M.P.フォレットのいう「統合的解決」である。妥協や譲歩を無視しているわけではないが，それは高次の紛争解決ではない。統合的解決には，より高度の知的創造性を必要としており，さらに紛争解決技能を必要としている。解決技能は経験や理論的裏づけによって支えられている。それゆえ，実務経験の積み重ねがその技能を高めるのである。組織的学習によっても解決技能は身につけることができるが，ケース・スタディズの効力はまだ定かではないのである。そして経験知や実践知はなかなか形式知として論述することはむずかしいのである。われわれの調停実践においても同じようなことが言える。したがって，論文として言語で表現することは決して容易ではないといえよう。そのために数多くの調停実践を担ってきたが，それらを体系的に論述するまでには至っていないのである。

　一緒に研究する共同研究者がいないこともあって，これからも時間をかけて研究していかなければならないのであるが，調停実践を重ねることによって調停理論を確立していくのは可能である。この調停理論を核としてコンフリクト・マネジメントの理論の確立を目指しているのである。研究対象が広

いので，各研究者との戦略的提携が求められるのであるが，今のところ，求めにくい状況であるといえよう。

　少なくとも，法学者と経営学者とが提携しあって，この未開拓な研究領域を切り開く努力は必要である。さらに行動科学者との連携によって深みのある研究になるであろう。そのステップとして，コンフリクト・マネジメント学会を設立する必要もあるであろう。

注
1 ）橘木俊詔『安心の経済学』岩波書店，2000。ジェンダーにかかわりなく，「二人が就労していれば，どちらか一方がたとえ失業しても，他方の勤労による所得によって安心は確保できるメリットがある。いわばセーフティ・ネットとして配偶者の存在感は，経済的保障に関する限り高まるのである。夫のみが働き，妻が専業主婦という時代と比較して，共働きは安心のために役立つのである」(35 頁)。橘木俊詔編『現代女性の労働・結婚・子育て』ミネルヴァ書房，2005。
2 ）われわれのコンフリクト・マネジメントは，自由で主体的な選択であって，裁判を上位におくものではない。紛争の性質，状況によって自己責任に基づく主体的な意思決定であって，紛争解決への効率的で公正な方法を自由に選択している。調停もその一つである。国や行政機関，権力者に拘束されるのではなくて，適切な紛争解決の方法を主体的に選択するものであって，他者に強制されるものではない。
3 ）S.J.Ware, *Alternative Dispute Resolution*, West Group, 2001．ADR の中心をなす仲裁，調停そして交渉などについて論じている法学書である。
4 ）C.W.Moore, *The Mediation Process*(3rd. ed.), Jossey Bass, 2003．紛争解決のための実務的な方略を論じている。
5 ）W.J.Pammer, Jr. and J.Killian (ed.), *Handbook of Conflict management*, Marcel Dekker, 2003．
6 ）大渕憲一編『紛争解決の社会心理学』ナカニシヤ出版，1997。
7 ）荻野清彦「民事調停法十七条『調停に代わる決定』の意義」，日本法律家協会編『民事調停の研究』東京布井出版，1991。
8 ）R.J. レビスキー・D.M. サンダーズ・J.W. ミントン『交渉学教科書』(藤田忠監訳) 文眞堂，1998。日本交渉学会編『交渉ハンドブック』，東洋経済新報社，2003。Harvard MU, MCL (ed.) *Winning Negotiations*, Harvard B.S.P., 2004．
9 ）田村次朗『交渉戦略』ダイヤモンド社，2004。大橋弘昌『負けない交渉術』ダイヤモンド社，2007。
10）日本では「組織，常識，情緒，調和，受け身」のパターンであるが，欧米では「個人，利害，対決，能動」(大橋，21 頁) の姿勢である。すなわち沈黙は「罪」であって，できない言い訳よりも試行錯誤の努力が求められる。
11）C.W.Moore, *The Mediation Process*, 3rd.ed., Jessey-Bass, 2003．ムーアは，紛争解決，コンフリクト・マネジメントにおいて調停の有用性を論じている。信頼と協働の形成が生産的な調停をもたらし，そのためにも紛争当事者の隠れた利害を見出すことである。
12）J.T.Barrett and J.P.Barrett, *A History of Alternative Dispute Resolution*, John Wiley, 2004．ADR，紛争解決についての学史的考察だけに，M.P. フォレットについても文献を丹念に参照している。彼女の『新しい国家』(1918)，『創造的経験』(1924)，『動態的管理』(1935) が述べられている。第 14 章の「ウイン - ウィンの時代」は，フォレットが論じた方向に ADR が進んで

いったことを示している。

13) S.B.Goldberg, F.E.A.Sander, N.H.Rogers, and S.R.Cole(ed.), *Dispute Resolution*, 4th. ed., Aspen, 2003. 交渉, 調停, 仲裁, その他のADRについて論じている。これからのADRには, 社会的－公共的な視点で紛争解決がされるという。もちろん公的な紛争解決機関が必要であって, 多様な紛争解決問題がある。私的な紛争解決のための交渉も多様化しているのである。
14) 小島武司編『ADRの実際と理論II』中央大学出版部, 2005。
15) 井上治典・佐藤彰一編『現代調停の技法』判例タイムス社, 1999。井垣康弘判事は, 調停委員の役割の変化を論じる。
16) P.Graham(ed.), *Mary Parker Follett-Prophet of Management*, Harvard Business School Press, 1995. J.C.Tonn, *Mary P. Follett*, Yale University Press, 2003. 今日のウィン－ウィンの紛争解決を系統だって研究したのが, 1920年代のフォレットであって, その統合的解決は妥協や抑圧とは質的に異なる, 真の紛争解決である。またフォレットは, コンフリクトを「差異の表現」として論じ, 「建設的コンフリクト」に焦点を合わせている。
17) C.I. バーナード『経営者の役割』（山本安次郎・田杉競・飯野春樹訳）ダイヤモンド社, 1968。
18) 廣田尚久『紛争解決学』信山社, 1993。「論理上のシステムの相違を見た場合, 人々は, その紛争について, 裁判のシステムよりも調停のシステムの方が適しているから調停を申し立てるのである」(148頁) という。
19) 棚瀬孝雄『紛争と裁判の法社会学』法律文化社, 1992。第6章では, 法化社会の調停モデルとして, 「自立型調停への期」が論じられている (256-296頁)。
20) 渡瀬浩『権力統制と合意形成』同文舘, 1981。
21) K.W. カップ『私的企業と社会的費用』(篠原泰三訳) 岩波書店, 1959。空気, 水の汚染, 人的資源の遊休等による社会的費用についてカップは論じたが, われわれは女性の人的資源の遊休による社会的費用をジェンダー視点で論じている。女性の本格的労働を阻止している組織的, 制度的な障壁, ネックをどのように解決していくかを経営資源を動員していく視点からも論じている。
22) 支援基礎論研究会編『支援学』東方出版, 2000。
23) 早川吉尚, 他編『ADRの基本的視座』不磨書房, 2004。早川吉尚教授は, 「権力的紛争処理システムと非権力的紛争処理システムの混在化の危険性」(18頁) を論じるが, 両者の併存はあっても, 両者の併用は問題をもたらす。たとえば「合意獲得」(権力論) と｛合意形成｝とは明確に区分されなければならないのに, 併用しては矛盾をもたらす。
24) 村尾裕美子『労働市場とジェンダー』東洋館出版社, 2003。村尾裕美子氏の実証的研究では, 「労働市場の中間財的資源の配分過程において, 女性はひとまとまりのカテゴリー・グループとして処遇されており, そこから男性全体または一部の男性が利益を得ていることを明らかにした。これは女性がその多様性にふさわしい処遇を受けていないことを示唆している (171-172頁)。
25) D.Katz and, R.L.Kahn, *The Social Psychology of Organizations*, 2ed., John Wiley, 1978, pp.46-47. 個人は組織人格と個人人格を持つが, さらに複数の組織人格を持ちそれぞれに部分的に包含される関係要素である。
26) 河野順一『司法の病巣　弁護士法72条を切る』花伝社, 2001。第三編第1章［弁護士法72条の歴史的背景］75-76頁。

第2章
調停とコンフリクト・マネジメント

1. はじめに

　調停理論は権力統制型の紛争処理とは異なって，合意形成にもとづくので，真の紛争解決をもたらすのである。この水平的紛争解決は，紛争当事者の主体的努力を原則にしているが，調停人は紛争解決を支援しているのである。ケアや支援ということが眼目になっている。司法的権力を行使して紛争を処理していくのが，これまでのやり方であった。紛争当事者の意思が無視されやすかったのである。いわば強制的に紛争が処理されていたのである。紛争処理が権力者の仕事であったのである。その権力には，威圧的権力，功利的権力，規範的権力があるが，いずれにしても，紛争処理に権力の行使が必要であったのであるという立場である[1]。訴訟も権力的紛争処理であるが，司法的正当性を得ているので，裁判を拒否することは少ない。ただ，判決に大いに満足することは，仮に一方にあったとしても，他方も大いに満足することはありえないといえよう。それは裁判が強制的な紛争処理であるからである。不当判決と怒ることが少なくないのである。名裁判官も存在するかもしれないけれども，それでも紛争当事者にとっては不満なのである。自らの主体性や自由な判断が抑圧されるからである。

2. 紛争処理と調停

　これまで，裁判を中心とする紛争処理は紛争当事者にとっては不満があっ

ても，公正なものという認識があったので，裁判官の和解勧告にも応じてきたのである[2]。結果として不公平と感じても，裁判官が不公正な人間とはとらえていないのである。また，裁判所がまったく信頼の置けない不公正な機関とは紛争当事者も認識していないのである。それゆえに紛争当事者も裁判所での訴訟の結果に期待して裁判に望んでいるのである。一刀両断的な判決には勝ち負けしかないので，調停のような双方が満足するようにはならないのである。したがって裁判は紛争解決というよりも紛争処理である。紛争当事者も紛争処理機関として裁判を利用しているのである。

かくして，真の紛争解決は裁判以外の紛争解決方法を求めることになる。そのひとつが水平的な調停である。そこでは創造的紛争解決も可能であって，現に真の紛争解決もなしえているのである。この点で，調停は裁判とは異なる独自の紛争解決領域を確立しているのである。調停を簡易裁判と捕らえるのは正しい理解ではない。調停が裁判よりも優れている面も多々あるのである。われわれは意思決定の選択肢の一つとして調停を考えているのである。これは，これまでの法学教育の裁判を中心とする思考とは大きく異なっており，簡易裁判所での調停を枝葉の日常的な事件の取り扱いとする偏見から脱する，生活者の視点を重視する思考である。生活者にとっては日常的コンフリクトの解決こそ，裁判所の仕事として期待しているのである。むしろ裁判所の調停こそ経済的裏づけのない生活者にとっては，弱者の味方と考える人が少なくないのである。少ない経済的負担で紛争を解決できる調停制度こそ，紛争当事者が対等の立場で実質的に，主体的な意思決定が自由にできるのである。この主体的かつ自由な意思決定ができる調停のメリットは大きいのである。一般的には，民事紛争においては資金力の大きいものが紛争を有利に展開しうる傾向がある。裁判においても，この格差は紛争当事者において示されている。最高裁にまで上告できる資金力を持つものは少ない。したがって普通は，交渉においては足元を見られて，徹底的に争う政略に負けてしまうのである。資本主義市場経済では，この権力格差のもとで交渉がおこなわれているのが現状である[3]。

しかし，調停においては調停人がこの権力格差に配慮して紛争当事者の利

害を調停しているので，公正かつ弱者に優しいのである．巨大会社と零細会社との調停においても，社会的正義の観点から権力格差には十分に配慮して，横暴な仕打ちに対して利害の調整をしているのである．下請法違反と思われるケースも少なくないのであり，代理人の弁護士にも弁護士倫理に訴えて，条理的にも譲歩を求めるのであるが，代理人として限界があることもまた事実であるのは認めなければならないのである．調停を不成立にしてしまって，もっと条件が悪くなるよりは，その交渉的枠組みの中で妥協せざるを得ない場合は，調停人としてはまことに辛いものである．この忸怩たる思いは敗北感と同等のものとして，まことになさけないのである．調停人としての自己の力量を疑うこともしばしばである．

　それでは，調停人はどのように養成されるのであろうか．裁判所の調停委員も特別の教育を受けたわけではない．弁護士の調停委員も大学で調停の理論や技能を体系的に学んだわけではないから，調停実践や裁判所の研修などで学んだことになる．確かに弁護士は司法的な知識は持っているが，それだけでは調停ができないのである．高度な司法的知識があれば調停ができるとしたら，弁護士は有能な調停人になりうるであろう．だが，現実的には，弁護士でない人でも有能な調停人である人もいるし，弁護士であっても調停人としては劣っている人もいる．これは調停が紛争当事者という人間を相手に話し合っているからである．人間通である人は人間の心の深いところでのコンフリクトを上手に調整できるのである．専門的知識で紛争の内容が理解できても，それをもって調停を実質的に促進できるというわけではないのである．このことをわかる人は意外に少ないのである．このことは裁判官にも言えることであって，むしろ調停に関しては調停委員のほうがベテランであるといえよう．その結果として，多様な背景を持つ調停委員がその強みを生かして調停委員会を事件の性質に合わせて構成されているのである．この構成の妙味が難航している事件でもコンフリクトの解決を促進しているのである[4]．数多くの調停委員が裁判所によって任命されているから，調停事件の性質に応じて，それに適切な調停委員を担当させられるので，調停は運用によっては大きな威力を発揮することができるのである．しかも裁判官と

比較して，それぞれの領域の高度な専門家を調停事件に担当させることができるから，たとえば医療過誤事件でも医師の調停委員をもって調停しているように，事件の状況がより的確に把握できるのである。このことは紛争当事者にもより納得をあたえるものである。公平で無私の調停委員は紛争当事者に対しても中立を保つことができるので，信頼も高めることができるのである[5]。このことは調停制度の大きなメリットになっている。

　調停制度は裁判外紛争解決のひとつとして，最近は世界的に注目されているけれども，日本の調停制度がこれまでに本格的に研究されたとはいえないのである。裁判所の調停委員も守秘義務もあって，自己の調停経験を学問的にひとつの理論体系として論じることが極めて少なかったのである。さらに言えば，調停委員同士が調停理論を論じ合う機会も少なかったのである。調停内容をお互いに論じ合えるようになれば，その問題点をより深く認識して，知的創造性を発揮しやすくなるのであるが，守秘義務もあって表面的な情報交換にとどまっている程度である。かくして，調停委員といえども他の調停委員が担当した事件のことは知らないのがふつうである。他の裁判所で同じような事件でも，それぞれの調停委員は独自に工夫をこらして調停をしていることになるから，効率性という点では問題が大きいのである。裁判の判例のように公示されていないから，判例から学ぶというわけにはいかないのである。これも調停理論を進歩させにくい要因になっている。情報開示の度合いの問題であるが，守秘義務の範囲内でも調停内容を論じ合える場があれば，裁判所内で組織的学習ができて調停の質も大いに高まるであろう。資料にしても後で回収すればいいわけであるから，具体的な事例を現実に即して論じ合えるのである。守秘義務を文字どおりに捉えて，一切の話し合いを禁じるような雰囲気では，調停実践から調停理論を確立していくのは難しいのである。現実にそのような本は皆無といえよう。ほぼこれまでの調停委員の人々の調停理論についての論述はないに等しいのである。われわれは学びたい人から学ぶ機会をえていないのである。ここで大切なことは，裁判所での調停委員をメンバーとする調停理論の組織的学習の場をいかに構築するかである[6]。これは当然に裁判官も調停理論をともに学ぶ必要があるし，むし

ろ調停実践では裁判官は調停委員よりも劣っているといえよう。調停実践は調停の数多くの経験が内容を充実させるからである。それは司法的解決にこだわるものではないのである。人間的配慮を欠くと調停に失敗することが多いのである。

　現実の調停では，調停理論と調停技能が相乗して機能を発揮するのであって，どちらを欠いても調停はうまくいかないのである。したがって，理論家というだけでは空虚な存在になっている。法学者というだけでは調停がうまくいかないのである。この認識を欠く人も少なくないのであるが，調停にはアートが必要なのである。アートは確かに，科学的理論とはいえなくても，経営学ではその重要性が知られている。調停実践ではむしろ調停理論をベースにしたアートのほうが，より重要と認識されている。ただアートやテクニックに頼りすぎては，紛争当事者の真意をとらえにくいのである。それだからといって，アートやテクニックを軽視するわけではなく，むしろその重要性が認識されていないので[7]，調停実践が効果的でなかった面もある。裁判の場合は理論倒れになっても一刀両断的に裁くので，問題が少ないかもしれないが，調停では調停成立をもたらす推進力を欠くといえよう。調停教育にとっては調停理論は重要であって，調停に欠くものではないという認識はもっている。それでも調停には調停理論だけでは調停成立がむずかしいことをいっているのである。

　もっと厳密に言えば，調停理論が体系的に確立されているとはまだいえないのである。より高度な調停理論が確立されれば，もっと調停理論が利用されるであろうが，今のところ調停理論を補う工夫がそれぞれのケースにおいて求められているから，調停人の主体的努力が求められているのである。そしてまた，調停人の創造性を必要とするケースが少なくないのである。これは比較的軽くみられているサラ金調停でも，知的創造性がなくてはサラ金業者の言い分にはめられてしまって，多重債務者に不利になることもしばしばであるからである。業者への書類提出要請においても自己にとって不利なことはしないのである。ここに駆け引きもあって，紛争当事者間の利害調整に時間がかかるのである。それは神経も消耗するから奉仕の精神が旺盛な調停

委員でも，嫌がる仕事になっている。私自身もこのような神経を消耗する調停を終えても，その日はまったく無気力になって何もできなかった経験がある。調停の難易度の問題よりも疲労の度合いによっても評価されることも調停委員の意欲にかかわってくるのである。これは金銭的報酬よりも，どれだけ主体的努力が認知されているかということである。これはサラ金の調停を担った人でないとわかりにくいことであるかもしれない。これは非営利組織における貢献者と共通していることであるが，貢献意欲の源泉は金銭的報酬よりも自己の才能を生かすことや自己実現の場が与えられることなど，非金銭的領域にかかわっているのである。したがって，金銭的報酬を強調することは逆機能になりやすいのである。この方面では，民生児童委員は金銭的報酬なくして働いているように，奉仕の精神や社会的承認が自己を内発的に動機づけているのである。

　この点で，利他主義も現実には大きな影響力をもっているのである。利己主義だけの人間も存在しようが，全人としての人間はいろいろな諸欲求をもっていて，利己主義に凝り固まっているわけではない。場合によっては利他主義的対応もしてくれるのである。ここに紛争当事者の利害が理念等によって，統合的観点から調整される余地が生じるのである。この点で，利他主義が必ずしも自己犠牲を強いるものではない。長期的には結果として，自己利益にかなう場合もあるのである。予想はしていなかった随伴的結果であるが，ここに個別利益を超える大きな視点がいるのである。渉外交渉などでは異文化理解が難しいから，自己の思考枠組みだけでは交渉が進展しないのである。そこで，個別経営においては経営を超える理念政略的視点がいるのである。これは合理的枠組みにとらわれた経営戦略とは次元を異にしているのである。そうでなくては思考の袋小路に陥ってしまうのである。クリス・アージリスの言うワン・ループの思考からダブル・ループの思考へと転換する必要があるのである。今日のコンフリクトは狭い枠組みでの思考では解決されないことが多い。思考の前提条件を問うて，解決方法を多様化していかなくてはコンフリクトの解決はむずかしくなっている。状況に応じて多様な対応を考えないと，解決方法を見いだすこともむずかしいのである。有効多

様性というのはこのことであって，複雑性が増せば増すほど，その対応も多様化していくのである。唯一最善の方法がないという認識が大切である。これは条件適合理論というが，制度的経路依存性と[8]いう状況の多様な制約を考慮に入れる必要があるのである。

3. 合意形成による紛争解決

　コンフリクトの解決は真，善，美という基本的価値が安定しておれば，決して難しいことではないが，現実には偽りや悪や醜い行為によって紛争がゆがめられてしまうことがすくなくないのである。それは人間の優劣という序列，優勝劣敗という競争，損得という利害関係にとらわれて，人間の基本的価値を軽視するからである。利害関係のみにとらわれて，しかも目先の利害関係にとらわれすぎることが多いのである。そのために紛争の処理が難しくなっているのである。部分にとらわれすぎて全体的整合性を欠いているのであるといえよう。それでも部分に拘泥するから，紛争解決の糸口を見出しにくいのである。そのような醜い行為は恥ずかしいという歯止めがなくなってきているのが，今日的状況である。組織内でも同じようなコンフリクトの拗れが生じているので，経営者や管理者にとってはコンフリクト・マネジメントの能力が必要になっているのである。すばやいコンフリクト対応をなしえない管理者は組織的能力を著しく低下させるのである。かくして，コンフリクト・マネジメントは経営学の中心的なテーマであるといえよう。このことがこれまであまり認識されていなかったのである[9]。そんなこともあって，コンフリクト・マネジメントは研究が遅れていたのである。

　それでは，どのようにコンフリクト・マネジメントは教育されるのであろうか。経営学に経営教育論があるように，実践教育を施すには教育論を論じる必要があるといえよう。それは論理過程と非論理過程の両方を含んでおり，さらに技能の重要性を認識する必要がある。紛争処理より紛争解決は一層の高度の理論と技能が必要であって，そのための高等教育機関が必要であ

る。したがって紛争解決教育論は，学際的なバックのもとで広範囲の領域をカバーしていく複合的な理論構築と解決技能を教えることになる。このような点で，コンフリクト・マネジメントはその担い手に高度の知識，知恵，技能を要求するので，育成にも時間がかかるのである。そのために，特定領域の専門家に，さらに紛争解決の理論と技能を教育するのが望ましいのである。そして隣接の交渉学などの吸収が求められるのである。ただ交渉学には競合交渉学と協調交渉学があって，調停には協調的な交渉学が適合しており，敵対的な手法はとらないのである。さらに調停は調整，整合，統合というように敵対的な交渉というような権力闘争ではないのである。したがって調停学は，交渉学とは異なる学問領域であるといえよう。今日では，交渉学は外交交渉や企業間交渉などで重要性は高まっているけれども，敵対的交渉も含むので調停よりは権力的領域と思われることが多い。ブラフや脅しなどの強圧的な圧力を調停は用いないのである。さらに言えば，調停は合意形成や納得を重視しており，権力統制とは対極のものである。それゆえ調停は，コミュニケーション能力や自発的な合意形成を導く能力をその資源にしているのである。

　かくして，調停は合意形成を導く調整能力といえるものであって，権力統制とは対照的な紛争当事者の自発性や主体的な話し合いによって紛争を解決する営みである。フラットな組織になればなるほど，権力的紛争処理は受け入れられなくなるので，調停的調整が求められるのである。最終的な決定権限を持つ仲裁とは異なり，調停はなんら命令や強制的な力をもつものではない。ここにまた，調停の民主主義的現代性を示しているのである。企業内部においても調停的な紛争解決が求められている。紛争当事者のそれぞれが知的資産を有し知識活用型企業になってきているので，競合的交渉で権力の行使はともに損になるという認識が高まっている。ここに調停的紛争解決が一層求められる状況になっているといえよう。水平的で協調的な調停は，合意形成や納得をえるべく話し合いや意思疎通を重視しており，権力統制とはなじまないものである。この点でも，調停は近未来において重要な紛争解決の方法になって，裁判とともに中心的な紛争解決のひとつになるであろう。

M.P. フォレットが論じた調整,整合,統合というプロセスは調停でも重要なことであるが,現実には妥協を強いられることが少なくない。それは十分な話し合いをする時間的余裕がないこともあって,その限られた時間の中での紛争処理になりやすいのである[10]。限定された能力や調停力量のもとで紛争に対処しているので,時間的切迫が紛争解決よりも紛争処理に走りやすいのである。もちろん調停においても期日を何回も入れて,2年以上にわたることもある事件もある。建物明け渡し事件では,一般に時間がかかるのである。賃料増額事件が調停のプロセスで建物明け渡しの事件に変化するのは,もともと本心では明け渡しを望んでいたからである。このことも経験してわかってくるのであるが,紛争当事者の本心を聞き出すのも調停人の仕事である。偽装された事件項目も少なくなく,建前上の本心もあって,本当の本心を的確に早くとらえないと,調停期日を重ねるだけで効率の悪いものになってしまう。本心と本心のぶち当たりは,双方の赤裸々な本音だけに駆け引きもないので,調停がしやすいケースがほとんどである。建前に終始するケースでは,紛争当事者の言い分がむなしく飛ぶだけである。賃料未払い事件においても,その裏には愛人関係のもつれがあったりして,表面的理由だけで話し合いをしても調停が進まないことを経験している。こんなこともあって,もっと家庭裁判所と地方裁判所や簡易裁判所との調停事件の合同的研修に力を入れなくては,複雑な男女の愛憎のもつれが引き起こす金銭的トラブルなどの調停しにくい事件で解決しにくくなっているケースが増えているのである。

形式的には家事調停と民事調停は管轄が区分されているけれども,事件の性質によっては両方にまたがっているので,ジェンダーの研究や知識が調停人に求められるのである。紛争解決の社会的技能に加えて,ジェンダーのより深い知識,知恵を習得しておく必要がある。調停委員がジェンダーバイアスを持っていては,今日的な男女の紛争を調停することはむずかしくなっている。しかもジェンダー問題は何も男女だけの問題だけというのではなくて,同性間でも生じているので,問題が多様化しているのである。この事実に気づかないと調停がしにくいケースもあって,ジェンダーについての的確

な知識と対応が大切になっているのである。ここでジェンダー・フリーについて論じておきたい。ジェンダー・フリーとは決して性差をなくすことではなくて，それぞれの個性を生かしながらジェンダーバイアスをなくすことである。あるいは固定的な性別役割分業にとらわれないことである。男女の生態学的性差を無視して無差別の男女同一化をめざしているわけではない。女性労働の本格化には，ジェンダーに気づいて労働諸条件の改善が求められるのである。女性の社会的なハンディにも考慮して組織や制度を改革していく必要がある[11]。

　これまで組織や制度を固定的に考える傾向が強かったが，ジェンダー・フリーへの脱制度化が求められるように，制度を固定的に考える必要はない。女性労働の本格化がなしうる組織づくりや制度づくりが今日の社会的正義にかなうとともに，効率的な組織運営をもたらすのであるという認識が大切である。知的，情報労働においてはセンス，アイデア，知的創造性が重要であって，そのためにも女性の知的資本の創造とその抽出が知的経営にとって大切である。それゆえ女性という経営資源の潜在能力の開発が知的資本の蓄積を高めるのである。日本的経営の脆弱性は女性の人材育成を怠って，知的資本が劣化しているのである。パートタイマーの大部分は女性であるが，ここでは知的資本の創造が放棄されているのである。目先の利益のために組織の長期的な発展や利益が軽視されているのである。

　かくしてわれわれは，知的資本の蓄積が特定の人々に偏在している危険に注意しているのである。男性中心社会は知的資本が競争力の源泉になる企業競争のもとでは大きなハンディになるのである。男だけのセンスやアイデアではきわめて限られた商品開発しかできないのである。この点で男は傲慢であって，自己の能力を過大評価しているのである。他方においては，女性の幼少のころからの職業教育がパートナーシップ的におこなうことが大切である。男女ともに仕事労働と家事労働を担える生活パターンが社会的基盤として形成される必要がある。男女共同参画社会や参画経営は女性労働の本格化を要請しているのであって，そのような組織づくりや制度づくりをジェンダー・フリーに求められているのである。したがって，これからの経営構想

にはジェンダー研究を欠かせないのである。これまでの経営学者はジェンダーを無視していることが多く，むしろジェンダー的偏見を持つ人が少なくなかったのである。そのために経営学者こそ女性の「抗議，発言，告発」を受けやすくなり，かつてのように「退出」することでケリをつけることが少なくなっているのである[12]。その理由として，夫が妻子を扶養できる家族給の支払いのできる企業が少なくなり，個人の能力や成果での賃金の支払いという個人給へとシフトしているからである。これでは中高年になっても，たいして給料が上がらなくなってきており，H. スペンサーの社会的進化論の適者生存モデルのように，特定少数しか給料が上がらなくなるからである。そのような思想のもとでは[13]，競争原理のように倒産や退出はむしろ効率のために必要不可欠であって，それを求めるのが正義とされるようになっている。

　日本的経営は「家の論理」（三戸公）にもとづいてメンバーを丸抱えしているから，経営者も従業員に妻子を扶養できる家族給を支払うのが責務と考えて，しかも長期雇用を暗黙的に保証していたのである。さほどの能力がなくても中高年になると年功序列賃金の上昇カーブが安心して生活ができる程度まで上昇したのである。これによってマイホームも買えて，子どもの教育費も捻出できたのである。そして短期的には自己犠牲を強いられても，長期的には誘因と貢献のバランスがとれていたので努力のし甲斐もあったのである。しかも子供たちの将来のために教育投資も大卒をめざすレベルも可能になり，これもメンバーにとって仕事労働への励みになったのである。

　かくして，子供の教育費も何とか捻出できて大学の進学率も高まったのである。親子の将来の明るさは，家庭の雰囲気もよくなり，努力のし甲斐を実感として感じていたのである。そのために人々に対して寛大な気持ちになり，これがまたコンフリクト解決を容易にしたのである。少なくとも精神的な余裕を持って，相手の言い分を聞くことができたから，譲歩もしやすい状況を設定することも決して困難なことではなかったのである。この点で，互譲の精神も発揮しやすく，調停もしやすいのである。コンフリクト・モデルよりも調和モデルが受け入れられやすい土壌が，日本では形成されていた

のである[14]。しかし本当にコンフリクトが少ないというわけではない。コンフリクトが権力統制，抑圧，妥協などによって表面化しにくい状況であって，潜在的コンフリクトはむしろ大きいのである。現に戦後の日本においては労使紛争は決して少なくなく，権力統制に失敗した結果として，労使協調主義がコンフリクト解決の手段として定着したといえるのである。

このように和の精神に基づいて調和モデルが形成されたというよりも，紛争の学習の結果としてコンフリクトが発生しにくい状況を意図的につくりあげてきたといえるのである。そこには安易なる妥協もあるが，調和モデル的対応を双方が成長段階では有効的だと認識してきたのである。逆に言えば，双方の限界的対立は少ない状況であったといえるのである。大規模なリストラなどはなかったのである。調和モデルは願望であっても，現実的には機能していたのである。成長経済の下でわれわれは調和モデルになれてきたので，コンフリクト解決能力の重要性を認識することが少なかったのである。そのためにコンフリクト解決能力を育成する機関や教育も少なかったのである。この点で，日本企業は国際間の紛争においては，交渉や調停では不利な立場になることが多かったのである。この利益損失は巨額になり，そのために競争優位性があっても，実現利益が大いに減少することが少なからずこれまでは生じているのである。実現利益というのはトータルなものであって，コンフリクト・マネジメントの巧拙によってかなり増減されるのである。

したがって，経営戦略や競争優位性に力点が置かれても，トータルとしては企業の業績は意図に反することが少なくないのである。コンフリクト・マネジメント能力はこの点からも，きわめて重要であるといえよう。しかし現実には，日本のコンフリクト・マネジメントの研究は遅れているのである。これは企業にとっても不幸なことである。国際競争力の強化にはコンフリクト・マネジメントも含めなければならないのである。このような認識のできる経営者は，日本では少ないのである。そのためにもコンフリクト・マネジメントというのはどのようなものであるかの啓蒙や教育が広く社会一般になされる必要がある。部分的には弁護士や法曹関係者によってなされているけれども，コンフリクト・マネジメントとして体系化されたものではない。そ

れは法的紛争処理のように限定されたものではなく，いわば経営学の体系の中で位置づけされるものである。それにもかかわらず，経営学においてはコンフリクト・マネジメント研究は，きわめて周辺におかれていたのである。そのために日本では，問題解決能力や紛争解決能力，交渉能力は欧米の先進国と比べて低いのである。これではいっそうの国際化に対応できないのであって，国益を減少させるのである。もちろんコンフリクト・マネジメントは組織内部や組織間関係においても必要であって，準垂直的統合されている組織間システムにおいてもコンフリクトは生じやすいのである。

このようにコンフリクト・マネジメントはあらゆる領域で必要であって，そのためにどのようにコンフリクトを認識するかが経営戦略的にも重要になってくる。不確実な環境であればコンフリクトも生じやすいのであって，ここでの調和モデル的発想は紛争解決能力を低下させてしまうのである。日本的システムの苦悩はここでも示されている。現実の紛争を正面から捉えようとはしないからである。ごまかしや問題の先送りでは，コンフリクトをむしろ悪化させるのである。機敏に的確にコンフリクトを認識しないと，状況の悪化をもたらしやすいのである。そしてコンフリクトは当事者にとっては主観的に認識されやすいが，これはコンフリクト状況を軽視しやすいことでもある。自己都合を優先させやすいのであって，相手に理解されやすいような表現をとらない場合が多いのである。これは交渉能力の問題であるが，合意や納得を得る努力が欠ける場合が普通である。さらに言えば，予断と偏見にとらわれた先入観に陥りやすいのである。

コンフリクト・マネジメントの課題は多いが，コミュニケーション能力の貧弱さも紛争をこじらしているのである。コンフリクトの解決には意識的，意図的な努力が要るのに自然の流れに任せるなど，時が自然に解決してくれるという奇妙な紛争観を持っているのである。異文化交流にはまったく通用しない考えであって，今日の日本ではこのような調和モデルは紛争を長引かせるだけである。調和モデルは日本の伝統であると誤解している人も多いが，決して和の精神が古来から日本の中心であったわけではない。もめないように強制的圧力が働いていただけであって，内在的コンフリクトはむし

ろ大きいといえるのである。経営家族主義のように身内内部のコンフリクトを小さくしても、他人や非正規メンバーに対してのコンフリクトはむしろ大きいのである。同一価値労働同一賃金というジェンダー・フリーの理念が定着していないから、ジェンダー・コンフリクトはいたるところで発生している。そしてこのようなコンフリクトは放置されていることが多いのである。というよりも社会の慣習としてコンフリクトではないと認識されているのである。家父長主義の伝統こそ日本のよき美風として尊重されるべきであるとみて、ジェンダーバイアスにはきわめて鈍感なのである。ここでジェンダーバイアスとは何かを議論せねばならないが、ジェンダーへの関心が薄いがゆえに社会的性差や文化的性差は固定的な枠組みの中で論じられているのである。固定的な性別役割分業はその例である。年功序列賃金制度は男が妻子を扶養できる賃金として、経営者もそのように努力する責務を感じていたのであるが、だんだん世帯給を支払えなくなってきて、妻もパートタイマーで働くようになって、それで家計を維持していたのであるが、それもだんだんむずかしくなっているのである。というのは、能力主義、実力主義の名の下で世帯給から個人給へと賃金体系が切り替わっているからである。簡単に言えば、男も世帯給から個人給へと変化しているのである。夫婦の共働きでないと家計を維持することがむずかしくなっているのである。

　これまでの年功序列賃金制度の下では、公務員のように夫婦ともに世帯給をもらえることもあったが、普通は女性は結婚退職や出産退職を強いられることが多かったのである。あるいは女性というだけで賃金が低く抑えられていたのである。だが、夫婦ともに世帯給が支給されることも無理があり、年功序列賃金もジェンダー・フリーを前提にすれば変容せざるを得ないのである。男女同一賃金の理念は尊重されねばならぬが、そのことと男女ともに世帯給を同額支払うこととは別のことである。ここの認識を欠くと、女性労働への反発を大きくするのである。性差よりも個人差というものが賃金に反映せざるを得ないのである。無差別同一賃金というのはやはり現実的ではない。女性労働の本格化のためにも公正かつ現実的な賃金体系が求められるのであって[15]、この世帯給と個人給という歴史的プロセスへの認識を欠くと、

ジェンダーへの逆風がより大きくなるのである。男女ともに世帯給をよこせという要求は，公務員に対しても納税者は承知しないであろう。ただ世帯給といわれるものが本当は個人給に過ぎないものであるならば，当然に男女ともにそれを要求するであろう。

　コンフリクト・マネジメントは広範な領域に及んでいるが，積極的，能動的に対応することもその戦略的対応であるが，評判，評価，信頼，信用やイメージ・アップの重要性も十分に認識しているのである[16]。老舗の大阪商人は短期的利益を犠牲にしても暖簾を大切にしてきたが，イメージ・アップには長い歳月を必要とするのに，イメージ・ダウンは一瞬に生じることをよく自覚していたからである。近江商人が売ってよし，買うてよし，世間によしと商人の格言を広く世間に示したように，評判，評価をどのようにマネジメントしていくかが経営の行く末を決めるのである。このような無形財産の大切さを暖簾を守れという言葉で親が子に教育してきたのである。子はとかく近代合理性の貫徹にとらわれて，目先の利益を追求しがちである。ひとつひとつ短期の収支に拘泥するのは合理性の貫徹と思われやすいが，意図せざる逆機能がもたらされたり，三戸公教授が論じる目的的結果に伴う随伴的結果がもたらされて，トータルの利益を覆すようなコンフリクトをもたらすことも少なくないのである[17]。

　かくして，広義のコンフリクト・マネジメントは，評判，評価を高める戦略や随伴的結果への高度知識的な能動的対応も含まれているのである。紛争処理にだけに，あたかも遮断眼帯をかけたように，限定しがちであるが，この「選択と集中」がむしろ状況を悪化させることも少なくないのである。コンフリクトの根は根深いものであって，現象だけにとらわれてはならないのである。司法的紛争処理に限定して思考する人も少なくないが，これも状況を悪化させることが少なくない。意思決定論的にいえば，司法的紛争処理はコンフリクト・マネジメントの一部にすぎないのである。これを過大評価して唯一のものと考えるのは，司法的偏見である。多様な紛争解決の方法を状況論的に多様な枠組みで考察をしていないのである。それは裁判至上主義と共通した思考であるが，かえって逆機能になることもしばしばである。

長期持続的取引や相互信頼関係のある組織間関係システムのもとでは，裁判と聞くだけでも話し合いの場がもてない場合も少なくないのである。まず段階を踏んで手続きを進めるのが大人の関係といわれる。ルールや手続きを無視するようなやり方は，取引コストを高めて有用なやり方とは業界内外で思われていないのである。ここに市場を絶対視するやり方は無視されやすいのである。市場では競争優位性は求められるが，しかし目先ではなく持続的な競争優位性の確保が求められるのであって，そのために経営資源の蓄積やその組み合わせによる，もしくは動員していく組織的能力が必要である。市場絶対視の競争モデルは，経営資源の蓄積やその動員を軽視しがちである。D. コースやO.E. ウィリアムソンの取引コスト論は経営資源の蓄積は市場に代替するものとして論じられても，蓄積した経営資源の動員や組織的に動かしていく能力は視野の外にあるのである[18]。経済学的な取引コスト論は実践的な組織的能力の発揮を考察していないのである。

　われわれはここで経済学的思考の限界を冷静に考察しないと，経済学的ドグマに陥ってしまう。司法的紛争処理にも同様のことが言えるのであって，司法を絶対視してはいけないのである。このようにコンフリクト・マネジメントは評価，評判を高めることを含めて，広範な領域を対象にして具体的なコンフリクトの解決を実践的に論じているのである。これまでの紛争処理に限定されるわけではない。われわれが注目しているのは積極的に対応する評価，評判，イメージ・アップ，暖簾，信用，信頼に予防的コンフリクト対応を見出すのである。一つ一つのコンフリクトを個別的に解決していくことは調停人にとっては大切なことではあるが，数多くのコンフリクトを解決していくことは物理的に不可能なことである。そこで多くの調停人に影響を及ぼす調停理論や調停技能を体系的に論じていく必要がある。それは紛争解決をマニュアル化できるというわけではないが，ひとつのたたき台としての有用性は有しているであろう。もちろん条件適合理論のように，ただひとつの最善の方法はないという認識は持っているけれども，多様な紛争解決の方法をその解決様式に従って，類型化していくことは，紛争の解決にとってきわめて生産的であろう。類型化していく基準は学問的に考察されるであろうが，

この基準は調停人などの実践的な経験が反映されるであろう。演繹的に理論的考察もなされるであろうが、それは実際に有功的であるかは判断の分かれることであろう。われわれもコンフリクトの解決の理論的考察をおこなってきているけれども、やはり経験知や学習知の裏づけのある理論的な構築が求められているのである。数多くの事例に役立つ汎用性のある理論が調停実践でも役立つであろう。コンフリクト・マネジメントでは多くの人々に利用される利便性のある理論がもとめられるのである。

したがって、コンフリクト・マネジメントはコミュニケーション能力をベースにして、交渉、調停、紛争解決などにかかわっていて、法的紛争処理だけにかかわっているわけではない。裁判・訴訟というのは、まさにその一部に過ぎないのである。条件適合理論的にいうと、裁判が紛争解決の唯一最善の方法ではない。裁判の判決が紛争解決においてベストとは考えていないのである。司法的思考方法に限定されるのは、紛争解決においてマイナスになりやすいといえよう。われわれが司法的解決と行動科学的解決との総合を論じたが[19]、現実の紛争には行動科学的思考が求められることが多い。人間の気持ちなどの理解にはコミュニケーション能力などの行動科学的考察が求められるのである。そのために司法の枠にとらわれていては紛争解決がしにくいのである。すなわち紛争には非司法的な領域も数多く存在するのである。むしろ司法的な紛争解決を拡大しすぎてはいけないのである。何でもかんでも訴訟というのでは、かえって紛争を増大するだけである。紛争の解決というところに力点を置かねばならないのである。紛争解決のための具体的な解決方法が実践的に求められているのである。これは経営資源の蓄積とそれを動員して具体的に実施していく能力との区分と同様に、資源を組み合わせて具体的に動員していく能力が紛争解決において必要である。われわれの関心もどのようにして具体的に現実的に、紛争当事者の満足を得ながら紛争を解決するかである。裁判所の調停現場では、仮にしぶしぶであっても双方が調停に応じなくては調停が不成立になってしまう。紛争当事者の双方が満足いくような紛争解決は、さらに一層の調停の努力が必要であって、知的創造性の発揮が紛争状況に応じて創発的に求められるのである[20]。これ

は妥協を求める姿勢のもとでは創発されないのである。さらに言えば、人生の知恵、社会生活の知恵がなくては理論的に考え出された調停案は受け入れられないことが多い。自己満足的な調停案も同様に受け入れられにくいのである。このことを十分に認識していないと、調停の成立率が低下するのである。

　調停の成立というのは決して自然にできるものではない。紛争当事者の意識的な努力はいうに及ばず、調停人の意識的、意図的な努力なくしては調停が成立しないのが普通である。利害対立の大きい場合が普通であるから、簡単には双方とも妥協すらしないのである。足して2で割るというような妥協の仕方は、今日では紛争当事者の理解が得られないのである。合意、納得を得るには論理性、感情性、プライド、面子や状況の整合性などのあらゆる要素がかかわるので、全体的整合性をどのように認識するかにかかわっている。よく言われる条理というのは、社会的常識に加えて、この全体的整合性の把握にかかわっている。全体的整合性はかなり直観にかかわっていて、論理的、合理的に捕らえにくいものであるから、経験や経験的学習を必要とするのである。経験から学ぶという姿勢なくして、全体的整合性をとらえることは難しい。調停人は素直にこの事件における全体的整合性とはなにかを発見することが[21]、調停技能を高めるのである。したがって調停人は、全体的整合性をとらえる訓練を受ける必要がある。これは講義方式では得られにくいものである。絶え間ない練習が求められるのであって、時間的間隔があくと、この技能は語学と同じように、低下していくので、現役第一線でないと、このような調停技能を維持していくことがむずかしいのである。そこで引退して暇な人に調停技能を教えてもらっても、全体的整合性をとらえる直観はなかなか伝授することはむずかしいのである。直観やセンスというのは科学的でないとみなされやすいが、調停技能ではこれらは重要な役割を果たしていて、実践が理論作りにも影響を与えているのである。これまでは理論の枠組みに実践を押し込もうとして、現実の状況を無視したような理論が多く、そのために理論は役に立たないと非難されることも少なくなかったのである。

このような理論的なエレガンスさを求めては、調停理論は調停実践には役立たないであろう。われわれが求める調停理論はこのようなものではない。調停の実務経験を生かした理論的形成でないと調停実践には用いられないのである。そこでは状況の把握が適切でなければならないのであって、条件適合的な全体状況をとらえるのである。このことは類型にも反映しており、0もしくは1という2分法に拘泥するものではない。状況によっては3分法を用いる場合もあって、優劣、勝敗、損得だけにかかわるものではないのである。それは真善美をベースにした調停になったりして、むしろ社会性や倫理性・道徳性が調停の眼目になるのである。ただ価値観や人生観にかかわる調停となると調停成立は難しいのである。習俗や習慣というのは理屈のみで決められたものではないから、その影響力にも配慮して対応していくことになる。実践知は賢慮といわれるように人間の長年の英知が結集した結果であって、空理空論といわれるものではなく、それが習慣になっている場合もある。賢慮という人間の知恵は、調停では条理として紛争当事者を納得させる何かを持っている。科学方法論では論理の一貫性が大切であるが、調停における条理は心に受け入れられる納得性にかかわっているので、部分的には不整合があっても全体的整合性が求められるのであって、感情的にも受け入れられるのである。理性と感情とが一体化している場合は調停がしやすいのである。

　調停は交渉とは異なって中立性が重んじられるのであって、一方の交渉の代理人になっているわけではないから、紛争当事者双方の信頼が得られることが調停を進めるのに大切なことである。交渉人は交渉力を生かして相手を押さえつける場合もあるから、中立という観念は薄いのが普通である。軍事力をバックにした外交交渉はその典型である。企業でも親会社が下請け会社にたいして交渉をおこなう場合は、経営資源の優位性や資源依存関係が大きく関係しているのである。この点で交渉は、権力関係もしくは力の差異を反映していると思われているのである。交渉人は競合的力関係の担い手とみなされている。ただ、交渉は協調的交渉関係も含むから、交渉が力関係だけに限定されるものではない。調停とは違って交渉は、当事者の主体的営為で

あるから双方ともに能動的活性が求められる。そのために当事者の主体的能力が正面からぶち当たる場合もある。このときは闘争という面が出てくるので，あらゆる駆け引きもなされるので，コースやウィリアムソンの言う取引コストが上昇する。この場合は交渉が下手ということになるので，当事者にとっては再交渉の余地が大きいのである。逆に，交渉上手というのは取引コストを減らす選択肢を選考するから，協調的な交渉プロセスになるだろう。ここでは調停のような話し合いになる。また交渉の結果として，当事者が調停を選ぶ場合もある。交渉人同士の話し合いを調停人が媒介して調停するのである。このケースでは，交渉人とは弁護士であったりして，調停人が双方の代理人と話し合いをして調停プロセスを進めていくのである。最近では，このようなケースが増えているのである。それゆえ調停人もかなり高い知的水準が要求されるのである。もはや素人的調停人では，調停がしにくくなっている。交渉人が高い理論的論争をもたらす場合も少なくないからである。この点でも調停人はたえまなく自己研鑽に励む必要がある。

　これまでの調停は，裁判所の調停委員が担うことが多かったので，司法的思考を中心にして論じられてきた。そのために調停は司法の領域とみなされてきたのである。しかし調停は広範な領域を対象としており，むしろ経営学のマネジメントになじむものであって，調停の理論は法学的思考と経営学的思考とが融合する論理といえよう。調停自体は経営学の思考となじみやすく，しかも実践的である。この点で，経営学者が調停の理論を研究するのは理にかなっているといえよう。さらにいえば，経営学者が法的思考を身につけることによって，調停理論はより体系化するであろう。このような研究をする人は少ないけれども，調停とはそのような性質のものである。そこでわれわれは，コンフリクト・マネジメントの一環として調停を論じているのである[22]。まさに調停こそ，コンフリクト・マネジメントの中核をなすものである。そして法化社会といわれるほど社会が変化した今日では，調停においては法的知識が不可欠になっているのである。法的思考と経営学的思考とが乖離しているように思われてきたけれども，調停実務では両者は密接に関係しているのである。かくして調停理論は，さらに学際的に研究される領域

である。弁護士にも調停理論の前進に期待したいが、そこでは法的思考にとらわれてはならないのである。調停は交渉以上に奥行きの深いものである。われわれは調停実践から調停理論を構築しようとするものである。そのためにも調停の実務を数多くこなす必要があるので、歳月をかけているのである。ただ調停に精通するだけではよき理論が構築されないのである。

　確かに実務家は実践が豊かで事実関係を詳しく知っているのであるが、それを体系的に論じうることにはつながらないのである。調停の実務家が数多く存在するけれども、そのことと調停人が優れた理論構築をなしうるのとは別の問題である。現実に裁判所の調停委員は民事と家事をあわせて2万人を超えるけれども、調停理論を発表している人は弁護士を含めてきわめて少ないのである。学術書を出版した人はもっと少ないのである。さらに言えば、調停人が自己の経験を基にして調停技能などを論じた本があれば、多くの調停人に実践的にも役立つであろう。そしてまた、調停実践の経験をそれぞれが論じ合った本が一般市民にも調停の能力を高めるためにも必要とされるのである。これは日本の紛争解決能力を高めることにもなって、やがて渉外交渉にも役立つので、国益にも貢献するのである。紛争解決能力は国際的な紛争にも求められるのであって、コンフリクト・マネジメント教育はこれからの日本にとってきわめて大切なことである。そのようなこともあって、コンフリクト・マネジメントの研究はよりいっそう深くそして幅広く研究されなければならないのである。

　コンフリクト・マネジメントの研究はまだ初歩的段階なので、参照できる文献も少ないのであるが、弁護士を中心とする法的紛争処理の文献は少なからずある。このために紛争解決の研究は司法の領域とされてきたので、むしろ発展が阻害されてきたのである。行動科学的研究は司法的研究者においてはほとんど無視されていたのである。しかも調停技能のようなスキルは、研究対象からはずされていたともいえるのである。実践では、調停理論や調停技能を動員して動かしていく能力が大切なのである。経営資源を保有しているだけでは能力を発揮できないように、蓄積された経営資源を動員していく組織的能力が求められるのである。このことはコンフリクト・マネジメント

でもいえることである。弁護士の人々は実践的に資源を動員していく能力を身に着けているのであるが，そのような能力を体系的に学ぶことが紛争解決を促進するのである。企業の人々も現実の紛争を処理してきたので，それなりの紛争の処理の能力を身に着けてきたのであるが，それは企業秘密として公表されることはなかったのである。ビジネスモデルと同様に企業にとっては競争優位性の源泉と考えられているのである。ノウハウや技能はもはやただで教えられるものではなくなっているのである。これもまた，学術的研究を妨げているのである。

かくして，調停委員として自らの経験や同じ調停委員の経験談を集約して，体系的にそれぞれが論じていくしかないのであるが，これもまた法的守秘義務があるので，調停内容を論じることができないのである。これらのネックを乗り越えてコンフリクト・マネジメントを体系的に論じていくことになるが，今のところ外国文献を利用して論じている段階である。そんなこともあって，われわれも外国文献から学んでいるのである。調停や交渉に関しての文献も多くて，日本の研究よりはかなり進んでいるのである。しかも事例も多く記されていて，具体的に学ぶことができるのである。日本では情報開示されているケースは少ないから，実践的な調停理論を学ぶことは難しいので，われわれも外国文献を中心にして学んできたのである[23]。しかも日本の単なる経験談とは違って，内容も豊富であって，レベルも高いのである。調停においても外国文献を偏重する気はないが，それでも吸収できる知識は大いに研究に取り入れたいのである。

経営学やマネジメントにおいては調停，交渉の研究は重要なテーマにもかかわらず，とくに日本では研究が進んでいないのである。欧米文献が数多く輸入されているにもかかわらず，どうしてであろうか。それは調停や交渉が，司法的な領域と考えられてきて経営学者はほとんど研究してこなかったからである。他方，法学者も調停や交渉が自己の研究領域と考える人が少なかったのである。経営学と法学の両方に精通している人が，きわめて少ないのを反映しているのである。さらに厳密に言うと，調停や交渉には行動科学的研究も必要である。これらの知的資産を個々バラバラに用いるのではな

く, すり合わせて統合していく経営資源動員型の知恵が必要である。ただ知識を組み合わせるだけでは効力が低く, すり合わせていく技能が求められているのである[24]。資源の動員力が調停や交渉においては, 求められているのである。

4. 調停による公正な紛争解決

　日本では調停と交渉とではイメージが異なるのは, 調停には融合, 融和, 共生の精神が脈々と流れているからであって, 家の論理のように身内と他人とを区別して, 異質なものを排除するものではないからである。神仏習合のように, イデオロギーにとらわれるものではないからである。日本には排他的思想とともに習合の思想があるので, 異質な紛争でも調停になじむことができる。どこかの次元で, 融合, 融和, 共生の精神が調停の支えになっているのである。そんなこともあって, 裁判所の調停事件の調停成立率は半分を超えるし, 申し立てをやめるケースを入れると, 実質的な調停成立はもっと多いのである。調停不成立でも, それは司法的判断として問題があるのであえて不成立になっているケースもあって, 紛争当事者同士では合意をえているのである。現行法の法改正が求められる内容ではあるが, 実務的には問題のないものである。債権回収事件では, それで双方の折り合いがついているのである。裁判官にとっては司法的判断を優先させざるを得ないのである。それは経済学者や経営学者にとっては不満なことではあるが, 現行法の枠では無理な解釈になったりするのである。ここでわれわれは法制度の重みを感じざるを得ないのである[25]。かくして組織と制度を分離して考えることはいき詰まりをもたらすことになる。特に経営学者は法制度との関連で考察をしないと, むなしい努力になってしまうのである。
　経営組織と法制度との関連を研究する研究者は極めて少ないけれども, 法制度の研究を欠くと実践的にはならないのである。いかに優れた経営戦略であっても, 法律に違反すると, 経営戦略として有効的ではないのである。か

くして，知的財産権や国際司法に違反すると，独創的な戦略であっても実施されなくなる。経営組織の環境適応というのは，司法変革も含むけれども，ふつうは司法的制約に拘束されるのである。このことを十分に認識されなければならないのである。新しいビジネスモデルを構築する場合でも，法律の制約を無視できないのである。このように経営組織と法制度との関連を研究することは実践的経営教育においては，きわめて大切なことである[26]。

われわれ経営学者にとっても，司法的領域の知識を吸収することは決して容易なことではない。経営法学の研究者もいるが，コンフリクト・マネジメントに関心のある人は少なく，そのために紛争解決のために司法的領域の知識をなかなか吸収できないのである。これが経営学のテーマであるコンフリクト・マネジメントの発展をなかなか促進してくれないのである。紛争解決には司法的領域と行動科学的領域の両方の知識が必要であるが，この両方の知識に精通することはなかなか容易ではない。せっかく行動科学的知識を動員して紛争解決の案が当事者に同意されても，司法的には否定されては紛争解決はできないのである。このことは紛争当事者にもわからないことがあるから，裁判所の調停では慎重に対応している。ここに経営学者の考えとずれがあったりして，法令が現状に適切に反映されていない場合は，商慣習も考慮に入れて対応すべきであるという状況論や条件適合的な紛争解決を求めることになる。画一的な法解釈は変化の激しい国際的なルール変更に対処できないし，今日では「事実上の標準」も存在して，それが新しいルールとなっていることが少なくないのである。

デファクト・スタンダードというのが今日では，広範な領域で存在している。ビジネスモデルは知的所有権や特許にはなじまないものが多いが，これへの侵害はどのようにして解決すべきかである。すぐれたアイデアであっても模倣しやすい領域では，すぐに違ったやり方で模倣されてしまうのである。それは詰めの段階にいたらなかっても，模倣しうる一歩手前の段階には至っているからである。それで，そのアイデアを直ちに実現しうるからである。このような利害関係の調停となると，事実関係の把握も大変になるから知的所有権とは何かということになる。経験していないけれども，たとえば

女性下着のデザインやセンス，アイデアに関する調停となると，その専門家でないとわからないであろう。現実にいくつかの商品を組み合わせて，自社商品を開発している会社のことは聴いたことがある。本の場合は文献の引用に特に注意をしなければならないが，ウィン-ウィン解決において M.P. フォレットの研究書の引用を欠くケースがかなり多いのである。フォレットの研究は今でも調停理論として優れたものであって，フォレットから学べることは多いのである[27]。経営学者や政治学者は以前からフォレットの紛争解決の理論に注目していたけれども，法学者や裁判官が訴訟上の和解において，フォレットの理論を用いているという話はほとんど聞かないのである。フォレットを丹念に読んでいると，司法的紛争解決と行動科学的紛争解決とを総合する鍵を見出すのである。調停には両方のアプローチを用いるだけではなく，その総合が求められるのである。調停委員会では調停主任である裁判官の意向に左右されるけれども，裁判官は司法的解決に力点を置いているから，行動科学的解決は従属化しやすい。そのために調停においても，弁護士を中心とする調停委員は司法的解決にウェイトをおいている結果になっている。このことから調停は司法の領域と考えられてきたのである。これは調停理論の発展に偏りをもたらしているのである。ただ，行動科学的紛争解決もまだ体系化されたものではないので，司法関係者にとっても吸収しにくい面があることは否定できないのである。また司法関係者と行動科学者とは日常的な交流がないので，両者間には障壁があるような先入観をもたれているのである。

　われわれ学究にとっては，このような障壁を取り除くことが使命であり，責務でもあるといえよう。そのためにコンフリクト・マネジメントの体系の中にこのことを論じる必要があるが[28]，まだ初歩的段階といえよう。それは行動科学的紛争解決と司法的紛争解決の両方に精通しなければならないからである。これは学究として大きな負担であって，しかもある程度の歳月を投入する必要があるからである。そんなこともあって，両者の総合的思考はなかなか実践されないのである。論理的思考が非論理的思考をなかなか包摂できないように，一般的には論理的思考を欠く折衷説と受け止められている

からでもある。現実には妥協や折衷は交渉においては少なくないことではあるが，これは学問的には二流の立場と軽く見られてしまう傾向がある。これはエリートの学究にとっては耐え難いことであって，論理的一貫性を貫くことが学究としての自尊心を高めるのである。それはとくに，法学者に見られる傾向である。そこでは行動科学的研究は魅力の乏しいものになってしまうのである。ここでは調停現場の意見が反映されにくいのである。調停人には日常的経験から両者の総合は必要であると気づいていても，その声が反映されにくい状況であるといえよう。

　日本では調停人が独立したプロフェションとして確立されていないので[29]，その意見を反映されにくい状況である。そのために調停人の職務内容も世間には明確に知られておらず，高度な知的内容を必要とするとも思われていないのである。かくして，調停は話し合いの媒体に過ぎないから，その知的活動に専門的対価を支払うという認識も確立されていないのである。弁護士に対してもその専門的知識に対価を支払うという慣行も不十分なのに，調停人に紛争解決料を支払うというのは，なかなか抵抗があるようである。その点，裁判所の調停手数料は普通数百円，数千円という単位なのできわめて抵抗が少ないが，これは国民の税金でカバーされているからである。しかし調停委員は一般的な調停事件は適切に調停ができても，高度な専門知識や長期の紛争事件になると対応ができにくくなるのが普通である。

　もちろんそれぞれの領域の高度な専門家がいるけれども，その調停事件にそれだけの多くの時間が割けるというわけではない。それは専門職業人としてその仕事に専従しているわけではないからである。そこまで本職を犠牲にできないからである。たとえば交通事件の医師調停委員にしても，本職の関係もあって専従者並みに調停事件に応じることはなかなか難しいことである。弁護士の調停委員も同様のことが言えるのである。あるいは大学教授も時間的融通が利くとしても，他の公職との兼ね合いや研究上の時間的ロスを考えると，自己の得意な専門領域でもそのすべてに応じることは難しいのである。われわれは調停の理論や技能の研究のためにできる限り調停事件に応じてきたけれども，それでも研究上の時間的制約があって，数多くの調停を

することは疲労を多くして，事実上はできないのである。それは調停が半ばボランティアの仕事であるので，金銭的にも得るところが少ないことも影響しているといえよう。同じような調停事件が重なってくると学問的にも得るところが少なくなって，調停意欲が削がれるのも事実である。もちろん調停事件を解決するところに社会的使命は感じているけれども，それをもって数多くの調停事件を多くの時間をかけてこなしていくことには，直接的にはつながっていない。調停委員は数多くの仕事のひとつということになる。地方自治体の審議会や審査会と調停事件が重なることもあるが，調停事件を優先させても，常に裁判所の調停担当を優先させるわけには行かないのである。このようなコンフリクトにどのように対応していくのかも課題のひとつであるが，C.I. バーナードはこのことを組織間の道徳準則として論じている[30]。

　ますます多元的社会においては，個人にとってどの組織を優先させるかは状況や判断基準によって異なるので，難しい問題である。このコンフリクトは組織の行動基準と社会的倫理との対立を含めて，限界的対立がもたらされると，解決しがたいこともあるであろう。このような調停事件となると，調停人もジレンマに悩むことになるが，社会的正義や公平，あるいは真善美の人間としての基本的価値をベースとせざるを得ないのであって，損得，利害関係だけにとらわれることは，調停事件を長引かせるだけである。序列や勝ち負け，損得というのは調停事件では重要な解決項目ではあるが，これだけでは紛争解決のベースになる糸口を見出すことは難しいのである。偽り，あくどい，醜い行為を避けて，紛争当事者が駆け引きから脱して話し合いをしなくては，こじれた紛争を解決することは裁判所という場をもってしても難しいのである。このことを認識していないと，いとも簡単に紛争が解決するような錯覚に陥るのである。

　もともと調停は複雑な利害対立を含めて，あらゆるものが絡み合って生じた紛争をとり扱っているので，どろどろしていて，すっきりしないのである。権力抗争にかかわる調停になると，事実関係も駆け引きの対象になるので，紛争の道筋を把握するだけでもなかなかむずかしいのである。偽りや醜い行為は表面的理解だけでは把握しにくいのである。調停人がだまされるこ

ともあろう。調停の本当の目的は時間稼ぎであったりして，これをまじめに調停していても埒が明かないのである。ただ調停人の提案によって，思わぬアイデアとして戦術的に調停を申し立てたことが，結果的に紛争解決に役立つことがある。これは紛争当事者にとっては予想外のことではあるが，調停が成立しているのである[31]。不思議といえば不思議であるが，調停には論理的に予想のつかないことがあるので，実際に調停をしてみて始めて納得のいくことがある。ここに人間存在の多面性をみるのである。調停というのはきわめて実践的な仕事であって，数学的な論理の厳密性をもっているわけではない。それゆえ H.A. サイモンが論じた「限界のある合理性」が典型的に当てはまる領域である。人間の認知界は大きいのであって，厳密な論理性が紛争当事者の理解を促進させるとは限らないのである。むしろ一般的紛争では，そうでない場合のほうが多いといえよう。住民の近隣紛争では，法理論を中心にした厳密な論理性が紛争当事者の相互理解を促進するというケースは，少ないといえよう。金銭的トラブルにおいても，厳密な経営学的論考を当てはめても，うまく調停がなされるというものでない。調停はやはり人間を対象としてなされているから，当事者に理解されない言語では，合意形成は難しいのである。わかりやすい，受け入れやすい，損得の折り合いがついている，というのが，調停成立率を高めるのである。

　ここで調停人と調停者とを概念的に区分したいが，第三者関与という点では両者は変わりがないが，調停者は非公式な調停にもかかわり，あらかじめ調停者はどのような役割を担い，どのように機能するのかを紛争当事者間で事前に決めておかないと話し合いの枠が大きくなったり，小さくなったりして，合意が形成しにくいのである。この点で，第三者関与の専門家である調停人は，その客観的判断基準への信頼性と権威によって，紛争解決能力を高めているのである。紛争当事者同士では思いもよらなかった解決策や選択肢を提示したり，歪みあった駆け引きの多い交渉から，統合的な交渉の形に変えて紛争解決を容易にしたりしている。この調停人の紛争解決能力が専門人としての力量といえよう。裁判所の調停委員は調停人の代表的な例である。ただ調停委員は半ばボランティアとしての役割を果たしていて，それで専門

人として生計が立てられるわけではない。本来の専門人はその職務で十分に生計が立てられることが原則であって,裁判所の調停委員は他の本職で生計が立てられるか,もしくは官民の定年退職者が家計補助として働いている程度である。

　これは調停委員はストレスの大きい仕事であるから,毎日朝から晩まで数多くの調停を続けてやれる性質のものではないことからも由来しているのである。それゆえ職業人としての調停人は,数多くの調停事件を担当できるわけではないから,一件ごとの調停事件で相当な収入を得ることになるので,零細収入事件はやはり裁判所の調停委員の担当ということになろう。この点で,裁判者の調停委員は今後も半ばボランティアの仕事として継続されようし,それは紛争当事者がその費用の一部を負担しても,残りの大部分は国民の税金で補填される形態は変わらないであろう。サラ金の多重債務者の特定調停はその典型といえるであろう。現実にはサラ金調停が調停事件の半数を超えるから,自己破産同然の人からコストに見合う金銭的負担を課すことは難しいのである。逆に高額な調停事件ではもっと応分の経済的負担を課すことが,専門調停人の育成に役立つといえよう。国益を考えても,国際間のコンフリクトではこのような専門調停人が存在しなくては,紛争交渉もできなくなってしまう。弁護士も専門調停人としての交渉能力を身につける必要がある。現在では国全体としてこのことを怠っているのである。経営とは総合的能力をいうから,コンフリクト対策に失敗すると大きく利益を損なってしまうので,コンフリクト・マネジメントはまさに中核のマネジメントになろう[32]。

5. おわりに

　日本では和,調和,すり合わせを重視してきたので,M.P.フォレットのいう統合的解決を成立させる素地はある。でもヘンリー・ミンツバーグはフォレットに論及して次のように言う。「企業が統合を実現するためには,

統合に対する理解が必要だ。それはとても深い理解だ。真剣な取り組みと献身が必要だ。努力が求められるし，想像力がなければならない。今日の多くの企業は，これらの資質をほとんど欠いている」（ダイヤモンド社編『世界で最も重要なビジネス書』ダイヤモンド社，2005年，297頁）。このように統合的解決は並々ならぬ努力が必要であるが，専門職としての調停人にとってはフォレット理論に大いに学ぶ必要がある。たとえば，「マネジメントには独特の人間的な性質がある。社会的プロセスとしてのマネジメントの本質は，人間の寛恕に根ざし，また業務遂行から必然的に発生する総合関係とも深くかかわっている。それはマネジャー同士の関係，社員同士の関係，そしてマネジャーと部下の関係のすべてのレベルに当てはまる」とフォレットはいう（295頁）。さらにフォレットは，責任感などで人間を育てるエンパワーメントにも力を入れる。すなわち，「望ましいのは，リーダーと部下たちの双方が，現状に対して創造的な貢献をするチャンスを得られるような人間関係を築くこと」（296頁）という。そこでは，本当の対立点を洗い出して，当事者の要求を聞いて，要求をそこに含まれる構成要素に分解してみるやり方である。それは二者択一の思考ではなく，もっと広く大きく選択肢を見ているのである。この解決が妥協や抑圧ではなく，まさに統合的解決である。調停人はこのフォレットの思考を取り入れなければならないのである。それゆえわれわれは，フォレット研究に力を入れたいのである[33]。コンフリクト・マネジメント研究には，フォレット理論の研究が欠かせないのである[34]。

注
1) A. エチオーニ『組織の社会学的分析』（綿貫譲治訳）培風館，1966。
2) 草野芳郎『和解技術論』信山社，1995。草野芳郎裁判官は紛争当事者を交渉の主体として認識している。「これからの和解運営におきましては，この交渉の観点を取り入れますと和解運営の幅，奥行きが広がり，当事者のニーズに応えられる範囲も広くなりますし，交渉術，説得術，レトリック，対人社会心理学，人間学などの成果を取り入れることも可能になるのです。当然，和解技術論の幅，奥行きも広がってくる」（153頁）と論じる。とくに，「民事関係はなんと言っても私的自治が基本ですから，民事紛争を解決するに当たりましても当事者による自治的解決が期待されている」（152頁）からである。
3) 守屋明『紛争処理の法理論』悠々社，1995。「交渉から敵対的側面を完全に排除することは，多くの場合およそ不可能である」（213頁）というのは，対立的側面からコンフリクトが生じて

いるかぎり，そのとおりである。
4) J.Crawley and, K.Graham, *Mediation for Managers*, Nichelas Brealey, 2002. コンフリクトの解決と仕事上の関係の再構築を論じる。コンフリクトの建設的な可能性についても論じ，問題をオープンにして，解決に導き，変革の推進因として，相違への理解力を高め，他の人々の要求への気配りをして，共通の目的への焦点合わせを創意する。また，健全な対話に導いたり，問題を取り上げて新鮮な考えで議論するのを動機付ける (pp.20-22)。
5) 荒井一博『信頼と自由』勁草書房，2006。情報の非対称性があればこそ，信頼への重要性が高まるのである。「信頼重視に基づいて財供給の行なわれることが，市場の需要の減退を防ぎ，市場の効率性を維持する」(125頁)。この考えは交渉という取引においても言える。信頼が高ければ，協調的交渉もより容易になってくる。
6) C.Arygris, *On Organizational Learning*, Blackwell, 1992. 既存の枠組みの変革を問うダブル・ループの組織的学習も論じる。
7) 村田晴夫『管理の哲学』文眞堂，1984。
8) D.C. ノース『制度・制度変化・経済成果』(竹下公視訳) 晃洋書房，1994。ノースのいう「経路依存性」とは，「相互に結びついたフォーマルなルールとインフォーマルな制約の網である各社会の政治的，経済的，及び司法的システムの説明を必要とするであろう。フォーマルなルールとインフォーマルな制約は，結びついて制度的基盤を作り上げ，経済をその後の異なる経済へと導く。行為者の選択を制限し，行為者が制度的枠組みを根本的に改めることを妨げるネットワークの外部性を証明することが必要であろう」(152頁)。このネットワークの外部性である「経路依存性」は，交渉においても一定の枠組みを提供していて，それが交渉のルール，手続きになっている。この意味で交渉は無限定に動かされるものではないといえよう。ただ，ジェンダー法のように法改正による制度変化もあって「経路依存性」にとらわれすぎてもいけないのである。
9) コンフリクトは過去のいきさつ，怨念そして感情的行き違いなど，複雑な要因が絡み合っていることが少なくない。むしろ利害状況の不一致からコンフリクトが生じたのなら，その利害を紛争の全体的状況の下で調整すればよいから，一定の許容水準の中に収斂しやすい。一定の譲歩を双方に求めた調停は整合されていくのである。しかし，コンフリクトは人間の営みから生じ，怨恨，怨念は人間存在の根幹にかかわっている。
10) 調停人は紛争当事者に対して，さまざまな支援サービスの信号を言語，行動的知識を含めて送る。これを当事者が的確に受け止めて投げ返す，フォレットのいう「円環的対応」があれば，紛争当事者により高い満足をもたらす。調停人は人による人に対する支援の意味合いがより濃厚である。
11) 数家鉄治『ジェンダー・組織・制度』白桃書房，2003。
12) A.O. ハーシュマン『組織社会の論理構造』(三浦隆之訳) ミネルヴァ書房，1975。
13) 福永文美夫『経営学の進化』文眞堂，2007。「社会ダーウィニズムと革新主義」49-59頁を参照のこと。
14) 野村正實『日本的雇用慣行』ミネルヴァ書房，2007。間宏『日本的経営の系譜』文眞堂，1989 (1963)。
15) 佐野陽子，他編『ジェンダー・マネジメント』東洋経済新報社，2001。
16) R.J. オルソップ『レピュテーション・マネジメント』(トーマツCSRグループ訳) 日本実業出版社，2005。「危機は回避できなくても，評判へのダメージは回避できる」という (294-296頁)。
17) 三戸公『随伴的結果』文眞堂，1994。第2章「随伴的結果と複眼的管理」を参照のこと。
18) 中橋国蔵『経営戦略論の展開』兵庫県立大学経済経営研究所，2005。第7章「取引コスト論と資源ベース論」の2節で「取引コスト論とその限界」を論じその論拠を資産特殊性と垂直的統合

問題にもとめている。
19) 数家鉄治『コンフリクト・マネジメント』晃洋書房，2005。
20) 野中郁次郎『知識創造の経営』日本経済新聞社，1990。野中郁次郎・紺野登『知識創造の方法論』東洋経済新報社，2003。
21) JC.Tonn, *Mary P. Follett*, Yale University Press, 2003. トンもフォレットが仲裁よりも調停による全体的な整合性にもとづく創造的な統合を論じたという。
22) 日本では交渉力，問題解決能力が低いこともあって，コンフリクトの当事者解決が難しくなって，裁判所の民事調停では広範な領域の事件を数多く取り扱っている。もっとコンフリクトの解決を担う人々の育成が求められるが，知識偏重の教育のもとではそれがむずかしい。
23) M.Deutsch and Coleman,P.T.(ed.), *The Handbook of Conflict Resolution*, Jossey-Bass, 2000.
24) 藤本隆宏『能力構築競争』中公新書，2003。藤本隆宏教授は日本の乗用車の生産システムでのすり合わせ型のアーキテクチャを論じたが，これは調停の技能と共通しており，調停技能に熟達するやり方である。
25) 小島武司『裁判外紛争処理と法の支配』有斐閣，2000。「裁判外紛争処理の理論的位相」を参照のこと (3-38 頁)。
26) 森泉章『法学』有斐閣，1993。
27) L.H. アーウィック編『フォレット経営管理の基礎』（斎藤守生訳），ダイヤモンド社，1963。M.P. フォレット『組織行動の原理』（米田清貴・三戸公訳）未来社，1972。
28) コンフリクト・マネジメントを本のタイトルにして本格的に論じているのは W.G.Scott の *The Management of Conflict : Appeals System in Organizations*, Irwin, 1965 が最初であろう。その後の司法的な紛争処理論はあっても，組織論的な紛争解決論は少ない。われわれのようにその両方を接合して，総合的な視点から論じようとする研究はさらに少ないのである。
29) 長尾周也『組織体における権力と権威』大阪府立大学経済学部，1979。
30) C.I. バーナード『経営者の役割』（山本安次郎・田杉競・飯野春樹訳）ダイヤモンド 1968。
31) 廣田尚久『紛争解決学』信山社，1993。「つまり裁判の亜流として調停があるのではない。今この争いにとって最もよい手段であるから当事者は調停を申し立てるのであって，調停の論理上のシステムが適している事件は，調停の場で解決しなければならないのである」(148 頁) という。
32) K.Blackard and J.W.Gilson, *Capitalizing on Conflict*, Davies-Black, 2002.「組織におけるコンフリクトを相乗作用に変える戦略と実践」というサブタイトルに示されるように，管理者に対してコンフリクトの活用を論じる。
33) P.Graham (ed.), *Mary Parker Follett-Prophet of Management*, Harvard Business School Press, 1995. J.C.Tonn, *Mary P. Follett*, Yale University Press, 2003.
34) 藤木清次「交渉管理論」『日本交渉学会誌』12 巻 1 号，2002。ハーバード流ウィン-ウィン解決を超える，真の紛争解決が M.P. フォレットの「統合的解決」であって，1920 年代にすでに論じられている。藤木清次氏は次のように言う。「これからの交渉は，人間の視点から交渉を捉え，当事者の自立と相互尊重とによって到達する合意が，心から満足できるものでなければならないと思う。その意味で，交渉の思考も win-win（勝-勝）の呪縛を脱して，Ok-Ok（私も ok- あなたも ok）と思考することが大切になってくると思え」(46 頁) るという。交渉においても合意と合意形成のあり方が問われている。

第3章

ADRと調停
―ADR基本法と調停機関―

1. はじめに

　コンフリクトはその国の文化や社会意識，制度によって規定される側面を持っていて，ジェンダーのように家族給・所属型賃金によって女性は本格的な仕事労働に参入するにつれて，コンフリクトが生じやすくなっている。企業倫理や社会的責任にはジェンダー問題が含まれているにもかかわらず，企業の対応が遅れているので，女性の晩婚化や少子高齢化をもたらしている。成果主義や契約型賃金への移行が解決のすべてというわけではない。ここにコンフリクト・マネジメントが紛争解決のために求められ，われわれは調停を中心に論じている。

　調停では人間の心理的な面も反映しているから，脅威や恐怖を感じさせる方略は賢明ではなくて，紛争解決が円満にできるという希望や機会を与える場として設定されているという意識を持たせることも大切である。この点で調停人はシナリオ・プランニングの担い手としての役割もあり，それを押し付けるのではなくて，自由選択してもらうのである[1]。

　調停人は，言葉を尽くして論理的・合理的に説明したからといって，紛争当事者が納得したりすることは少ないことに気づいている。そして言葉を尽くして説明したことを当事者がじっくりと聞きたがっているのではないことにも留意して，シンプルにポイントを整理して話しをすることが大切である。理屈ぽいとか知ったかぶりと思わせる，あるいは自己の知識を自慢していると思わせるのは，調停人として避けたいことである。

調停というのは高度な専門知識の要らない領域でも,かなり難しい。それは,知識の単なる組み合わせではなく,知識の機能と構造の関係が複雑な擦り合わせであって,いわば知識や資源を動員して調停をこなす多能な仕事である。それゆえ分析能力に長けても,知識・資源を動員していく「統合力」を欠いては,調停はうまくいかないのである。調停は合意形成,納得,そのための信頼や信頼性の高まりを必要としており,調停の理論や技能は,単なる知識・資源の「組み合わせ型」ではなく,機能と構造の関係が複雑な「擦り合わせ型」になっているという認識が大切である。まさに調停は,知識集約的な擦り合わせ技能である（藤本隆宏・大鹿隆「経済教室」日本経済新聞,2005年8月11日）。

調停人は紛争解決を紛争当事者からほぼ全面的に依頼される場合もある。創意に富んだ解決方法を見出し,当事者のために独創的な方法で,しかも想像力を発揮して考え,実際に解を見出すこともあろう。闘争,歪みあい,不信を脱して,相互尊重,協力,問題解決への共有の精神をもたらして,有効で創造的なアイデアを生み出して,具体的に紛争解決を実現できる。そこでは全体的な有効性や全体的整合性を追求する視点が大切である。われわれは裁判外紛争解決（ADR）を調停を中心として論じて[2],さらにADR機関の拡充をめざすのである。

調停においては紛争当事者の自発的営為による合意形成が求められるのであって,当事者が受身に終始して調停人だけが能動的活性を発揮してもうまく行かないのである。合意,納得というのは当事者の主体的,自発的な意思決定があってのことであって,調停人は支援者なのである。調停人が紛争解決プロセスを誘導することがあっても,それは当事者の自発性を奪っては,双方が満足するということはない。自発的に主体的に紛争解決プロセスを担ってきたという当事者の意識なくして,合意形成は難しいのである。

2. 調停というやり方

　紛争解決には裁判をはじめとして多様なやり方があるが，われわれはADRに注目している。ADR基本法（促進法）は多様な認証ADR機関の設立を促進して，だれもがいつでも意欲的に紛争解決を円満になしうる，公正かつ効率的で適切な解決の場を身近に提供しうることを意図している。さらに言えば，紛争当事者の紛争解決意欲を喚起しうる機会が均等に与えられて，公正な紛争解決規範をもたらす場の拡充が，人々のコンフリクトへの対応を積極的にしていくのである。情報面，経済面でも権力格差に抗して，公正に紛争解決を支援していく仕組みが必要である。

　われわれは裁判所の民事調停委員として紛争解決を担い，数多くの事件を調停してきた。そこで得た経験や組織的学習を通じて，調停の技能や理論をコンフリクト・マネジメントの視点から論じている。調停と交渉とは密接な関係があるが，交渉学や交渉術については別の機会に論じることにしたい。調停は当事者の主体性を尊重する水平的で，民主主義的な紛争解決の方法である。ADRの中心をなすものである[3]。どのようにして調停人を選抜し育成していくかも，今日では重要な課題になっている。紛争当事者のコンフリクトの解決を支援するのが調停人であるが，その調停力とはどのようなものであろうか。そこで調停実践を踏まえて，日本の調停を現場主義的に論じていくことにする。

　コンフリクト・マネジメントはマネジメント研究の一環として考察されるものであるが，これまでは調停，仲裁，斡旋，交渉の領域ということで，むしろ司法的領域で論じられてきたので，経営学者の関心は薄かったといえよう。しかし今日では，経営にとって交渉，調停というのは変革に伴うコンフリクトの増大ということもあって，重要な項目になっている[4]。コンフリクトへの対応や紛争解決は経営戦略上も重要になっていて，国際間の渉外交渉や海外子会社の紛争などは避けて通れないのである。異文化マネジメントと

コンフリクト・マネジメントは，今日では密接な関係になっているといえよう。コンフリクト・マネジメントを欠く海外戦略は考えられないのである。

この点で，日本の企業はコンフリクト・マネジメントが弱いので，世界戦略においても損をしているのである。日本国内でも，コンフリクト・マネジメントの能力があってこそ，経営革新がなしうるのである。逆に言えば，この能力が低いがゆえに，若干手直しをして現状維持ができる程度にしか改革ができないということもあろう。P.F. ドラッカーが言う「断絶の時代」には，まさにコンフリクト・マネジメントがより実践的な課題である。時代は過去の連続性というような状況ではなく，非連続に変化しており，そのために将来予測は一段と難しくなっている。そのために経営者にとっても，意思決定はかなりの負担を強いられているのである。ここにコンフリクトの発生は必然的になっているので，それに対応したコンフリクト・マネジメントが求められるのである。交渉や調停がその中核をなすのである。それゆえ交渉や調停を理論的にも実践的にも体系的に学んでいく必要がある[5]。

ここでチーム交渉あるいは集団的交渉について論じておきたい。日本では，お互いになじみあっているメンバーで構成されているチームが多いから，独自の情報を蓄積して，同じ問題を効果的に解決しやすい。エリザベス・A. マニックスは，「お互いをよく知っていることで，メンバーはさまざまな情報を共有し，解決策を見つけるために必要な，建設的な論争をおこなうことができる」(Negotiation ⑮,『プレジデント』, 43 巻 18 号, 100 頁) というように，日本の文化は暗黙知や形式知を共有するのに有利である。交渉を準備するのに日本のチームワーク式やり方は，とくにチーム交渉には役立っており，チームの意見を一つにまとめやすいから，すべての交渉が下手と言うわけではない。というのも，それぞれの能力を見極めて，役割を分担することがやりやすいからである。「交渉に必要な能力としては，交渉の内容に関する専門知識のほかに，相手の話を聞く能力をはじめとする関係構築能力，相手の行動を観察・分析する能力，忍耐力，外国語の能力，演技力，過去の交渉経験などが上げられる」(101 頁) とマニックスはいう。このような内容の交渉力は十分とはいえなくとも，メンバーの能力に合わせて基本

的な役割を決めて，最終的な意思決定者であるチームリーダーを決めるのは比較的容易であるといえよう。「最初のオファーはどのような内容にすべきか。最初の譲歩はいつおこなうべきか。譲歩は何度までおこなうべきか」などは，単独交渉やチーム交渉に関係なく事前に決めておく必要があるという。チーム内の意見の調整のために休憩時間を利用したり，協議タイムを要求することは交渉戦略上も大切なことである。かくして交渉内容の分析，賢明な役割分担，交渉の進め方のプランを含む徹底的な準備という戦略の事前準備が交渉の成果を高めるであろうとマニックスは言うのである（101頁）。

交渉力は多様な能力が必要であるが，敵対的交渉や競合的交渉では日本企業は遅れをとっても，協調的交渉では調停制度の確立もあって，長期持続的取引のもとでは駆け引きで取引コストを高めるやり方を克服して，選別よりも育成に力を入れている。それは時間も労力もかかるけれども，時には無理を言ったり，口やかましく言うけれども，それが双方の利益にかなう，すなわち共存共栄をもたらすという認識があるので，協調的交渉ではかなりの実績をつんでいるのが日本の交渉戦略の現状である。ただ交渉では，問題意識を持って本音の激論もあって，対決思考を身につけられるので，敵対的交渉であっても交渉を重ねることは国際化戦略のもとでは大切なことである。むしろ交渉力を高めることが日本企業にとっては急務になっているといえよう[6]。

この点でも，交渉や調停の研究はこれからはいっそう大切になるし，実践的教育を進めていく必要がある。交渉学，調停学という科目は，日本の大学ではまれであろうし，経営学部でそれらの科目が開講されていることは寡聞にして知らないのである。ただ対話，コミュニケーションにもとづく紛争解決は，日本でも数多くなされてきて，これはインフォーマルであっても調停とは密接な関係を持ってきたのである。ここでは調停人は紛争当事者の主体的合意形成の支援人といえよう。調停人は対話促進の支援に徹すべきという意見もある。紛争当事者同士での対話，コミュニケーションを促進していくのが，調停人の責務といえよう。双方が理解しやすいように言語を嚙み砕いて言い換えることも，調停人の仕事といえよう。法律用語は一般の人には理

解されにくいから，常識的な言葉で表現して，合意しやすいようにコミュニケーションを促進していくのである。そのための対話がおこなわれやすい雰囲気を作ることも調停人の仕事のひとつである[7]。

　調停人は，紛争当事者の自己決定権を最大限に保障しなければならず，どのような調停であれ，最終的な決定をするのは当事者自身であることを明確に自覚させる必要がある。場合によっては他の人の意見をさらに聞くことを奨めるのである。紛争解決を支援するために調停案を提示することもあるが，当事者が納得できないことは何回も質問できるのは当然である。調停人はこの手間を惜しんではならないのである。紛争解決のための技術的方法を決める場合でも同様なことがいえる。確かに継続的コミュニケーションは時間がかかるので，迅速性とは矛盾しているように見えるかもしれないけれども，結果的には調停成立を早めている場合が多いのである。それはやはり，コミュニケーションの力といえよう。特に注意したいのは，紛争当事者間のコミュニケーション・ギャップであって，これを解消するのが調停人の役割である。当事者の自己決定を支援することは広範な領域にわたるが，当事者が自己決定を放棄しないように助言することも大切な役割である。このことはサラ金調停では特に多いことである。調停人が何もかも請け負うということはありえないのである。それにもかかわらず調停人に白紙委任するような言い方をする当事者もいるが，それは調停の趣旨に反するのである。調停では対話重視の基本姿勢はいかなる場合でも変わらないのである。だからこそ調停人は聞くことの意義が大きいのであって，非言語的といえる傾聴の技能を身につけることが大切である。場合によっては繰り返し繰り返し聞くこともあるし，それが論点を明確化してくれる。人に見た映画の内容を聞くと，多くの人は筋道があちらこちらと揺らぐが，それをポイントをついて質問して聞くと，筋道がよくわかるようになってくるのである。しっかりと対話しながら聞くと，全体の流れが見えてくるのである。時には相談にも応じるのは，相談内容が調停のポイントになっていることが多いのである。

　紛争当事者の言い分が信義誠実や公序良俗に反することもあるが，それは私的に相手を脅すような，いわば調停外で裏取引するようなものであるか

ら，その非正当性をたしなめることは少なからずある。不調にしたいといっても当事者を説得して，調停の場で社会的正義にかなう話し合いを調停委員は支援しているのである。社会的に通用するルールのもとでの話し合いが調停の場では大切である。双方が合意したといっても，それが社会的正当性を欠く場合は，調停を取り下げて両者間で合意するといっても，その不当性を説明して，調停の場で話し合いを続行してもらっている。ただ最も私的なことは，調停の取り下げもやむをえない場合もある。私的な約束事の金額があまりにも大きすぎる場合もあるが，他にいえない事情があるかもしれないので，当事者双方に本当に合意したのかは重ねて確認しているのである。信義誠実や公序良俗の原則は調停においてもきわめて大切であって，この枠をはずしてはならないのである。調停をしないという決定もある。ここらの点では支援の力以上に説得力が調停人に求められるのである[8]。裁判所の権威をバックにした説得と思われても，その不当性を十分に説得する必要がある。

　このように調停は多様な事件をあっかうので，定年後の調停委員が専職のような人はともかくとして，同一日で複数の調停事件をこなすのは負担の大きいことである。調停事件によっては，予習と復習が求められて，そのための時間がかなりかかる場合があるので対応ができないのと，調停後の疲労が大きく他の仕事が手につかないことが大きなマイナスになるからである。

　もちろんボランタリー精神は自己犠牲を強いるけれども，それが続くとなると，やはり負担に耐えられなくなるのである。理念や思想の重要性はよくわかるけれども，埋没コストという経済的利害関係を無視することは，非常勤の国家公務員としての調停委員の立場からすると大きな限界がある。むしろこの立場では，手当てや報酬を引き上げるのが経営学的には正当な見方である。というのも調停委員は自己研鑽が大切であって，そのための費用は自己負担であるからである。文献を読んで自己研鑽していくにも金がかかるし，長期にわたって自己研鑽が求められるし，調停事件ごとに勉強が必要である仕事であるからである。大学教授の場合は研究費で本を買ったり，図書館の本や雑誌を利用することが簡単にできるが，一般の調停委員の人は調停の理論や技能を深めるには多くの金と時間がかかるのである。この事実を

認識しないと調停委員の手当てを適正に捕らえられないのである。日当,給与,手当てと報酬の名称はまちまちであるが,調停委員の手当ては上位のランクに位置づけられているから,予算上の制約はあっても,決して安価でよいという考えではないだろう。ただ経済的報酬のためだけに調停委員をしているような人は,きわめて分の悪い仕事であって,定年後であっても分の悪い仕事であろう。反対に,社会的貢献,社会的正義や公正を実現するために調停委員として調停を担うのは,誇りと社会的承認をえるので自尊心を高めるのである。この社会的報酬・非経済的報酬は調停委員を大きく動機づけていて,貢献意欲を高める誘因になっているのである。本職で経済的生活を支えている人にとっては,この誘因こそ調停意欲を高めるであろう。そして自己が調停しやすいように調停理論や技能を深め,専門的知識を蓄えていくのである。普通の新聞や雑誌を読んでいても調停に役立つ知識は少なくないから,普段から注意して読むことになる。これでこそ経験や学習が調停に役立つのである。調停人の人生にはこのような伏線があり,ベテランといわれる人はこのような自己研鑽を繰り返しているのである。われわれが論文を書くときに推敲しているように,調停でも的確に事実関係を捉えて,それを言い換えたり要約して,紛争当事者にわかりやすく説明したり,コミュニケーションの度合を高めているのである。要約して言い換える技能は調停においてはきわめて大切である。むしろ紛争当事者の言葉をそのまま伝えるのはよくないことである。それは反発をかうことが多いのである[9]。

　裁判所の調停委員にはどのような人々が最高裁判所から任命され,どのように日常生活をしているのかは,あまり知られていない。約4分の1は弁護士であり,残りの半分は裁判所の元職員や元公務員である。後残りは不動産鑑定士や医師などの専門職の人や大学教授や,社会人としての豊富な経験の持ち主や,金融関係の会社の元社員などで,民事調停委員は決して特殊な人を人選しているわけではない。市職員であった人は部長級など社会的地位の高い人が多いのは,人間関係でも熟達した人をあえて人選しているのであろう。性格は真面目で,人柄のいい人や明るい人が多いのは,調停をしやすい雰囲気作りができるからであろう。ふつうは調停主任の裁判官の意向のもと

で2人の調停委員が補完的役割を果たしながら、紛争当事者間の調停を相互に入室してもらって調停をしているが、場合によっては同席調停もあるし、裁判官と協議しながら調停を進めている。女性の民事調停委員は少ないので男女ペアにはこだわらないが、ジェンダーにかかわる調停事件では女性が欠かせないことが少なくない。婚約不履行の損害賠償の調停では、女性心理が大きくかかわってきたりして女性の調停委員が職務に適切である。それゆえ女性の調停委員は専門職の人に限られていない。これからは専門職の女性の調停委員が増えていくであろう。調停技能のうちには人の心をつかむこともあり、紛争当事者やその代理人に女性が増えているので、女性の調停委員はもっと増やす必要があろう。調停内容には女性しか言いにくいことがあり、制度上のジェンダーバイアスを克服しなければ、調停の公正さを欠くであろう。ジェンダーの問題に関心を持たないようでは、男女共働き時代の諸問題に対処できなくなってしまうであろう。女性問題に男性が関心を持たないと調停がバイアスを持つと思われかねないのである。このような認識はまだまだ薄いのである。さらに調停委員は社会的に威信や地位の高い職業についている人もしくは就いていた人が多いので、人々の関係を上下関係や垂直的な捉え方をしやすく、紛争当事者に対しても無意識的にそのように自己を規定しやすいのである。これは調停人としてはマイナスに働きやすく、紛争当事者をいい気分にしないのである。心理的に受け入れやすいいい気分にしていかないと、些細なことでもなかなか譲歩もしないし、互譲をもたらす雰囲気にならないのである。人間が理性的存在であっても、紛争状況では感情が高まり、相手を誹謗することがエスカレートしやすい。そのために同席調停は少なく、言葉をやわらかく言い換えて相手に伝えている。

　この言いかえと要約にはそれなりの経験と熟達を必要とするが、調停にはきわめて大切なことである。激昂している場合は気を静めるように間をおいて冷静に話をするが、調停を急がず、不調にしてくれといわれても、冷却期間をおくために次回の期日を入れるように努力をしているのである。そのために裁判官と協議をすることもある。金銭的にも少額の場合では、金額よりも感情にこだわる場合が少なくない。金銭をもらうよりも嫌がらせをしたい

という感情である。このケースでは，社会的に別の問題が生じる。社会一般の紛争を少なくするのも調停委員の仕事であって，調停外で乱闘が起こるような対応は，いかに事件数を効率的に数多くをこなすかということと対立しても，よくないことである。どうしてもやむなく不調にすることもあるが，不調にならないように最大限の努力はしているのである。ただダラダラと調停の回数を重ねるのは極力避けていて，一定回数で見切りをつけて不調にしている。それでも，建物明け渡し調停事件では，双方の弁護士代理人の再三の続行の希望もあって，2年を超えて20数回の調停をして，難調停であったが，最後に調停が成立したこともある。これは国費の無駄遣いともいえようが，裁判でも和解するために多くの年月がかかるという双方の代理人の意見に沿って，調停を続けてきたのである。もちろん裁判官の了承を得て2年を超えたのであるが，その途中で何回も調停が成立しかかったが，最後に条件が折り合わず，移転先にけちがついたのである。隣にヤクザの事務所があれば，それはやむをえないことである。確かに帯に短かし，たすきに長しということはある。建物明け渡しは，金銭的や移転先物件など数多くの交渉案件があって，短期間で解決しにくいことが多いのである。非公式に現場に見に行ったりして，状況把握に努めたりしたけれども，利害関係が錯綜してくると，そのこんがらかった糸がなかなかほぐれず，解決の糸口をなかなか見出せないのである。悪戦苦闘というのはこのことであろう。だが，調停を重ねるうちに，なんとか解決の糸口が見出せて，調停のやり甲斐があったというものである。

3．ADR基本法（促進法）

われわれは仮説検証型の研究よりも仮説発見型の研究に力点をおいてきたが，ADRにどのような意義を見出しうるかに関心を持ってきたのである。2007年にはADR基本法（裁判外紛争解決手続の利用の促進に関する法律）が施行されたが，これはADRの拡充，活性化を図るために，民間のADR

機関の制度基盤を整備することを主目的にしている。紛争解決には，司法の中核たる裁判機能の拡充を図るだけではなく，ADR が国民にとって裁判とならぶ魅力的な紛争解決の選択肢になれるように，その拡充，活性化を図るものである[10]。紛争当事者にとって裁判がベストの選択と言えないケースもあり，多様な紛争解決手段の中から，その紛争解決を図るのにふさわしい手段を選択することを容易にすることを目的としている。最高裁判所事務総局の井出博隆氏によれば，「ADR の基本理念として，ADR は，紛争の当事者の自主的な紛争解決の努力を尊重しつつ，公正かつ適正に実施されるべきであり，かつ，専門的な知見を反映して紛争の実情に即した迅速な解決を図るものでなければならないとされているほか（ADR 基本法 3 条 1 項），ADR の実施機関は，相互に連携を図りながら協力するよう努めなければならないとされています（同条 2 項）」。また，「ADR に関する国等の責務として，国及び地方公共団体は，ADR の利用の促進を図るため，ADR に関する情報の提供等必要な措置を講じ，ADR についての国民の理解を増進するよう勤めなければならないとされています（ADR 基本法 4 条）」（井出博隆「改正民法及び ADR 基本法の概要」「調停時報」161 号，日本調停連合会，2005 年，25 頁）。特に ADR を促進するために，ADR 機関に認証制度を設けている。「ADR 基本法においては，民間型 ADR の利用促進を図るために，弁護士法 72 条（非弁護士の法律事務の取り扱い等の禁止）の例外として弁護士以外の各種分野の専門家の活用を可能にする措置や時効中断効等の法的効果を付与するという特例が設けられています。もっとも，このような措置や特例を認めるためには，対象となる民間 ADR 機関がそれにふさわしい適格性を備えたものである必要があります。そこで ADR 基本法においては，民間 ADR 機関の業務の適正を確保するために必要な要件を設定した上で，国（法務大臣）において，当該 ADR 機関の業務がこれらの要件に適合することを認証し，この認証を受けた ADR 機関についてのみ上述の措置及び特例を認めるという認証制度の仕組みが採用されました」（25 頁）という。これは紛争当事者が紛争事件の性質にあわせて自由に紛争解決の方法を的確に選択できるように，民間版 ADR の利用を促進するものである。裁判所の調停制度を

民間にも広げたといえる。そこで，「ADR 基本法においても，認証を受けた民間 ADR 機関における手続については，一定の条件を満たした場合には，時効中断効や訴訟手続の中止を認める特例を設けています（ADR 基本法 25 条，26 条）」(26 頁)。ただ，民事調停の地代借賃増減請求事件や家事調停のできる事件のように，調停を経なければ訴訟を提起することができないとする調停前置主義は採用されていない。

　最先端のビジネスモデルや知的所有権，無形資産などで紛争が生じやすいから，専門家を結集した認証 ADR 機関は，裁判に代替する有用な紛争解決の場として企業紛争にも大いに利用されることであろう。これは裁判所の調停委員のように半ばボランティアでは得られない人材を，高給で雇用することも出来るし，外国との渉外事件では多数の調停人が必要である場合があろうし，金がかかっても優秀な調停人が巨額の損害賠償などの事件を担えるからである。さらにいえば，定年でやめた裁判所の調停委員を再雇用できるし，年齢に関係なく優秀な人は，その経験を生かせる仕事領域でもある。このように民間 ADR 機関への紛争当事者の期待は大きいのである。ここでは本格的な専門人としての調停人が高度な専門職として確立される可能性が高いのである。われわれはコンフリクト・マネジメントの視点からこのことを論じていきたいのである。ADR 基本法は専門職としての調停人の育成にもつながり，いよいよ日本にも多種多様な職業調停人がその調停能力によって社会的評価を得ようが，まだ民であるがゆえに官よりも低く見られている面がある。それは調停調書に伴う執行力の問題である。井出博隆氏によれば，「民事調停及び家事調停については，調停が成立した場合，調停調書は，判決と同様，執行力が認められ，相手方が調停の内容に従わないときには強制執行をすることが可能とされていますが（民事調停法 16 条，家事審判法 21 条），ADR 基本法の立案過程において，認証 ADR にもこうした執行力を付与することが議論されたものの，消極意見が大勢を占めたため，結局，執行力の付与は見送られることとされました」(26 頁) という。これはやはり，裁判所を優先する考えが根底にあり，国家機関あるいはそれに類似する公的機関以外は，執行力の付与はこれからもむずかしいことを示唆している。裁

判所の調停制度の形骸化を避ける面もあるだろう。ただ，執行力の付与がないからといって，認証 ADR が調停に失敗するというわけではない。企業の場合は社会的な評判，評価を下げることによって，市場での信用，暖簾，ブランドなどを失ってしまう。このような社会的制裁のほうが企業にはダメージが大きいのである。したがって，われわれは民への信頼にはこだわるけれども，執行力の付与がないから認証 ADR 機関が無力化されるとは思っていない。まずは認証 ADR がその調停内容によって社会的信用を高め，裁判所の調停制度があっかえないような領域でも，専門調停人が調停できようから，その専門家を動員していく組織的能力にも注目したいのである。巨額で大規模な調停事件でも，その専門家の組み合わせの，いわば資源動員能力によって，外国との対立的，敵対的な交渉のもとでの調停でも調停成立を可能にするであろう。

このように認証 ADR 機関に対しての期待は大きいし，コンフリクト・マネジメントの研究を促進させるであろうし，ADR 全体に及ぼす効果も大きいであろう。NPO のような組織の調停もそのようなノウハウを吸収して，ボランタリーの領域での紛争解決にも良き影響をもたらすことであろう。

時代は情報化文明の下で，個人もインターネットを利用して情報を発信するようになり，コンフリクトを抑圧されて泣き寝入りするような状況ではなくなっている。ほとんどの個人がパソコンを持ち，ネットで結ばれている。A.O. ハーシュマンが論じるがごとく[11]，黙って「退出」する場合はコンフリクトは内在化するが，これは潜在的コンフリクトして社会的圧力になる。ジェンダー問題の顕在化によって，女性も退出から発言に転じており，「発言・抗議・告発」へとインターネットを通じて抗する場を得ているから，企業がマスコミを誘導するわけには行かなくなっている。組織人であった会社への忠誠心の高かった個人もリストラの蔓延によって，忠誠心もぐらつき，企業にたてつく抗議・告発も増えている。このようなコンフリクトに対して抑圧は通用しなくなっており，本格的なコンフリクト・マネジメントが求められている。内部告発が頻繁に起こると，企業イメージや企業ブランドや社会的評価や評判を悪化させて，企業の競争力を低下させていく。企業の競争

優位性の源泉を考えない,目先の利益だけを求めていては,人的資源も劣化していき,やがて企業の存続も危うくしてしまう。企業のトータルの価値を下げては市場競争も有利に展開できないのである。対人関係のコミュニケーション能力が紛争解決には一層大切である。

調停では紛争解決のために双方が自主的,主体的に話し合いを調停人が支援,援助するのであるが,感情的対立のために,一方が萎縮し他方が過剰な交渉になったりして,双方の自律性を阻害することが少なくない。事故,事件に伴って社会通念上相応な対応をしているにもかかわらず,誠意ある回答がなされず,それを権利濫用と非難したりして,双方の溝を深め,紛争解決のための双方の自律性を阻害して,いわば双方ともに萎縮と過剰という自律性の阻害要因に覆われてしまうケースもあり,それは少額金銭損害賠償事件でもある。紛争当事者が紛争解決プロセスの中で対話を欠いているのであるが,対話もせずにいきなり調停という事件もあって,それがまた感情的対立を高め調停を不調にしたいという姿勢になる。そのために調停人が調停の場に乗せて対話を実現するように努力している。調停人は中立,公正な立場から紛争解決のための調整活動や自主的な対話を促進できるようにしている。対話なき状況が増えているのは恐るべきことである。この点でも,認証ADR機関の中でNPOが紛争当事者間の対話をなしうる場をボランタリーに設定する意義は大きいのである。

たとえば,紛争解決交渉と対話の重要性について大澤恒夫教授は次のように述べている。「紛争においては利害と感情の対立が激しく,相手方への初めの接触,それを通じた対話の場の構築,交渉の時点から,取引締結交渉とは異なった自覚的な『対話』の活動が必要である。例えば,相手方への手紙の書き方にしても,一方的な非難や攻撃を行うのではなく,冷静な対話による解決に向けて対話の場を構築するための配慮に富んだ内容と言葉遣いによるべきである。また,対話の場が設定されたとしても,話し合いそのものも感情的対立等から難航することも多く,その困難を克服することは重要な課題である」(大澤恒夫『法的対話論』信山社,2004年,193頁)。C.I.バーナードが『経営者の役割』(1938)で調整活動や対話,コミュニケーション

の重要性をマネジメントの視点から論じたが、これは水平的な調停と共通した見方である。上位権限説ではなく権限受容説を論じたバーナードは、まさに水平的対話によるコンフリクトの調整をコミュニケーション論として論じているといえる。M.P. フォレットやバーナードなどの古典は対話論、調停理論としても今日でもその輝きを失っていないのは、優れた理論は時代を超えているのである[12]。これらは法的対話論の基礎理論にもなるのである。非言語的表現、暗黙知を含めて対話は、経営学ではきわめて重要な調整活動であるが、法的対話論は少ない。この立場に立つ大澤恒夫教授は対話は、「個人の相互的尊重という憲法上の要請のもとで行われる相互的な話し合いであり、紛争の予防と解決の場において、自律性と正当性とが交錯する豊かな納得の世界を広げるプロセスである。このような納得の世界を紡ぎ出す『対話』は、人々の自由を支える私的自治の原則を実際の生活世界で現実のものとしてゆく実践である。自律的な生を営む個々人は、紛争に直面した場合でも、他者から裁断され命じられるのではなく、当事者間で『対話』を通じて相互に納得の行く解決を自分たちの手で生み出してゆくことができるのである」(i) と対話にもとづく当事者主体説を論じている。

これまで裁判所の調停では、調停委員が社会的地位の高い高年齢層を中心としていたので、あるいは弁護士の調停委員が多いので、裁断・説得型の調停になりやすく、そして同室調停をせずに交互に聞くというやり方で、交渉支援型同席方式ではなかったから、対話、コミュニケーションを支援し促進していく水平的調停というイメージを与えにくかったのである。しかし、調停はもともと仲裁とは異なって、水平的な合意形成をめざすものである。強制的な合意獲得は合意という言葉を用いるが、それは権力統制のひとつの方法であって、合意形成とはいえないものである。この区分を明確にしておかないと、近代的用語としての調停の水平的な役割がわからなくなってしまう。渡瀬浩教授はこのことを『権力統制と合意形成』(同文舘、1981 年) で論じており、合意形成と合意生成も区分している。大澤恒夫教授の対話論は、究極的には紛争当事者間での対話による合意生成をもたらす支援者ということになろう。このような考えは、田中成明著『法理学講義』で論じ

られている「価値相対主義から対話的合理性への流れ」と同じくしている。田中成明教授は法の社会的機能として，社会統制機能，活動促進機能，紛争解決機能，資源配分機能を論じるが，われわれの関心は，自治型の対話的合理性の論考である。対話的合理性基準は，基本的に整合説と合意説とを統合した非＝基礎づけ主義的立場をとる。これは，「議論参加者間に討論・対話などの相互作用的コミュニケーションを可能とする共通の規準・手続として受容・承認されている諸基準から構成されており，このような観点を相互に誠実に受容れて内的視点に立つ人びととの間でのみ，合理的な討議・対話の遂行が可能となる」（田中成明『法理学講義』有斐閣，1994 年，214 頁）という。

　裁判所は裁判をおこなうという場所として社会的に位置づけられているので，裁判所の調停も同じようなイメージをもたれやすい。裁判所での ADR 手続きとして，訴訟上の和解，家事審判，民事調停，家事調停などがあるが，これは判決とは別のものである。さらに ADR として，労働委員会，公正委員会の審決などの行政型の制度，国際商事仲裁協会，交通事故紛争処理センターなどの民間型制度がある。ADR 基本法は認証調停機関を拡充するものである。裁判外の代替的紛争解決手続のメリットとしては，「手軽に利用できること，手続がインフォーマルで融通が利くこと，簡易迅速な解決が可能なこと，弾力的で柔軟な救済・解決方法をとりうることなどが，従来から一般的に説かれている。最近では，これらの理由に加えて，紛争の特殊性に適合した専門的技術的判断を取り入れやすいことなど，現代型紛争の衡平な解決をも視野に入れた理由，さらに，民事紛争解決において私的自治の原則をできるだけ尊重しようという，民事訴訟理論における『第三の波』理論などの志向とも共通する理由が強調されるようになってきていることが注目される」（348 頁）と ADR の拡充によって，法的解決システム全体が多元化していくことは望ましいと，田中成明教授は論じている（349 頁）。われわれも問題にするのは，多元的システムの全体構造とその作動条件である。紛争解決という全体的視点から ADR 等を位置づけたいのである。これは『法理学講義』を通読するだけで理解されることである。

われわれにとって必要なことは，調停を成立させればよいというのではなく，調停の紛争解決の創造機能を担うという自覚である。そのためにも法理学的な基礎理論的理解が求められる。たとえ裁定型調停になっても，ペレルマンがいうように，「法律学モデルが，不完全な人間的な意志と理性との弁証的議論を実効的に組織し，意見の対立の中で力の行使を排除しつつ適切な理由（good reasons）によって正当化された理に適った（reasonable）決定に導く手続として，歴史的状況に制約されつつも決して恣意的なものではない」（374 頁）から，限定された合理性のもとで，賢慮に基づく調停の正当性を論じることはできる。調停にはいろいろ誤解もあるが，実践性に走って調停技能のみに磨きをかけるのではなく，やはり法理学的な基礎的素養を大切にしたいものである。調停事件数が多いので効率主義にとらわれやすいが，普通は調停事件ごとに紛争当事者が異なるので，安易に慣れることなく，法理学的解釈をしてから事件の筋を検討して調停を続行させるべきであろう。忙しさのあまりに，過去の経験にもとづいて機械的に処理しようとするのは，予断と偏見をもたらすこともある。ジェンダー問題にはこのような恐れがある。紛争解決には総合芸術のように前後縦横にほぐしていく解決の糸口があって，枠組みを固定していると処理時間数は短くとも，真の紛争解決にはなっていないことが少なくない。法理学的な基礎を持たないと，互譲の名のもとで，妥協を強いるものになりやすい。悪しき妥協は紛争当事者にとっては，裁判所の調停を裁定型の妥協の場と捉えられてしまう。法理学の知識を振りかざすことはよくないが，足して 2 で割る妥協の場では，互譲の本質的な意義がわかっていない。われわれとて他者に偉そうに訓示をたれる立場ではないけれども，妥協的調整モデルを文字どおりに解釈してはいない。

それは田中成明教授が次のように論じていることと関係している。「・・・目的が手段を決定するだけではなく，手段もまた目的を規定しているのである。とりわけ法的な制度や手続の場合には，この法的手段が，それによって適切ないし正当に追求しうる目的に一定の制約を加えているのである。この目的と手段の複合体の選択は，科学的な因果法則的思考も利用する

けれども，効率性などの一元的な尺度によってとらえ尽くすことのできない複雑な評価判断を要求するのであり，効率性という一見価値中立的な尺度を重視することによって，法によって追求されるべき他のより重要な目的が背後に追いやられてしまう恐れもある」(406頁)のである。調停でも目的＝手段モデルは，効率性を御旗にしているけれども，人間の感情としてもしっくりしない場合が少なくない。合意形成には感情的な受容が必要とされるのである。これは，「法と経済学」アプローチにも言えることである。自己の利害，損得を有利にすることにこだわる代理人アプローチも同様である。経済的合理性だけで調停を成立させようとする交渉学も人間を捉え切れていないのである。調停では調停人に人間通が求められるように，利害調整を支える人間行動をトータルにとらえることが必要である。

　それゆえ，われわれが注目しているのは，M.P. フォレットの統合的な調整理論である。これはまさに調停理論といえるもので，もう80年前の学説である。フォレットの『組織行動の原理』(米田清貴・三戸公訳，未来社，1997年)は，人間の感情に根ざし，仕事から発生する相互関係に社会的プロセスとしてのマネジメントの本質を見る。人間には心理的，倫理的，経済的，その他の側面があって，無責任ではなく，責任感が人間を育てるという。人間関係には相互的な性質があり，組織上の上下関係があっても，ともに働けばお互いに影響を与え合う。二者択一にとらわれると視野を狭くして，行動が制限される。二者択一の呪縛にとらわれずに，2つの選択肢を超えての創造的な解を求めるのである(『世界で最も重要なビジネス書』ダイヤモンド社，2005年，296-297頁)。調停でも紛争を創造的にとらえる必要がある。フォレットはそれを統合的解決という。フォレットはすでに人間の知的能力の重要性を認識して，紛争解決の方法を考案したのである。知的創出というのは高度な知的能力であるが，フォレットの統合的解決はこれであり，今日の知的所有権の問題は常に新たな紛争解決方法を創り出し続けなければならないのである。フォレットのいう統合的解決を実際に実現するためには，統合に対しての深い理解とともに，真剣な取り組みと献身が必要であり，創造力を発揮して，真摯な努力が求められるとH. ミンツバーグはフォ

レット解釈をしている(同,297頁)。G. ハメルは,フォレットはヒューマニストの心を持って,初めてマネジメントの人間的な心の部分に触れさせてくれたという。「フォレットをユートピア主義的な理想主義者だと見る人もある。現実をとらえていない,というわけだ。一方,ちがった見方をする人々にとっては,フォレットは常識派の先駆者だ。悲しいかな,企業はその思想のインパクトを十分に感じ取っていない」(同,297頁)のである。しかし今日の知的資本主義の時代では,もの的な労働力ではなく人間の知的能力や知識から資金以上の生産性がもたらされ,人間同士にコンフリクトが生じ,意見の対立や利害の衝突がもたらされる。ここに真の対立点を洗い出して,当事者の要求や主張を聞いて,統合的な紛争解決を志向するのである。もうフォレットの統合的紛争解決は理想論ではなく,現実的,具体的な紛争解決の方法になっている。日本フォレット協会のメンバーは,世界に先駆けてフォレットの見方に多大な関心を寄せてきたし,今,コンフリクト・マネジメントの理論の確立に当たって法理学とともに,その重要性を認識するようになってきたのである。これは裁判の判決とはかなり異なるものであるが,ADR 基本法の立法趣旨と共通している[13]。ADR の基本的思考の中にフォレットの理論が生きてくるのである。フォレットは 1924 年に『創造的経験』という本を出版したが,80 年後にその思想的創造力が現実的に ADR 基本法の中に生かされようとしているのである。ここにフォレット研究がいっそうなされることを期待するのである。

　コンフリクト・マネジメントの中に裁判も含まれているので,地理的,空間的な裁判の充実をわれわれも考えるのであるが,個人や組織の意思決定の問題として,自由な紛争解決の選択肢を考えるべきであって,紛争解決にあたって裁判至上主義をとらないのである。ADR 基本法も同様の趣旨であろう。そのためにも紛争解決教育が大切であって,自己主張を抑えるのではなく,ほど良く自己主張ができるようにして,共感し譲り合うためのコミュニケーション力が育成されなければならないのである。自己理解や他者理解を深めて,自己コントロールや共感性,自己への信頼,コンフリクトへの円滑な対応や適応力をどのように育成していくかである。社会性をはぐくまなく

ては紛争は解決しにくいのである。これは社会性の発達を支援して青少年の問題行動を減少させる心のヘルスプロモーションと共通した考えである（安藤美華代「教育」日本経済新聞，2005年，8月29日）。

　われわれが論じてきた総合的コンフリクト・マネジメントはひとつの統一された理論があるというわけではなく，条件適合的に状況に対応して自由な意思決定を選択している。そこでは裁判が不適当な場合があるし，逆に裁判を最も必要とする場合があるから，裁判へのアクセスが必要である。ADR制度が発達したからといって，裁判が受けられない環境状況では困るのである。状況に対応した自由な紛争解決のための選択肢が，意思決定の視点から選べることが大切である。紛争解決には単一の唯一最善の方法がないということであって，基本的には多様な対応が求められるのである。この認識を欠くと法理論一点張りになったりして，解決方法が硬直化してしまう。紛争当事者のパーソナリティの成熟度も異なるので，画一的に当事者の支援に尽きるものでない。事件によっては当事者に説得を重ねて，当事者に態度変容をもたらす場合もある。どのように調停を進めていくのかを見極めるには，過去に経験した事例の類型もあるが，それ以上に直観で判断する場合もある。

　直観というと非科学的と思われるかもしれないが，調停技能には非論理的なものも含まれているのが特色である。科学ではなく人間を相手に調停をしているのであって，意気や情熱も調停には大切である。論理的ロボットなら論理の飛躍を許さないであろうが，過去を捨てる決断が求められて，そこで悩んでも情熱がそれを乗り越えさせてくれるのである。犠牲が大きくて断腸の思いと言うのがあるが，改革への交渉には，自信を喪失したりして，何を頼りに話し合うのかと心の中が錯綜してくるのである。このような調停は大変難しいがやり甲斐のある仕事ではある。総合的コンフリクト・マネジメントには多様なやり方が内包されているのである。調停を拒否することもひとつのやり方であって，ある枠組みに固定されることがかえって悪い場合もある。教科書的に選べないこともある。条件適合，状況対応というやり方になる。だからといって調停の根底に流れる基礎理論を無視していいというわけではない。むしろ基礎理論を持たないと対応がバラバラになってしまう。こ

のことは特に注意したいのである。アドホックだけにとらわれてはならないのである。杓子定規な対応も調停を非実践的なものにしてしまう。この点にも注意したいのである。

たしかに、「法と経済学アプローチ」では、法は市場を模倣する市場模倣理論がベースになり、市場における個人の合理的自立的行動プロセス、そしてそこから生じる効率性をもたらす結果のどちらかを模倣すべしとなる。これは合理的かつ論理的である。だが、人身の売買、投票権などの一定の権利の移転は、権利保持者が望んでも禁止されている。したがって田中成明教授は、次のように言う。「法と経済学アプローチが、法的紛争の自主的な防止・解決へのインセンティヴと関連づけて効率問題を分析し、法システムの設計・運用における重要なトポスを提示していることの意義は、正しく評価されて然るべきである。だが、その出発点とされている定理や原理は、取引費用や損害防止費用などの外部費用を貨幣という一元的尺度に換算でき、しかも、それらに関して完全な情報が存在している場合に適用可能とされるが、法的紛争の場合、生命や身体に対する危害がからむ問題に限らず、これらの定理や原理の適用の前提条件自体が深刻な紛争の対象であることが多く、それ故にこそ法的規制が必要とされるのである。権利義務や責任に関する法的規定があって始めて、これらの定理や原理が適用可能となるのではなかろうか」(『法理学講義』409頁)と。

経済学的アプローチでも同様であるが、調停では論理の一貫性だけを追求しているのではない。現実的に役立つというのが大きな指標である。調停理論はこのような点で、独自性を持っていて知識資源以上に資源の動員に力点が置かれるのである。資源動員論といわれるものである。そのためにも紛争解決技能がそれらを有効化していくのである。この紛争解決技能は部分的合理性よりも全体的整合性を追求するものであって、随伴的結果、副作用もあらかじめ予想して意思決定をするものである。人間を相手に交渉するのであるから、論理的合理性のみで対処すると思わぬ逆機能が生じることもある。形式的合理性は交渉の手段として有効な場合もあるが、これにとらわれると交渉がうまくいかないことが少なくない。科学的合理性を交渉の場で過大評

価してはならないのである。ひとつの枠組みに何もかも詰め込むことはできないのである。

4. ADR機関

　今日では交渉学や交渉術がより一般的に論じられ，ゲーム理論的な論考も多い。われわれも交渉理論を学ばなければならないが，資源依存関係や権力的考察が多く見られる。ただ社会的正義や公正の立場から交渉を論じたものは少なく，水平的，協調的な交渉はこれからの重要なテーマであっても，調停と関連させたものはさらに少ない。企業の敵対的買収をつうじて経営権を取得して企業価値を高める場合もあるから，協調的な関係がすべてではない。会社の価値が中期的に高まれば，従業員，取引先，債権者，株主など利害関係者はその会社の存在によって恩恵が受けられる。この点で，仮に敵対的買収であっても，会社のことを思う株主や経営者が増えれば，日本経済が活性化することも考えられる（佐山展男「経済教室」日本経済新聞，2005年8月31日）。このように交渉理論を利用しうる範囲は広いが，われわれが焦点を合わせているのは調停である。それはADRの中心をなすからであるし，これからの認証ADR機関を論じたいからである。ADR機関の運用方法やマネジメントにも関心があるからである。コンフリクト・マネジメントの体系的考察を深めたいが，まだ交渉理論との関連はこれからの課題になっている。我を通して硬直的に生きることは面子も関係しているのかもしれないが，これは風圧の大きい生き方である。けんか腰に対応するのでなく，しなやかに生きる柔軟な姿勢が紛争解決を早めるのである。心をしなやかにさせて，相互理解をもたらすコミュニケーションに力を入れれば，やがて自己を活性化するであろう。調停には互助と互譲を紛争当事者に求めるのであって，一方の一人勝ちは調停の精神に反するのである。

　現実の交渉では一方勝ちということもあるけれども，これは当事者の関係を破壊する場合が多い。面子のために確執や策謀したりして，人間の利害得

失，優劣，勝敗にこだわる枠組みにとらわれた心が，紛争解決をむずかしくしている。教化改宗のような態度変容を意図しなくても[14]，話し合いの場に参加する心の柔軟性がなくては，はじめから不調を選択するような結果になってしまう。都会ではゲゼルシャフトに徹する人も多いが，類型としてのゲゼルシャフトにはやはりゲマインシャフト的要素が含まれているのである。利害得失のバランスは大切であるけれども，そのバランス感覚はゲマインシャフト的要素から発しているのである。人間性，社会性というのは利害得失に呪縛されない真善美の精神から発している。なにが合理性，目的性，効率性かといわれれば，やはり価値判断の基準にかかわることである。ひたすら利害得失にのみに狭めて交渉するケースも多いが，これは権力的力関係を露骨に示すものである。そこでは勝ち負けに大きくこだわるのである。排他的序列関係を押しつけるものでもある。これでは調停もむずかしく，紛争当事者の敵対的位置づけを変えることはなかなか容易ではない。

　われわれの長い人生において，それぞれの人生観が形成されていて，自己の主張が通らない場合は社会が悪いと他のせいにする場合が少なくないが，ある程度の自己責任を認めない限り，話し合いの穂を見いだしにくいのである。これは時代の風潮であるが，紛争当事者としての自己責任はともに主体的に認め合わない限り，紛争が拡散していく場合もある。調停人の役割はこのような拡散した論点を収斂させていく技能も伴う。理論的には論点の整理も大切である。紛争当事者が理解しやすい言葉で論点を整理して，優先順位への示唆を与えることも解決を促進する。紛争への介入ではなくて，対立を調整し整合していく潤滑油のような非権力論的な調整を調停人は担うのである。これはNPOの管理者と類似しているかもしれない。新しい経営においても経営構想や戦略的事業経営の視点は別としても，ネットワークをつなぐ調停人のような管理者が組織間の調停主体として調整を担うであろう。ここではまさに自己組織的な自ら構造を組み替えていく，新しい組織論が企業経営でも中心をなしていくことであろう。われわれは調停を通じてこのことにも注目したいのである。ここにおいて調停理論は経営学の重要な領域になるのである。このような視点からわれわれは調停理論を深めていくことにな

る。

　調停はこれまで裁判所の民事調停や家事調停を中心として実施されてきたので，法理論が優先し法理学や具体的な法解釈の担い手が調停理論を構築してきたのである。そのために調停とは法学部の領域とされてきたが，実際には経営学部やビジネススクールでなされる内容である。日本では法学部や経営学部の両方の領域で研究されるであろうが，調停の理論は法的解釈に限定されることなく，行動科学的解釈も必要である。経営学部では行動科学的解釈に力点を置くようになるであろう。それは組織内人間行動や組織間関係では行動科学的研究が役立ってきたからである。調停にもそのようなことがいえよう。調停をおこなうための法学的知識が役立つのはいうまでもないが，それに依存しすぎたのがこれまでの日本の調停である。調停にはもっと広範囲の知識が必要であるが，裁判官，弁護士などが主たる担い手であったので，法的領域というイメージを与えてきたのである。2007年にADR基本法が施行されたので，認証ADR機関が多様な領域の人で担うであろうからいろいろな領域の専門家で適切な調停がそれらの専門的知識の組み合わせや動員によって，非司法的な領域のことでも，医療調停や建設工事調停ではそれに適切に対応する調停人の下で，その調停人の調整活動が縦糸横糸に拘束されることがなく，自由に的確な意思決定を選択するであろう。

　調停では紛争当事者が強制されることがなく，当事者の自主性，主体性が尊重される。仮に裁判所の調停で無理やりに調停成立を強いられたならば，後でそのことが周知になった場合は，裁判所に当事者の意向を無視して調停案を押し付けられたとして，裁判所は窮地に陥るであろう。調停委員もそのようなリスクを避けているのが現状である。説得をしても，それは権力的強制ではない。調停では威圧的な権力を行使できないのである。裁判と違って調停では，強制力のない当事者同士の話し合いが基本になっている。調停人は調停では主人公ではなくて，あくまでも紛争当事者間の調整活動をして，解決を支援していくのである。支援，ケア，助言，援助の担い手が調停人である。このような位置づけが社会一般の人にはあまり認識されていないようである。もっと調停のよさを広く一般に認識されたいものである

が[15]，ADR 基本法での認証 ADR 機関がもっと調停を身近な存在にしてくれるであろう。調停や調停理論は今こそ，もっと掘り下げて考察されて，ADR 基本法の具体的実施に向けて内容のあるものにしていかなければならないであろう。これがまた，調停の発展の大きな契機になると思われる。ADR は Alternative Dispute Resolution の略で，裁判以外の紛争解決手続の総称であって，相談を受けて必要に応じて話し合いを仲介する「相談・斡旋型」も含む。調停は斡旋に比べて積極的に関与して，場合によっては調停案も提示する。ただ紛争当事者双方の合意に基づいて仲裁人が判断して，その判断が拘束力を持つ仲裁ほどの権限は持っていない。行政型 ADR や民間型 ADR と少し異なるのが裁判所付設の ADR である調停であって，時効中断効等が認められている。これは調停が長引くとより大きい効力を発揮するのである。

5. おわりに

2007 年には ADR 基本法が施行されたが，裁判所の民事調停，家事調停に加えて，認証 ADR 機関による多様な調停が国民の期待に応えて実施された。民間の認証 ADR 機関は大規模なものもあろうし，そこでは調停内容に対応して高度な専門家が組み合わされて，その組み合わせベクトル力によって紛争を解決していくであろう。弁護士，不動産鑑定士，弁理士，公認会計士，医師，建築士など専門家を動員して紛争解決への総合力を発揮する ADR 機関が有用な紛争解決機関として認知されれば，高額な民事紛争も認証 ADR 機関で調停されよう。これまでは裁判所の調停を中心とする ADR であったが，これからは認証 ADR 機関がもっと補完的な役割を果たすであろう。そのためにも調停と調停理論をもっと整備して，調停人が具体的，効果的な調停が実施できるように工夫されていく必要がある[16]。われわれも理論的整備によって，そのような貢献をしていきたいのである。そこでは裁判所の民事調停委員としての実践的な経験が生かされようが，そこからも理

論の構築の糸口を見出してきている。

　われわれはすでに，著書『コンフリクト・マネジメント』（晃洋書房，2005年）で調停にかかわることを論じてきたが，それはまだ未開拓の段階であって，本章で論じた方向で内容を深めていかなければならない。「調停や調停理論」はこれまで司法的に論じられてきたので，われわれはそれを組織論的，経営学的に焦点を合わせて論じている。われわれの言葉では，司法的解決と行動科学的解決の総合的な紛争解決である。そのために司法的解決を論考に取り入れているのである。経験してきた裁判所の民事調停では司法的解決が主軸であったが，今日の調停事件では法創造機能も現実的解決には必要になっている。さらに知的創造性が発揮できるような経営学的視点や構想が国際間の紛争や異文化間の紛争の解決に求められている。権力的抗争や優位と劣位との対立もあるが，社会的正義や公正の視点からの紛争解決も求められていて[17]，水平的な調停への紛争解決の期待が大きくなっているのである。この点でも，ADRの中心をなすのは調停であろう。交渉の一部に調停を入れる研究もあり，交渉と調停の研究も今後は深めていきたい。さらにADRと調停という研究テーマを経営学的にも考察していきたいのである。このような領域では司法と経営は密接に関係してくるのである。これは負担の大きい学際的研究であるが，挑戦的なテーマである。学問の垣根にこだわってはおれないのである。

　本章で論じた調停と調停理論も未知の領域を開拓する開拓者精神で論じている。そのためにこれからこそ研究していかなければならないのであって，調停経験だけではなくて内外の文献を通じて理論内容を補強していきたい。たとえば，守屋明教授の『紛争処理の法理論』（悠々社，1995年）などは学ぶべきことが多いのである。このことも機会を見て論じていきたい[18]。2007年のADR基本法の施行によって，調停は多様な認証ADR機関によって紛争内容の性格に応じて，適切な機関が選択されようから紛争当事者の紛争解決満足を高めようから，調停がより注目されるであろう。これまでは裁判所の調停制度でも知られることが少なく，サラ金調停でも極度に悪化して

からの調停申し立てが多い。そのために生活が破壊されている場合が多いのである。このような人々の救済のためにも，もっと ADR 機関が拡充され広く知られる必要がある。

注
1) K.v.d. ハイデン『シナリオ・プランニング』(西村行功訳) ダイヤモンド社, 1998。
2) 小島武司編『ADR の実際と理論 I』中央大学出版部, 2003, 同 II, 2005。
3) J.T.Barrett, and J.P.Barrett, *A History of Alternative Dispute Resolution*, John Wiley, 2004. ADR の歴史的発展プロセスを論じている。フォレットのウィン - ウィン紛争解決の先駆的意義を評価している。
4) W.J.Pammer, Jr. (ed.), *Handbook of Conflict Management*, Marcel Dekker, 2003.
5) Jeanne M. Brett, *Negotiating Globally*, Jossey-Bass, 2001. どのように紛争解決のための交渉を取り扱うかを論じ，文化は人々が交渉するやり方に影響を与える論拠も示す。
6) 太田勝造・野村美明編『交渉ケースブック』商事法務, 2005。
7) K.K.Kovach, *Mediation* (3ed.), West, 2000.「調停は，調停人がうまく調停をおこなった場合でさえ，ストレスの多い苦痛にみちたもの」(p.465) である。
8) 和田仁孝『民事紛争交渉過程論』信山社, 1991。同『民事紛争処理論』信山社, 1994。
9) レビン小林久子『調停への誘い』日本加途出版, 2004。
10) M.H.Bazerman (ed.), *Negotiation, Decision Making and Conflict Management*, Edward Elgar, 2005. 第三者介入の紛争解決については，3巻2部の諸論文 (pp.193-260) を参照のこと。
11) A.O.Hirschman, *Exit, Voice, and Loyalty*, Harvard University Press, 1970.
12) J.C.Tonn, *Mary P.Follett*, Yale University Press, 2003. トンはフォレットが仲裁よりも調停による統合の創造を重視したことを論じる (pp.440-441)。
13) W.J.Pammer, Jr. and J.Killian (ed.), *Handbook of Conflict Management*, Marcel Dekker, 2003.
14) R.A.B.Bush and J.P.Folger, *The Promise of Mediation*, Jossey-Bass, 1994. 第10章で態度変容を論じる。
15) 棚瀬孝雄『紛争と裁判の法社会学』法律文化社, 1992。第6章では，法化社会の調停モデルとして，「自律型調停への期待」が論じられている (256-296頁)。
16) 井上治展・佐藤彰一編『現代調停の技法』判例タイムズ社, 1999。
17) P.Bernard and B.Garth (ed.), *Dispute Resolution Ethics*, American Bar Association, 2002. 調停人の倫理については，J.J.Alfini の Mediator Ethics (pp.65-88) を参照のこと。とくに公明正大が大切である。
18) 日本法律家協会編『民事調停の研究』東京布井出版, 1991, 廣田尚久『紛争解決学』信山社, 1993, 和田安弘『法と紛争の社会学』世界思想社, 1994, 草野芳郎『和解技術論』信山社, 1995, 棚瀬孝雄『紛争処理と合意』ミネルヴァ書房, 1996, 小島武司『裁判外紛争処理と法の支配』有斐閣, 2000, 和田仁孝，他編『交渉と紛争処理』日本評論社, 2002。

第4章

コンフリクト論とM.P. フォレット
―交渉と調停―

1. はじめに

　渉外交渉，外交交渉に示されるように，日本の交渉能力は低いとされる。インターネット化，国際化が進むにつれて異文化間交渉がふえてくるが，交渉力が低くては，日本企業は取引に伴うコストを高めざるをえないであろう。これは眼に見える競争力の低下であって，組織的能力を高めて経営資源を有効的に動員しても，その効果は限定されてしまうのである。それゆえにコンフリクト・マネジメント能力を高めて，創造的な問題解決，紛争解決を求めざるをえないのである。このための理論構築や技能の開発が急務であるけれども，文化，価値を含めた比較制度的分析はまさにこれからの研究領域である。交渉や調停はコンフリクト・マネジメントの一環をなすが，この実務経験者の暗黙知・行動知が学術書として形式知・言語知として論述されることもきわめて少ないのである。

　そこでわれわれは，裁判所の調停委員としての実務経験を踏まえて，そして経営学の古典と言われるM.P. フォレットやC.I. バーナードの理論をベースにして，これまでコンフリクト・マネジメントを述べてきた。とくにフォレットは「ハーバード流交渉術」に大きな影響を与えてきたのにもかかわらず，それが明示的に示されることが少ないのである。交渉は多義的にとらえられていて，駆け引きとか敵対的交渉というイメージを多くの人に与えているけれども，今日の中心をなすのは双方を利する協調的交渉である。しかもフォレットが求めた，知的創造性をフルに発揮させるような「統合的解決

が求められているのである。メアリー・パーカー・フォレットの名前は一時は忘れかけられていたのであるが，コンフリクト・マネジメント研究上の巨人であって，実務経験者といえども，フォレットを丹念に学ぶ必要があるのである。日本では「日本フォレット協会」のメンバーがその研究を継続してきたのである。

　組織が創造的な主体的営為によって環境適応をなし，効率的に運営されていても，コンフリクトは内在的にも外在的にも発生する。コンフリクトも M.P. フォレットのいうような「建設的コンフリクト」もあって，コンフリクトの存在そのものが有益的なこともある。多くのコンフリクトは主観的に認識されているがゆえに，将来的には有用なコンフリクトであるのに，目先に視点をおく意味解釈のゆえに，認識に大きなズレをもたらすことは少なくない。女性が潜在的に有効な人間経営資源であるとわかっていても，その創造的知恵，日常的生活経験にもとづく飛躍的な革新性を有すると実感していても，産休や育児休暇によって当面の業績が低下することを恐れて，女性知的労働者の採用や，部下への配置を避けることは応々にしてあることである。女性活用の実践知，行動知を欠くがゆえに，女性の能動的活性を引き出しえないことは良くあることである。

2. コンフリクト論

　コンフリクト論は司法的領域では法的紛争処理論として論じられてきて，訴訟，ADR と実践的に厚味のある研究がなされてきた。裁判には法創造機能もあって，知的所有権などは裁判官の貢献も大きいのである。裁判外紛争解決である ADR においても，調停人が創造的なコンフリクト・マネジメントに寄与してきたのである。しかし，コンフリクトそのものの研究は司法的領域では少なく，そこでわれわれは，ミシガン研究やフォレットを基軸として論じていきたい。行動科学的なコンフリクト研究は多様であるが，われわれが意図しているのは紛争の解決であるから，解決への橋渡しをしうるコン

フリクト論に軸足をおいて考察していきたいのである。それゆえ，解決のむずかしいマクロのコンフリクトや交渉不能や調停不能のコンフリクトは論じていない。初期の組織論的コンフリクトは，L.R.Pondy の Organizational conflict（*ASQ*, 1967, vol.12, no.2, pp296-320）を読んでほしい。

L.R. ポンディによれば，「組織内のコンフリクトは，幅広い多様な組織行動をはっきり示すダイナミックな過程として最も良く理解されうると論じられてきた。・・・コンフリクトは必ずしも良いとか悪いというのではなくて，個人，組織の機能や逆機能に即して評価されなければならない。一般に，コンフリクトはコンフリクトを削減する圧力を生み出すが，しかし慢性的なコンフリクトは持続し，ある種の状態のもとで耐えているが，政治的に機敏な管理者によって意識的に作り出されて管理されている」(pp.378-379)。「紛争解決の技能は，どのような圧力点でも適用されよう。その有効性と適切さは，コンフリクトの性質と管理者の管理思想に依存している。緊張モデルは安全バブルの制度を作り出し，オープンなコミュニケーションの促進への意味論モデルを作り出す。これらは，ある種の形態のイメージづけられたコンフリクトにとっては完全に適切であるかもしれないが，その現実のコンフリクトへの適用は，コンフリクトを悪化させるのみかもしれない」(p.379)。

ポンディが論じる「コンフリクトの一般理論は，次のような3つの概念的モデルの文脈のもとで吟味されてきた。(a) バーゲニング・モデルであり，資源をめぐる競争における利害集団を取り扱っている，(b) 官僚制的モデルであり，権限関係や統制要求を取り扱っている，(c) 機能的関係と調整への要求を取り扱っているシステム・モデル，である（L.R.Pondy, Organizational conflict:concepts and models, J.M.Thomas and W.G.Bennis(ed.), *The Management of Change and Conflict*, Penguin, 1972, p.379)。ここでも，K.E. ボールディングやコールマン，L. コーザー，C.I. バーナードは参考文献に掲げられていても，M.P. フォレットは (c) の先駆者であるのに無視されているのである。このような状況を打破するためにも，フォレットのコンフリクト論との関連を論じざるをえないのである。

交渉は組織内，組織間関係においてもなされて，コンフリクトも発生する

が，コンフリクト・マネジメントや論争管理のための組織システムによって，メンバーは「論争を尊重し，意見の不一致や対立を組織の変化，そして学習と創造の機会ととらえることを学習していくことができる」(渡辺伊津子「革新のジレンマの克服」岸田民樹編『現代経営組織論』有斐閣，2005, 262頁)。また，「ローレンス＝ローシュは，『服従の強制』(forcing) や『対立の表面的な取り繕い』(smoothing) よりも，当該の問題に関係する諸個人が自由に意見の対立を表明し，組織全体の目標に最もよく適う解決に達するまで『充分に討議する (confrontation)』コンフリクト解決様式（徹底討議）の有効性を示している（Lawrence and Lorsch [1967]）。さらに統合者がいる場合には，その総合者の志向がどの部門にも偏しない中立的なものであるほうが効果的であることが示されている。なぜなら，それによって統合者は，関連する各グループを理解し，コミュニケートすることが可能だからである（岸田 [1985]）。コンフリクト処理は，『統合のための手段』であるが，『徹底討議』や『統合者の中立的な志向』が示唆していることは，『どのようにして』統合されたのかが重要である」(262頁) と渡辺伊津子教授は論じている。このことは，われわれがコンフリクト・マネジメントをつうじて主張してきたことと共通している。たとえば，「インテルにおいて，アンドリュー・グローブが『建設的論争 (constructive confrontation)』と呼ばれる論争管理の制度を開拓し，このような仕組みやルールが，率直な話し合いを誘発し，問題を解決する強靭な精神を育てることに貢献したことはよく知られている。反対意見を互いに主張する同僚間のミーティングであれ，どんなコンフリクト的な状況であれ，そこで生きるコンフリクトを建設的に管理するためには，正当な結果を生み出すと知覚される根本的なルールを頻繁に使用することが必要である（Morand [1995]）」(263頁) と言えるのである。

このように組織内，組織間関係において，「建設的なコンフリクト」(M.P. フォレット) や「建設的な緊張状態」を生み出すのが，二重性を生み出す「デュアル・アプローチ」の特色であるが，固有のコンフリクトにも対応していくことになる。すなわち，「組織が有効であるためには，同時に矛盾し合う属性を所有しなければならない。そのためには，二重性を組織間内に組

み込み，それによって生じる緊張感を管理することで，学習，変化，成長していくことが可能になる。デュアル・アプローチは，そのような組織現象を理解するために必要不可欠なアプローチといえる」(264頁)のである。C.I.バーナードやM.P.フォレットにもデュアル・アプローチの視点が見られ，ストレス，コンフリクトを一定範囲で建設的にとらえて，論争やコンフリクトの巧みな管理をして，組織の動態的管理に導く建設的な緊張状態の意義を論じている。すなわち，「デュアル・アプローチの基本的な考え方は『大きすぎず，小さすぎず』である。このアプローチの前提は，正反対の属性（二重性）の同時追求が個人および組織の存続，発展にとって不可欠であり，どちらか一方のみの追求は衰退を招くというものである。論争やコンフリクトは，組織が正反対の属性を組み込むことによって必然的に生じるものであり，それらが組織全体の活性化あるいは緊張の度合に大きな影響を及ぼす」(259頁)のである。正反対の属性が生み出す建設的な緊張状態をうまく管理していくことも，コンフリクト・マネジメントには求められていて，M.P.フォレットもこの流れの源流になっている。パラドックス，二重性，コンフリクトをいかに創造的にマネジメントするかが，今日ではとくに問われている。対立を回避し放置していては，組織のダイナミズムは失われてしまう。

　裁判所の調停委員はそれぞれの当事者に対して，現実には説得というよりも交渉を行っていて，紛争当事者もそれぞれの思惑で交渉を自己に有効なように展開している。したがって，調停人も交渉の理論や技能について無知では調停を担えないのである。そこで調停人は紛争の創造的解決策を導くためにも，「交渉の戦略スキル」を知っておく必要がある。ハーバード・ビジネス・レビューには，「交渉とコンフリクト解決」についての論文が数多く掲載されている。その一つが『交渉の戦略スキル』(Diamond　ハーバード・ビジネス・レビュー編集部訳，ダイヤモンド社，2002)である。対立をマネジメントする」，「チーム内の対立にどう対処するか」，「手強い顧客とわたり合う交渉術」，「交渉力のナレッジ・シェアリング」，「紛争を法廷に持ち込ませない5つの方法（ADR）」，「ADRはなぜ成功し，失敗するのか」などの興味深い論文がある。

J.R. アリソンの「紛争を法廷に持ち込まない5つの方法」は，法廷における紛争処理の限界を論じる。それは，「ちょっとした訴訟でも関係を損ね，評判を傷つけ，巨額の資金と膨大な時間，才能を浪費するからだ」(213頁) という。そこで裁判外の紛争解決であるADRに注目して，仲裁，調停，引退裁判官によるプログラム，略式陪審裁判（SJT），ミニ・トライアル（調停と従来の和解交渉，判決をミックスしたもの），その他折衷的な方法，などである。要は紛争の状況，内容に応じて，どのような効果的なADRを選択するかであって，「総合的な紛争解決計画の作成は，大企業や紛争が発生しそうな事業（建設業や保険業など）を推進する企業にとっては，大いに注目する価値がある」(229-230頁) という。ただ，ADRは，「双方の当事者が維持したいと思っている，相互に有益な関係がある会社どうしの紛争を和解に導くためには有効である。反対に，将来展望のない一過性の取引から生じた紛争を，裁判所の外で解決する場合はあまり効果がない」(230頁) という。

アリソンは，複雑な紛争のケースにおいては，ADRは時間と費用をかなり節約できるとしている。「実際，法律や当事者の数がどのような組み合わせになるかによって，手段や規模も複雑になる。ミニ・トライアルは，内容的にも法的にも複雑なケースにはうまく機能するが，複数の当事者が登場するような紛争の場合には，うまく運ばれないだろう。調停は，あらゆる種類の複雑さに適しているが，特にADR形式では，当事者が複数のケースに最も適している」(234頁) という。

T.B. カーバーとA.A. ボンドラの「ADRがなぜ成功し，失敗するのか」も注目する論文である。ADRの「悪い結果では，現在実践されているADRは，本来それが回避するはずの訴訟と同じような方法で，同じような費用のかかるプライベートな当事者対抗主義に形を変えているケースがあまりにも多すぎる」(246頁) のが原因になっている。他方，「良い結果では，多くの企業がADRの有効な活用法を学び，それらの企業はたとえば，費用削減，迅速な紛争解決，当事者間の関係回復さらには改善などの，ADRのもたらす利益を十分に享受していた」(246頁) のである。たとえば，「シェブロン

では，ある紛争を ADR をベースにした調停で解決しているが，その費用は 25000 ドルだった。これが社外弁護士による調停だったら 70 万ドル，裁判所に持ち込まれた場合には解決まで 3 年から 5 年かかり，費用総額は 250 万ドルを越えていた」(246 頁) と言われる。また日本の「トヨタの関連子会社では，車両と売上債権の分配に関する，同社とディーラー間の紛争を解決するために設けられた委員会が，そうした事例を 1985 年の 178 件から 1992 年の 3 件へと確実に減らしていた」(246 頁) のである。

日本の裁判所の調停においても，組織のトップの紛争処理姿勢に大きく影響されている。代理人の弁護士に対しての紛争処理の幅が小さいと，調停がまとまりにくい。あまりにも勝敗，優劣にこだわって，損得の問題が不正確になってしまうのである。米国でも同様に「どんな企業の仲裁や調停に関する考え方も，最終的には経営トップがどんな犠牲を払っても勝利にこだわるかどうか，ということで決まる。訴訟に踏み込む前に別の選択肢を探そうとした先述の A 社と B 社の場合には，好戦性と訴訟好きが善意を台なしにしてしまった。双方は，自分たちが不当に扱われていると感じ，相手に金銭を支払わせたいと考えていた。そのため，最初から敵対する雰囲気に包まれていた。そして，判断がさらに事態を悪化させた。ADR を体系的に位置づけ，紛争解決の最優先事項にするのは容易なことではない」(252 頁) と T.B. カーバーと A.A. ボンドラは論じている。ここに ADR の本格的研究が求められるのである。

D.Katz and R.L.Kahn の *The Social Psychology of Organizations* (2ed, John Wiley, 1966, 1978) は，組織の行動科学的研究の一つとして著名な本で体系的に研究されている。第 17 章「コンフリクト」で，ミシガン大学のコンフリクト研究がまとめられている。ストレス，緊張，対立などコンフリクトについて論じ，コンフリクト・マネジメントにも論及されていて，仲裁，調停という第三者を介在させた紛争解決も論じられている。ミシガン研究では K.E. ボールディングの *Conflict and Defence* Harper & Raw, 1962 (内田忠雄・衛藤瀋吉訳『紛争の一般理論』ダイヤモンド社，1971) が，ゲーム理論を含めて広範な紛争を論じていて，40 年以上も経ていても，今日でも十

分に役立つ古典である。第15章の「紛争解決と紛争管理」は，調停者や裁定者としての法の役割も論じられていて，むしろ司法的解決の経済学的基礎を与えている。個人・集団・組織間のコンフリクトだけでなくて視野を広げて，経済紛争，労使紛争，国際紛争にも論及されていて，その質的差異や状況的差を貫く，「紛争の一般的理論」を論じるが，この点で状況の条件適合性を重視するわれわれの見方とは立場が異なるが，ミクロとマクロをつなぐ雄大な体系を有している。

ボールディングは第8章「紛争事業者としての組織」で，次のように論じている。「大多数の組織は，組織を緊張あるいは紛争の状況におくことによって，役割を占めている人の内部報酬を増大させることができるというのは事実のように思える。これに関し考えうるいくつかの理由がある。一つは，紛争状況が組織におけるより大きな目的の意味を高めると，これらのより大きな目的への参加意識から出てくる内部報酬をも高めるということである。紛争は，通常，組織目的を単純化する。その理由は簡単であり，紛争に勝つとか生き残るとかという目的が，その他のすべての目的に優先することになるからである」(201頁) という。したがって，「紛争が組織の内部的安定性にとって必要である条件が存在するかどうか，紛争理論にとって非常に深刻な問題である」(202頁) と論じる。ただボールディングの立場では，次のようになる。「個人紛争と組織紛争との間の異同を注意深く評価する位置にいる。組織紛争は大変複雑であるにもかかわらず，類似性は，差異以上に大きくみえる」(204頁) という見方である。

C.I. バーナードと同じく，ボールディングも個人主義と集合主義の対立には苦悩するのである。組織は個人の集合体であるから，「個人の権利が組織を通じて表明される場合を除けば，組織自体に魂あるいは権利はなく，組織はたんなる便宜上の産物あるいは機構であるので，個人の権利は組織の権利以上に最高であらねばならないという立場である。他方の極には，権威主義的・有機体的・(アテネ的立場に対比される) スパルタ的立場がある。これは，社会あるいは組織に属する実体は，個人の属する実体以上の高い水準のものであるとする立場である。というのは，人間は生まれたり死んだりする

が，規則は永続的に生きていく」（229頁）という立場である。ボールディングは，「真理は，両者のどこかにある」というが，両説の併存は認めても併用となると問題が生じやすい。

ボールディングは，「最も壮観な紛争形態としての国際紛争」を論じるが，われわれとしても国際経営上は大切なテーマであるけれども，その関連する変数はあまりにも多く，部族間，民族間の紛争にも見られるように論点が多すぎるので，他日を期して学んでいきたい。不平等勢力間の紛争や超大国米国の世界戦略をみると，問題の複雑さがよくわかるのである。ボールディングは，「強度線による勢力範囲の分岐」，「生存可能領域の決定」，「ミニマックス線」，そして「自国強度境界の変化と不安定性の解決」という説明でこのことを論じている（第12章）。

ここでミシガン大学ISRの研究をもとにしたD.カッツとR.L.カーンの所説にもどるが，R.リッカートを含めてコンフリクトへの注目は，1950年代の初期からなされていた。コンフリクトのモデルとして，① 組織特性，② 利害の対立，③ 役割期待，④ パーソナリティと体質，⑤ 外部的な規範，ルール，手続き，⑥ 相互作用，にもとづくコンフリクトである（pp.619-620）。カッツとカーンは組織特性について次のようにいう。「組織と組織環境についての多くの特性は，コンフリクトの決定要因のもっともらしい要因として提示されうるが，しかしそのような仮説は，わずかしか検証されていない。しかしながら，組織内コンフリクトのある種の位置はたいへん知られている。ラインとスタッフ，販売対製造，かなり自律的な組織単位間の資源配分点などである」（p.621）。ローレンスとローシュ（1967）は，「時間，資金，長く続く希少資源に関して，部門間の差異がそれら間のコンフリクトの量を増大したことを見出した。・・・そしてサイヤートとマーチ（1963）が，どんな種類の「組織スラック」も，要求された相互依存や調整のタイトさの要求を減らすことによって，部門間のコンフリクトを減ずることを見出している」（p.621）。ちなみに，カッツとカーンのコンフリクトの定義は，「ある人の行為が，他者の抵抗に抗して，成果を妨げるもしくは強いる，二つ以上の団の直接的な相互行為」（pp.649-650）とされている。

このように、「コンフリクトは、妨げたり強いたり、傷つけたりする試みによって、さらにそのような試みに対しての反抗もしくは報復によって表示されている、行動的で観察されるものである。そのような行動は組織的生活においてユニークな行動を構成するとは言えない。コンフリクトの行為はまた、リーダーシップ、管理もしくは変革の行為でもありうる」(p.650)。コンフリクトの二面性を見れないのは、管理がうまくいっていないからである。

　ミクロのコンフリクトでも対立、抗争が少なからず処理できず、交渉決裂、調停不成立もあるが、マクロの対立、抗争にはアンビバレンツな修復しがたい状況がある。「統合的解決」をめざした M.P. フォレットにしても、価値観、宗教観の違いによって根本的な対立があることを無視していたわけではない。経営職能率では機能的でエレガントな関係だけを抽出したのではなくて、根源的な権力的対立も存在している。われわれは社会全体のレベルではなくて、組織領域の交渉や調停を論じているのであって、階級抗争が存在しないと言っているわけではない。組織間の権力抗争、組織間の抗争など調停しにくいこともあって、われわれも調停を万能視しているわけではない。外交交渉において背後に軍事力があって、政治的力量も問われている。そこでわれわれは範囲を限定して、いわば組織領域の交渉や調停という中範囲レベルのものを研究対象にして論じている。

3. M.P. フォレットのコンフリクト論

　われわれが論じてきた総合的コンフリクト・マネジメントは司法的解決と行動科学的解決を総合して、紛争の全体的状況に合わせて紛争の解決のし方を状況把握的に見出すものである。これはフォレットという「動態的管理」といえるものであって、そのダイナミックスさは影響を及ぼした P.R. ローレンスと J.W. ローシュの「条件適合理論」（コンティンジェンシー理論）には失われてしまうが、フォレットの紛争解決論の有用性は今日でも変わらな

い。メアリー・パーカー・フォレット（1868-1933）は，C.I. バーナードにも影響を及ぼした偉大な経営学者なのに，ジェンダーバイアスもあるのか，「ハーバード流交渉術」の源流をなす考えを示したのに，注目されることが少ないのである。フォレットは政治学者としても活躍したが，われわれの能力の関係上，そのコンフリクト論に限定して論じるが，それはフォレットの体系のごく一部である。

　調停活動はコミュニケーション行為をつうじて管理活動に似ており，調整活動が創造的になされている。フォレットは調整，整合，統合の創造的活動を重視したが，まさに調停人は程度の差はあっても，つねに創造的な調停活動の担い手であって，それが質的な疲労を大きくしている。そして紛争当事者に対してもフォーマル，インフォーマルな接触を要請することもあり，調停期日までに書類の送付などインフォーマルな相互調整的活動があってこそ，少ない期日で紛争解決が可能になるような仕組みを作ることが出来るのである。そこでは論理的過程と非論理的過程をフルに生かしており，事件によってはむしろ非論理的過程に調停活動の中心がある場合も少なくないのである。法律，ルールの意味解釈だけでは，紛争当事者の主観的受容をえにくいのである。法律，ルールを適用すれば，紛争解決が自動的に出来るというような単純なものではない。

　われわれはコンフリクト論から交渉の理論や技能を論じるが，今日の交渉学や交渉術と言われる研究には，基礎理論を欠くものが少なくない。「ハーバード流交渉術」として世間で論じられているものには，M.P. フォレットの業績の上に築かれていることが忘却されて，フォレットの1個のオレンジをめぐって姉妹がもめる事例などの Win-Win 解決の源流がフォレットの創造的な「統合的解決」にあることが記されていない場合が多い。フォレットの研究業績を本格的に論じることをここでは意図しないが，少なくとも，今日の協調的交渉や「建設的コンフリクト」の効用などに大きな影響を及ぼしたフォレットの業績を示しておきたい[2]。さらに C.I. バーナードなどの経営学の古典が紛争解決，問題解決に役立つことも論じたいのである。交渉術の奥にある解明への糸口を見出すことが，交渉においても大切なのである。

3. M.P.フォレットのコンフリクト論

　組織モデルには組織の有効性と個人の動機の満足が両立する調和モデル，それが二律背反的に対立する対立モデルがあるが，フォレットやバーナードは一般に「対立と統合」を論じていて，既存のモデルにはまり切れない体系の大きさをもっている。というのはコンフリクトは多様であって，その多くは簡単に解決出来るものではないからである。そのためにコンフリクトを抑圧したり，妥協を強いるような紛争処理になりやすく，法的紛争処理ではむしろそれがふつうになっている。けれどもフォレットは知的創造性をフルに発揮して，創造的「統合的解決」を power with の視点から求めたのである。フォレットの影響を受けたバーナードは「対立と統合」という枠組みを有していて，コンフリクト問題を回避しているわけではない。むしろフォレットのいう「動態的な管理」はコンフリクトの解決なくしては動態化してこないのである。コンフリクトの円環的対応に注目すべきである。

　フォレットは全体的状況の把握を「状況の法則」で論じているが，交渉や調停でも全体的状況の把握，それも人間の感性や直感を含めて論理的過程と非論理的過程を総合した独自のとらえ方が解決への鍵をにぎるのである。それはバーナード的に言うと，「交渉のセンス」，「調停のセンス」をさらに，コミュニケーション行為をつうじて明示化していくことであるが，明示化には気持ちも含まれるので，形式知だけではない。それはアーツと言えようが，技能は経験によって磨かれるとともに，事例研究でも「コツ」を修得することは出来る。論理にとらわれすぎては「コツ」がえられないのは，人間を相手に交渉や調停をしているからである。科学的知識には前提条件のもとでモデル化されているが，生身の人間は自己がモデル化したものとのズレが生じており，その人間も多様であって，分類型は作りえても，そこからはみだしていることが現実には多いのである。

　ここではフォレットの研究業績を論じることを目的としないが，有名な「建設的コンフリクト」や「円環的循環」にしても，「動態的管理」の視点から論じられていることである（1940）。交渉については，「団体交渉の意義」（米田清貴・三戸公訳『組織行動の原理・動態的管理』未来社，1972，110-119頁）でも論じているように，協調的交渉のもとをなす「機能的全

体」のもとで，双方の「集合的責任」を論じている。双務性，互酬性という視点が貫かれている。「企業において，統制とか責任とか忠誠とかについてその基準を労使共同で考え出さなければならないと同じように，企業に対する基準も共同で考え出さなければならない」(119頁) とフォレットはいうのである。交渉とは「統合単一体」をめざしてのコミュニケーション行為であって，情報，知識，意味理解を共有化していくプロセスである。動態的，創造的な対話をらせん状に促進する「円環的循環（対応）」という意味解釈の投げ合い（応答）のもとで，認識のズレを調整していくのである。フォレットの調整には対立を整合していくための価値・規範・信条・信念の創造的な調整も含まれる。それは単なる交渉術として歪曲化されるものではなくて，対立から統合に向けての進化論的プロセスである。フォレットは特定の科学方法論にもとづく論述をしていないが，つねに実践的知識を「円環的循環」的に学ぶ場を「統合」という高次のらせん的な円環的思考プロセスをつうじて与えている。いわば交渉当事者の双方の自己創造なくして，「統合」は成しえないと言えよう。双務的に調節された活動なくしては，あるいは円環的なコミュニケーション行為なくしては，「統合的解決」には至らないのである。対話，相互的な理解，意味解釈の整合性なくしては，交渉は妥協に終わってしまう。調停人がいれば，意味理解のズレを統合的という視点から，双方に創造的な対話，解決への意味の共有化を求めるのである。

　C.I. バーナードは対立と統合を視野に入れて協働システムを論じたが，交渉でも競合的交渉はあっても，バーナードの理論では組織人格を有する各々が互いに高い目標をめざして協働のシステムを形成しうるのである。バーナードがいうコミュニケーションには，主観的な意味解釈の相互理解を高めることによって[3]，紛争解決への共通の目的を共有しうるようになって，それが交渉当事者の交渉成立意欲を高めるのである。M.P. フォレットは調停の理論を中心とするけれども，仲裁や交渉にも及んでいて，双方に真に利する統合的交渉成立もあるのである。交渉力の優れた組織内の交渉人もそのプロフェッショナルな才能を組織外でも生かすことが出来るから，内向きの昇進に特化する組織への一体化結合の人間とは異なる気質をもっていても，そ

れは特異なことではない。交渉力をもつ人は外向きの組織外部に準拠集団をもつこともしばしばであり，官僚制的組織モデルの人間像と異なることもしばしばであり，プロフェッショナルな才能には価値要求型の交渉を価値創出型の交渉にも変換しうる能力も含まれている。フォレットが「統合的解決」をなし，Win-Win 解決の先駆者として論じたが，このようなお互いの価値を創出するために，駆け引きや影響力を行使する影響戦略よりも，知恵や知識を双方の利益のため生かす情報戦略に J.M. ブレットは力点をおいている。このことは国内交渉だけではなくて国外交渉にも言えることであって，分配型交渉をこえて創出型交渉へと導くことも良き交渉人の仕事である。すなわちブレットによれば，「グローバルな交渉にあたる紛争当事者は，利益，権利，パワーが他の文化ではどう解釈されるのかを理解し，いつ，利益，権利，パワーに焦点を絞るのか，どのようにその焦点を変えるのか，そして感情にはどう対処するのかを知っていなければならない」（J.M.Brett, *Negotiating Globally*, Jossey-Bass, 2001, p.132）という。

　コンフリクトはジェンダーと同じく偏見がもたれやすい。それはコンフリクトには抗争，敵対的交渉というイメージがもたれて，否定的に評価されていたからである。L. コーザーや R. ダーレンドルフは対立，抗争に焦点を合わせたけれども，その解決を指向するものではなかった。だが M.P. フォレットは，コンフリクトの生産的機能に注目して「建設的コンフリクト」を論じ，しかも今日の協調的交渉のもとでの Win-Win 解決の源流をなす，創造的な「統合的解決」の具体化を 1920 年代に論じているのである。それは全体的状況の把握にもとづく「状況の法則」は，今日のコンティンジェンシー理論の条件適合性の先がけになっている。そのことは P.R. ローレンスと J.W. ローシュもフォレットの影響を認めていて，ユーリーなどのハーバード交渉術と同様に，それらの源流をなす考えをすでにフォレットは提示していたのである。それゆえ，フォレットのコンフリクトについての所説を検討したい。

　現代経営学の祖と言われる C.I. バーナードが丹念に読んだ M.P. フォレットの諸著作の意義がごく最近まで忘れられていたのであるが，ハーバード

流交渉術などで交渉や調停が脚光を浴びてきて，フォレットの再評価を高めなければならないのに，日本では学界の一部の人しかフォレットを深く学ぼうとしないのである。交渉や調停の実務を担う弁護士も同様であって，コンフリクト・マネジメントにかかわっていてもフォレットには学ばないのである。訴訟上の和解を担う裁判官や司法委員もフォレットの業績を知らないと言えるくらいである。日本フォレット協会のメンバーがフォレットの著作を翻訳してきたけれども，交渉や調停においてフォレットは日本では無名なままである。

そこでわれわれはコンフリクト・マネジメントにおいて M.P. フォレットは重要な文献であると論じてきたのであるが，非力な私の主張などは無視されているが，しかし，調停の理論においてフォレットの輝きは一層増しているのである。Win-Win 解決で，フォレットの「統合的解決」の代役をハーバードの学究がつとめられるとは思えないし，フォレットは，知的創造性の発揮の極致を求めての主体的営為を論じていて，その代役にはハーバード流交渉術を執筆したハーバード大学教授にはとうてい無理で，フォレットの理論的体系の大きさや精緻な思想には及ばないのである。フォレット (1868-1933) は，70 年以上も前に死去しているので，しかも大学教授ではなく，生涯独身であったから，後継者が直接的にはいないけれど，今でもフォレット理論の輝きは失われていない。交渉や調停においてフォレットの「統合的解決」は裏での暗躍や策謀を許さないものであって，フォレットの権限職能説は，職位，職能固有の権限を主張して，上位権説の権限委譲を本来はフィクションとしてみてしまうのである。泉田健雄教授は組織化行為を担う主体的行為に注目して，職務権限配分説を論じている。調停人はまさにこのような説になじむものである（泉田健雄『職務権限論』白桃書房，1987）。

フォレットの「統合的解決」はフィクションを道連れにするような虚構性のものではない。弱者にとってハンディキャップ・マッチを闘い抜かねば生きては行けないけれども，その紛争の調停を担う調停人が，中立という名のもとに強者に加担したのでは，社会的正義・公正を欠いてしまう。強者の代

理人弁護士も弁護士法のいう弁護士倫理，プロフェッションとしての良心を欠いては，違和感の強い調停になってしまう。フォレットは強者の論理（理論的には武装はされているが・・・）を弱者に押しつける抑圧や妥協を嫌ったのであって（power over），真の紛争解決をめざしての虚実ない交ぜの状態を脱して，知的創造性をフルに発揮する「統合的解決」を現実的な目標にして論じたのである。これは，視点を変え，他のアングルを与えてたどり直す手法など多彩なコースをたどるが，法解釈一点張りではないのである。角度を変えての検討が紛争解決の糸口を見い出すことは少なくなく，狭い筋道や硬直的な枠組みにとらわれてはならないのである。紛争当事者も別種の刺激を受けたり，主体的な自己啓発をもたらす場の提供を受けて，自己の立場にとらわれた呪縛から開放されていくのである。後退を避けるために，自己の孤独を守るという防御に徹する紛争当事者もいるが，それは経験，学歴というものが時には大きな錯覚をもたらすからであって，調停人も学歴格差に配慮するが，低学歴が必ずしも低学力ではないし，高学歴者が品性高潔だと錯覚してはならないのである。きちんと書類を整備している方が正しいとは限らず，業界慣行として契約書や見積り代金や納品書もない業界や個別取引があって，その当事者の言い分の方が，論点を整理した結果として，整合性を有している場合も少なくないのである。先入観にとらわれない判断力や洞察力が必要である。

「ハーバード流交渉術」の敵対的交渉ではなくて協調的交渉によるWin-Win解決の源流をなすのは，一つのオレンジの配分をめぐって姉妹が争う例示のように，M.P.フォレットの所説である。C.I.バーナードが「公式組織は非公式組織から発生し，非公式組織にとって必要なものである。しかし，公式組織が作用し始めると，それは非公式組織を創造し，必要とする」（『経営者の役割』1968，126頁）という項に，「組織の動態的要素にすぐれた洞察力をもっているメアリー・P.フォレットの諸著作を参照」（128頁）と引用されているのはフォレットについての適切な引用ではない。また渡瀬浩教授が論じるように，組織を生み出すcollectivityと公式組織が生み出したinformal organizationとを区別することが，バーナードには出来ていな

い(『権力統制と合意形成』同文舘,1981)。フォレットの権力的ではなくて機能的,水平的な調整,整合,(知的創造性の発揮による)統合は,そしてpower overではなくてpower withは,バーナードにも大きな影響を及ぼしているから,フォレットの諸著作を一括して提示するのではなくて,そのつど引用文献を示すべきであろう。というのは,バーナードの「権限受容説」は,実質的には「無関心圏」(受容圏)を中心にしていて,権限受容というのは管理の技能になっているからである。「無関心圏」が存在するのは正当化された権力(M.ウェーバー)である権威にもとづくが,しかし詳細にみると,フォレットの職能説に近い職務権限上の受容である。バーナードがコミュニケーションを共通目的と協働意欲と並んで重視しているが,このコミュニケーションも職能をベースにしたようなコミュニケーションであって,説得も組織人格を中心としてなされていて,家庭での個人人格を中心としたものではないから,職務上のコミュニケーションである。フォレットをよく理解しているバーナードは,その考えが全般的に流れているのである。

　そこでM.P.フォレットの所説は今日でもすぐれた調停理論として役立つことを示してみたい。ステファン・B.ゴールドバーグ(*Negotiation* ㉑,『プレジデント』44巻6号,2006,126-127頁)は,双方の関心を満たす「創造的」解決策を提示する,調停人について述べる(フォレットのいう「統合的解決」)。調停人は水平的に調整し整合して,裁判や仲裁のような裁定を下す権限は有していない。それゆえ,「二人の人物,もしくは二つの組織が,どちらが正しいかを判定することが紛争を解決しようとすると,もめることが多い。多くの紛争が結局は裁判に持ち込まれるのはそのためだ」(126頁)とゴールドバーグはいう。そして権利ではなく関心に注目する,よき紛争解決の方法を例示する。二人の社員が,後ろの窓を開けるか閉めるかで対立している例である。一方は先輩だから自己に決定権があるとして,他方は照明については自分が譲歩したので,窓の件では自己の思い通りにしたいという。一方は開けると首筋がこわばると言い,他方は新鮮な空気をいれたいという。そこで調停人の上司は,隣りの特定の窓を開け,二人の社員は吹き込む風を受けずに新鮮な空気を吸えるようにして対決を解決した

のである。これは、「両者の立場の背後にある関心を探り出したのだ。紛争当事者の立場を一致させられない場合には、関心に注目することで双方が満足する結果を得られることが多い」(127頁) という。これは全くフォレットの図書館の窓の開閉のケースと同一の趣旨であって、姉妹が、一個のオレンジの分配をめぐって争うハーバード流交渉術の事例と同じく、フォレットが80年前に論じていたことであって、交渉術ではフォレットの名前が出されていないのである。すぐれた調停人はフォレットのいう「統合的解決」をなしうる能力をもつ人である。ゴールドバッグは、次の3つの親和関係、創造性、辛抱強さについて論じている。①「・・・成功する最も重要なスキルは、調停人が紛争当事者のそれぞれと親和関係—理解・共感・信頼の関係—を築く能力である。親和関係があれば、当事者は調停人と十分にコミュニケーションをとろうという気になり、調停人が必要とする情報を提供してくれることが多い。」、②「成功する調停人のもう一つの重要な能力は創造性—新しい解決策を生み出す能力—である。・・・それぞれの当事者の関心を理解することによってのみ、調停人は双方の関心を満たす創造的な解決策を生み出すことができる。」、③「調停人が、最大の任務である紛争解決にひたすら目を向けながら、同時に当事者に、感情や考えを十分表明するために必要な時間をしっかり与える辛抱強い人間であることも大切である。紛争当事者はともすると、どちらが正しいかという論争を始めたら、その問題だけに集中して他のことは考えなくなってしまう」(127頁) からである。

　プロの調停人は、当事者が双方の背後の関心を満たす解決策を見つける手助けをする支援人であって、それぞれの立場、権利をめぐる争いを回避するというゴールドバーグの主張はまさに、フォレットの「統合的解決」と同じことを論じている。フォレットのいう知的創造性を発揮した調整、整合、統合のプロセスはまさに、ハーバード式紛争解決の源流をなす考え方なのに、フォレットの名前が明示的に示されていないのである。今日でもフォレットの考えは、すぐれた調停理論といえるし、単なる調停技能を論じるものとも異なるのである。行為主体的行為としての調停は、フォレットにおいては、組織の動態的な管理にもなっていて、C.I. バーナードもこの点を評価してい

る。日本でも認証調停機関がADR基本法の施行された2007年以降は，どのADR機関からどのような適切な調停人を選ぶかが大切になり，実際に調停人を使ってみて良かったというのは事件によって条件適合的なものになる。

　コンフリクトの研究は広範な領域でなされていて，マクロ的には階級抗争，闘争と言われて，R. ダーレンドルフ，L. コーザーなどの研究が知られている。国家間の戦争など研究すべきことは多いのであるが，われわれが主に研究対象にしているのは，組織理論をベースにしたものであって，せいぜいR. マートンのいう「中範囲理論」の領域であって，個人間のコンフリクトも含んでいる。組織と個人，組織と組織のコンフリクトに焦点をあわせているが，その一つの理由として裁判所の民事調停委員としての実務経験を生かそうとしているからである。それは紛争解決のための暗黙知，行動知を言語知・形式知として表現できた面をコンフリクト・マネジメント論として論じているが，10数年の経験を経ても，言語に「翻訳」できないことも少なくなく，文章力だけの問題ではないように思われる。守秘義務があるために事例を示しえないので，さらに表現が限定されているのである。

4. フォレット理論の展開

　これまでの類型では調和モデルと対立モデルに分類されて，二律背反を伴うなどの対立モデルとしてコンフリクトを論じることが多かったのであるが，M.P. フォレットの創造的な「統合的解決」に示されるように，「対立と統合」がテーマになり，「動態的管理」では抑圧や妥協ではなくて真の紛争解決をめざすようになってきたのである。もっとも知的創造性の発揮には個人差，文化差，歴史的経路依存性もあって，真の紛争解決はかなりむずかしいというのが現実であって，企業の経営理論と現実の経営政策にはズレがあって，企業不祥事を引き起こしている有名大会社も存在している。企業の名声，評価を下げている事件を知るにつけて，企業の主体的営為に疑問をもつこともあるが，われわれは裁判所等に広がっている法学優位の姿勢はと

らないのである。訴訟を中心とした司法的紛争処理を上位に置く立場ではない。むしろADR（裁判外紛争解決）など，事件の内容，条件によって適切な紛争解決を自由に選択して，状況適応的な多様な選択肢のもとで意思決定をするのである。これは有効多様性とか等結果性と言われる条件適合的な見方であって，全体的状況のもとで機能的な解決方法を見出したフォレットのやり方でもある。

　それゆえ，われわれの紛争解決の方法は，コンティンジェンシー理論にも影響を及ぼしたフォレットのやり方であるが，なにぶん80年も前の学説であるがゆえに，若干の修正と補充をほどこしている。その本質的な切れ味は今でも変わらないし，むしろ混迷をます今日では輝きを増している。フォレット学説自体もここ10年で欧米の学究に見直されていても，Win-Win解決などフォレットの学説と知らないで論じられることも多いのである。フォレットの「統合的解決」論は，司法的紛争処理論には出てこないが，交渉，調停を含めてコンフリクト・マネジメント力を大いに高めるであろう。

　調停実務をつうじての紛争解決を求めるわれわれとしては，フォレットの学説とかバーナードの学説とかを峻別することよりも，それらの学説がいかに切れ味鋭く実践に役立つかに興味がある。紛争にこじれて調停がラチのあかないこともあるが，その時ほどフォレットや他の古典的学説を丹念に読んで，創造的な紛争解決への糸口にしている。実務的に見て，フォレットやバーナードは科学的方法論がどうであれ，学び甲斐があるのである。調停人の主観的認識は科学的な客観的認識とはズレがあろうが，行為主体的に紛争解決に取り組まないと，紛争当事者の利害，価値の対決の大きい場合は，とても創造的な，「統合的解決」は無理である。神仏融合・習合の考えにも創意的な工夫をこらされているが，交渉の根本には価値観の違いはあっても，双方の創造的工夫によって，一定の双方を利する互恵的な関係は形成されうるのである。フォレットはいう，「人の自己満足の気持ちに訴えないで，人の最も深い欲望に訴える指導者がいる。魂の奥底から新しい力をわれわれに与え，これまで企てられたことのない新しい仕事をするようにわれわれにすすめる人たちのことについてわれわれに教えたのは，エマソンではなかった

かと思う。これは,これまでの指導者をただ単にまねる以上のことである」(404頁)と。「魂の奥底」から来る人々の心のなかに生命の感覚を増すような紛争解決というのは,まさに「人々にいい気持ちにさせる」技法ではなくて,心底得心がいくのである。(『組織行動の原理』404頁)。

フォレットは,「最も崇高な徳は,奉仕と犠牲だった」というが,次のような言葉で本のページが閉じられている(ただし論文集ではあるが,・・・)。「こんにち,人生自体がわれわれに訴えているのは,あらゆる人間のなかにある社会的に建設的な情熱に対してである。たとえば,これこそが,私自身の全身全霊が応じ得る何ものかなのである。これこそ,偉大な確定的なものである。犠牲は,時にはあまりにも消極的に思える。そして,それはあまりにも人間が放棄するものにこだわり過ぎる。奉仕といったものも,奉仕の価値よりも奉仕の事実を強調し過ぎるように思える。それでも,奉仕も犠牲も高貴な理想である。それらなしではすまされない。しかし,それらを,われわれの人生の偉大な目的に対して補助的なものにさせておくべきである。つまり,その偉大な目的とは,われわれの現在の混乱のなかから立ち上がって欲しいと思っている新しい世界,そして,集合的管理を通じて個人の自由をわれわれにもたらしてくれるような時代に対してわれわれが貢献することである」(431頁)とフォレットは論じている。交渉を担う人間や調停人は,このようなフォレットの言葉を嚙みしめたいものである。創造的な営為による「自由と調整」はつねにフォレットの管理思想を貫いているのである。

他方,C.I. バーナードは交渉や調停を明確には論じていないけれども,コミュニケーションという用語で代替させていると見ることも出来る。バーナードの『経営者の役割』(p.122, 128頁)の注(5)で,「また組織の動態的要素にすぐれた洞察力をもっているメアリー・P. フォレットの諸著作を参照。・・・」とあるようにフォレットの業績を丹念に読んだ痕跡が見られ(加藤勝康,榎本世彦),フォレットの *Papers of the Science of Administration* だけではなく,調整,整合,統合というのがフォレットの真髄であるが[4],バーナードはそれを「対立と統合」という形でフォレット

を消化している。それゆえフォレットの統合的解決は知的創造性の発揮を求めるのであるが、バーナードでは、「創造的道徳性」ということになる。「創造的道徳性が問題であるときには、個人的責任感—いいかえれば誠実感ならびに廉直感—が端的に強調されるのであり、おそらくほとんど、だれもこのような仕事を客観的におこなうことができないのである。実際、こういった仕事は、管理者として当然なすべき義務であるという確信ではなくて、組織のためにすることが正しいのだと彼ら自ら信じる確信、すなわち個人的確信にもとづかなければ、だれも引き続いておこなうことができないのである」(294頁)とバーナードはいう。組織間紛争においても、双方の準則・利害が創造的に一致しうる、Win-Win 解決への個人的確信がベースになるのである。ちなみに、「ハーバード流交渉術」における Win-Win 解決は有名であるが、姉妹の1個のオレンジの分け方の事例に見られるようにフォレットが掲げた事例であって、その源流はフォレットの「統合的解決」にあることは、わが国では一般的には、ほとんど知られていない。

　フォレットの諸著作を読んだバーナードは、「公式組織による非公式組織の創造」の個所しかフォレットを引用していないが、フォレットの影響はもっと広範にわたっていると思われるのである（三戸公）。それはコンフリクト・マネジメントという視点からバーナードの『経営者の役割』を読み直してみると、フォレットの諸著作の影響が明確化してくるのである。バーナードは H.A. サイモンには影響を及ぼしたが、フォレットには「対立と統合」という点で影響を受けたのである。この点、カッツとカーンは『組織の社会心理学』(1978) の 18 章「コンフリクト」でフォレットの『動態的管理』を2ヵ所引用しているが、R.L. カーンはフォレットの諸著作に精通しているとは思えないのである。コンフリクトを効果的にマネジメントすることが、知的創造性のための必要条件であるが (p.641)、ミシガン研究では D.C. ペルツと F.M. アンドリュス (1966) の科学者を対象にした研究で示されている。このことは、フォレット (1941) がすでに論じている。すなわち、「新しい、よりよい組織的な整序の発見に導くものとしての、限定された・管理されたコンフリクトの建設的な効果についての類似点 (Follett, 1941)」を

見出している。R.L. カーンは，紛争解決ということでコンフリクト・マネジメントを論じている（1978, p.641 以下）。水平的で統合的なコンフリクト・マネジメントはフォレットの考えであるが，敵対的な対立を無視したわけではない。自由な情報交換，情報を意識的に正確に伝えることで「統合型」の紛争解決と，情報を注意ぶかく制限したり，情報を意図的に歪める，バーゲニング型を対比させた研究（R.E.Walton, J.M.Dutton, H.G.Fitch, 1966）を紹介して，組織における水平的関係を強調したコンフリクト・マネジメントでも，2つの型の併存を論じている。すなわち配分型（バーゲニング型）は，他の単位への猜疑，敵対，非提携などネガティヴな態度をとり，硬直的で規則づくめで範囲制限的な相互作用の構造や内部単位的な意思決定の枠組みをしている。統合型は，信頼，友愛，他の単位の包含などポジティブな態度をとって，柔軟で非公式的にもつながり，しかもオープンな相互作用の構造と単位間の意思決定の枠組みをもっている（p.643）。

コンフリクトの多くは，利害，損得の対立であって，ブレイクら（1965）が論じるように，問題解決力や対人的技能の改善のための教育が必要である。さらに，「おそらく組織のコンフリクトは，コンフリクトとコンフリクト解決の両方への誘因を伴う，ミックスされた動機状況である」（p.644）。しかしながら，「誘因構造（利害の対立）を変革するパワーが手近にあるところでは，パワーはコンフリクトを縮小するための重要な手段を与える」（p.644）。ここに権力論的紛争処理の根強い利用があり，それが短期的業績評価のもとでは，有用なやり方として実施されやすい論拠でもある。時間的，コスト的に能率的なパワー依存型の紛争処理は，妥協のレベルを問うことはあっても，抑圧的な交渉にならざるをえなくなる，その逆機能的な結果（R. マートン）に対しての考慮を欠いているのである。

フォレットにとっては，「コンフリクト—すなわち相違—は，現にそれを避けることのできないものとして存在する。だから，むしろそれを利用することを考えなければならない。われわれは，コンフリクトは悪であるとして非難するのではなく，逆にコンフリクトをわれわれのためになるように働かせるべきである。どうしてそれができないことがあろう」（『組織行動の原

理』42頁）という。それは『創造的経験』（p.122, 1924）に論じられたように，「われわれは，ときとして忘れがちのこと，すなわち，社会的状況においては，二つの過程は常に同時に進行している，ということに注目しなければならない。つまり，人と人の調整，および人と状況の調整である」（84頁）。ここで注意しなければならないのは，フォレットのいう調整とは創造的な調整であって，「非人格化」された機能的な人間の活動を全体的状況のもとで「対立と統合」の軸で相互調整するのである[5]。

さらにフォレットはプロフェッションの責任倫理を次のようにいう。「専門的職業人の目的の一つは，彼の職業を実践しその専門の科学を適用するだけでなく，自己の専門的職業の基礎をなす知識を拡大することでもある。専門的職業ということは一つの伝統を意味するだけでなく，発展して行く伝統をも意味する。人びとがただ自分たちの専門的職業の標準だけを守って暮らして行くならば，進歩は全く生じないであろう。裁判官は取り扱っている事件を処理する判決を下すだけではなく，判例をつくっているのである」（194頁）。これは弁護士や調停人にも言えることであって，紛争を処理するだけではなくて，その創造的な解決をなすことが責務であり，その権能の主体的な行使でもある。その行使には，A.N. ホワイトヘッドの言った「スタイル感覚」をもつことであるが，それは，すなわち「スタイルは，最終的な心の道徳である」と言うのである」（M.P. フォレット『組織行動の原理』米田清貴・三戸公訳，未来社，1972, 196頁）。

M.P. フォレットの『新しい国家』（三戸公監訳，文眞堂，1993）は，まさにフォレットの「統合の論理」の基礎をなす大きな構想のもとで論じられた，「民主的政治の解決としての集団組織論」である。「集団過程の創造性と自治の潜在的な価値」を論じたフォレットは，紛争解決のための深い思想的ベースにもとづいて，あくまでも power with の民主主義のもとでの，創造的な解決を求めたのである。たとえば，第34章の「道徳的国家と創造的市民権」は，まさに調停の問題でもある。フォレットはいう，「全体の目的に向かって抵抗しきれない進軍に生活を駆り立てるものは，各人の創造的自発性である。われわれの社会的・政治的組織は，このような集団生活が可能と

なるようなものでなければならない」(304-305頁) と。フォレットが論じる個人の創造的自発性こそ, *The New State*, 1920 (『新しい国家』) の論述のエッセンスをなすのである。

垣見陽一教授が『動態経営学への道』(税務経理協会, 1962) で, M.P. フォレットの「統合の理論」について次のように論じている。それは,「組織論の中核概念であり, 機能的統一体ないし統合体としての経営理解へのキー・ポイントをなすものであり, また管理, 調整, 状況の法則等の基本概念を導きだす根本原理である。私見によれば協働の問題についてのアングロ的アプローチの鍵がそこに秘められているものと解したい。女史は先ず闘争の本質から, その解決方法としての統合の概念, 統合の基礎, 統合への障害へと理論を展開する」(212頁) のである。フォレットはバーナード以上に知的創造性の発揮を重視した。状況の法則のもとでの機能的統一体をもたらす統合は, きわめて高度的な知的営為なくしては不可能であるからである。「統合は, 発展的状況の形成ないし高度化でなければならない。このことの理解が大切である。相互に排他的な二者択一的情況の内に閉じこもるが如き思考態度を, 排撃しなければならない。これは統合の理論の真髄であり, 相互浸透 (interpenetration), 循環行動 (circular behavior) が行われねばならないからである」(214頁) と垣見陽一教授は論じている。フォレットの論じた統合は, ハーバード流交渉術の Win-Win 解決をこえる, 大きな思想的な背景も有している。フォレットは機能的全体というものに単なる部分の集計以上の相互関連性, 相互修整性を見ている。それゆえフォレットは,「C.I. バーナードが経営組織への参加者として株主, 消費者, 原材供給先等を経営者, 従業員外に取り上げるが如く, 全体への貢献性, 参加性の意味に (機能的な用語を) 用いている。従って直接生産に従事する仕事の意味に限定されないのである」(215頁)。機能的統一体が主体の原理であり, 状況の法則が客体的法則であり, 両者の相互媒介的統一を求めるのである。ここにはA.N. ホワイトヘッドの影響が見られよう。

三戸公・榎本世彦『フォレット』(同文舘, 1986) において, 三戸公教授はフォレットの *Creative Experience* (1924) を引用して, 統合の事例 (12

頁）を示しているが，妥協的関係を統合的関係へと押し進めるには，高度な知的能力を要求するが，「創造することとしての経験」は，全体を分解し分析して，区別をつけ識別する知的作業のもとで，統合への知的・創造的プロセスを科学的に創成していることもフォレットの理論の特色である。フォレットの統合は創造的な知的営為であって，調停でいう「統合解決とは調整，整合のプロセスをへて，まさに高度な知的創造性の発揮を求めるのであるが，バーナードにとっては，フォレットの *The New State*, 1920, と *Creative Experience*, 1924, が役立ったことは，バーナードの『経営者の役割』でフォレットの諸著作を参照しているところからでも明白である（三戸，190-191 頁）。フォレットは，つねに知的創造性の発揮を求めたのである。

　Joan C.Tonn, *Mary P. Follett*,（Yale University Press, 2003）で，Tonn は，まさにフォレットの全体系をとらえて，そしてフォレット（1868-1933）の全生涯について論じた 600 ページをこえる大著である。バーナードには W.B. ウォルフの研究はあっても，このような詳細にわたる研究ではない。第17章に「新しい国家」についての論述があるが，「近隣集団ではなくて統合的な集団過程」を論じている。フォレットの『組織行動の原理・動態的管理』（米田清貴・三戸公訳，未来社，1972）や『新しい国家』（三戸公監訳,文眞堂，1993）の2冊を読むだけでも，フォレットの体系は大きく，C.I. バーナードにも影響を与えていることがよくわかるであろう。「個人の創造的自発性」こそ，交渉や調停における紛争解決に大きな鍵を与えるのである。J.C. トンの本には，なぜフォレットが「統合的解決」をなしうるのかの論拠を示している。

　フォレットはつねに power over ではなくて power with を論じたが，それは参加的民主主義の power with でもある（p.382）。フォレットは『創造的経験』(1924) で論じているように，「われわれはコンフリクトをなくせるかもしれないが，多様性を取り除くことは出来ない。・・・多様性は最も本質的な人生の特色として理解しなければならない」（p.184）。そこでは，「創造的な集団の活動」について独創的な理論を展開している（p.386）。このよう

なことは，紛争解決においても，最終的な裁決権をもつ仲裁よりも，真の紛争解決につながる調停による創造的な「統合的解決」をめざすのである（pp.440-441）。ADR，コンフリクト・マネジメントにおいて，調停による創造的な「統合的解決」をフォレットほど強調している人はいないのである。ただ，今日ではフォレットの理論は多くの分野にわたっての研究対象になっていて，紛争解決や交渉の領域においてもフォレットは研究されているとJ.C. トンはいうのである（p.492）。

P.P. ローレンスはJ.W. ローシュとの共著である『組織の条件適応理論』（吉田博訳，産業能率短大出版部，1977）で知られるコンティンジェンシー論者であるが，フォレットのコンフリクト解決（抑圧，妥協，統合）が役立ったと論じている。フォレットは4つの調整の原理を論じている。① 状況のなかにあらゆる要因を相互に関係づけるものとしての調整，② 関係している責任ある人たちの直接の接触による調整，③ 初期の段階における調整，④ 継続している過程としての調整である（*The New State*, 1920, p.63）。①は，J.D. トンプソンが，互酬的相互関係的依存と連続的・連合的依存とを識別することによって類型化したプロセスを示している。②は「横断的機能」である。③は新製品開発の最初の段階から各専門家を協働させるデザイン・チームを利用する。④は今日の継続的改善の諸計画である（P. グラハム編『M.P. フォレット；管理の預言者』，三戸公，坂井正廣監訳，文眞堂，1999。347-348 頁）。

P. グラハム『統合的マネジメント』（榎本世彦訳，同文舘，2000）の第4章では，フォレットの「コンフリクトを解決すること：諸相違点を統合すること」を論じている。グラハムは，「コンフリクトは，相違の宣言―見解の相違，価値の相違，利害の相違―として考えられるべきではないだろうか」（102頁）という。すなわち，「コンフリクトを正当な相違の表現として取り扱ったなら，それは，より広範な解決方法を発見する刺激として利用することが出来るものである。また，その解決方法は，コンフリクトに関与する両派の相互の利益を整合しようとするものになる」（102頁）という。グラハムが論じた，コンフリクトの統合のための技能とは，① 共同的接近を展開

すること，② 相違性を脱ぎ去ること，③ 諸問題点を比較すること，④ 創造し工夫して作り出すこと，⑤ 第三者の介在を求めること，⑥ 他の諸利害関係を統合すること（113-125頁），である。

コンティンジェンシー理論で著名なJ.チャイルドは，M.P.フォレットが1933年にロンドン大学で「調整とプロセス」のテーマで講演したが，それは，「多くの点で，やがてローレンスとローシュが発表することになる『統合と相違』の分析的研究の前触れとなっている。フォレットが組織の中でさまざまな決定をするときにその拠り所にした基準は，いわゆる『状況の法則』といわれる基本原理であったと私は考えているが，この状況の法則こそは，現代のコンティンジェンシー理論の分析的視座をずばり予言しているのである。しかもこの理論は，今日もなお現役のマネジャーたちにきわめて有効な示唆を与えている」（P.グラハム編『M.P.フォレット：管理の予言者』三戸公監訳，文眞堂，1999, pp.89-90, 108頁）。フォレットはすぐれた洞察力によって「コンフリクトを処理するのに最も効果的な方法」を発見しようとして，「統合的解決」を論じる。「統合には発明の才能が必要である」(p.90, 109頁）という。

J.チャイルドはフォレットの「建設的コンフリクト」に論及して，その創造的な解に注目して次のようにいう。「統合による問題解決の方法は，長期にわたる安定した問題の解決という期待がかけられることになる。つまり，その問題解決方法とは，関係者全員の了解と支持が得られているものであり，またその方法自体が問題解決を自律的に繰り返しかつその解決を支え続けることが当然であるような学習経験を促進させるものである。マネジメントの関連図書として今日入手可能な全ての文献の中で，コンフリクトを建設的に解決する方法を明示したフォレットの業績は，今もなお（問題解決の方法に）最高の示唆を与える最高の文献である」(p.94, 115頁）とチャイルドは，フォレットが論じた問題解決の方法を高く評価している。チャイルドはCT（条件適合理論）での「戦略的選択」を論じたが，その主体性，能動性，自己依拠的活動はフォレットと共通したものがある。

このようにローレンスとローシュは組織構造の差違に注目して条件適合性

を論じているのであるが,「どちらの場合でも,対面解決には対人関係能力が必要になることを認識しなければならない。しかし,そこには複雑な問題が潜んでいる。それは,どの程度の訓練をすれば,人々はより効果的に対人問題を処理できるようになるだろうか」(271頁)というように,対面対決がうまくいく前提条件がある。彼らの次のような記述は,フォレットと同じような紛争解決のための問題意識である。「コンフリクト解決の手段をよりシステマティックに計画し,またそれを運用するためには,特定の組織に要求される分化のパターンと現実の分化のパターンに関する基準線を確立できるかどうかが鍵になるということである。この基準線が把握できれば,それは,コンフリクト解決の問題に整然と取り組むための枠組みになる。つまり,この基準線によって,そのコンフリクトの正体は何なのか,判断の違いの原因は何なのか,その解決にはどんな知識が必要か,ということを明確にすることができる。このような一歩高い観点に立てば,複雑な文明生活においてはなぜコンフリクトがたえず発生するのか。したがってまた,なぜそれを受け入れなければならないかを理解できるようになる。そうなれば,コンフリクト解決を,何かユートピア的なバラ色の解決策としてではなく,それはただ,今日の問題を思慮深く解決しようとする姿勢であることがわかってくる」(273頁,P.R. ローレンス・J.W. ローシュ『組織の条件適応理論』吉田博訳,産業能率短大出版部,1977)という。

ローレンスとローシュはフォレットのいう「建設的コンフリクト」に着眼するとともに,統合担当者というのは受身の「調整者」ではなく能動的な調停人として組織内のコンフリクトを解決する,「困難なコンフリクトを解決するための対人関係技能にすぐれたリーダーでなければならない」(299頁)という。調停人は創造的営為にもとづいて「統合的解決」をめざすものである。

交渉,調停やコンフリクト・マネジメントにおいて,M.P. フォレットの研究業績について論及しているものはきわめて少ない。ハーバード流交渉術で言われるWin-Win解決の源流は,フォレットの「統合的解決」であり,事例もフォレットのオレンジの分配や窓の開閉などの具体例を若干修正して

用いているだけなのに，フォレットの名前は忘れ去られようとしている。

しかし，コンフリクト・マネジメントの重要性を認識して，コンフリクト問題や建設的コンフリクトを論じたR.J.Fisherは，フォレットの『創造的経験』(1924)やその他の研究業績を高く評価している。C.K.W. De Dreuard and E.V.Devliert(ed.), *Using Conflict in Organizations*, Sage, 1997の第1章に掲載された，C.K.W. De Dreu, Productive conflict: the importance of conflict management and conflict issueにはフォレットが論じた「建設的コンフリクト」について論じている。

われわれは，Ronald Fisher, Third party consultation as the controlled stimulation of conflict（第13章, pp.192-207）で，フォレットについて論じていることを紹介したい。

「組織的背景におけるコンフリクトの建設的なマネジメントは，政治学者であり，経営学の分野にも関心を向けた，メアリー・パーカー・フォレットによって最初に記述されている（Follett 1924, Metcalf and Urwick, 1940)。フォレットは，支配，妥協，統合という3つのコンフリクト対応方法を見分けて，前2つは，とくにより長期の期間においては，不十分なものであって，本質的には無益なものであると主張した。しかしながら統合は，双方の利害が表出を見出し，双方とも自己にとって本質的なものを犠牲にすることなく解決を創造する過去の理解を再構築して，その関係性の安定を誘引する。統合は魔法のように表われるのではなくて，根気のよさと創意性を要求する。第一に双方は，お互いに本当に要求するのが何であるかを決定するために，双方の対立している要求を自分らの問題としてオープンにし識別しなければならない。それから利害の直接的な議論対決は，柔軟性を引き出す一つの再評価のプロセスに導くことが出来て，そしてフォレットによれば最後に，創造的な統合の互酬的にプロセスが生じて，双方の利害が満足的に充足されるのである」(p.192)。これはハーバード流交渉術のWin-Win解決よりも統合的で，真の紛争解決と言えるものである。

そして，「フォレットの開拓的業績がつねに直接的に認められていないけれども，マネジメントや組織心理学の発展している分野では，フォレットの

論述をあまねく自分のものとして取り入れている。たとえば，W.H.Schmidt and R.Tannenbaum, Management of differences, (*Harvard Business Review*, vol.38, 1960, pp.19-36) は，組織のリーダーによる建設的なコンフリクト・マネジメントのための一連のガイドラインを与えている。彼らは争点の要因や段階を強調する。その性質や源泉に即して差異を最初に診断することを示している。それから管理者は，次のような選択肢から一つのアプローチを選択している。それは，問題解決に向けての回避，抑圧，知性の鋭敏，態度変容である。すべてのアプローチはある種の状況においては適切であるが，シュミットとタンネンバウムは，可能ならいつまでも，差異を創造的な問題解決に転ずるのが好ましいと思える。それにもかかわらず彼らはまた，組織の現実についての双方の教育や立場の解明のための一つの有用な選択肢としてコンフリクトの刺激を正当化している。コンフリクトを削るダウンサイド（下降）は，エネルギーのコストであり，関係を破壊するリスクや将来の有効性を傷つけるのである」(p.192)。このように，管理者が関係を差異化し関係を築く両方の高められた問題解決は，フォレットの考え方でもある。

J.Hoopes, *False Prophets*, Basic Books, 2003（有賀裕子訳『経営理論　偽りの系譜』東洋経済新聞，2006）は，マネジメント思想の大家を批判的に検討している。9人の代表的学説を論じ，M.P.フォレットをティラー，メイヨー，バーナード，デミング，ドラッカー，と同等の評価を与えて学説を検討している。「メアリー・パーカー・フォレットは，従業員の発想や願いを全体として調和させれば，企業はあたかも一人の人間のような存在になるだろうと考えた。これはあくまでも理想であって実現しないだろうが，『文化』を操作しようとの試みに比べれば，経営者にとってははるかに現実的な指針だろう」(p.281，369頁) という。J.フープスのいう「マネジメントの真実」とは，「『企業はそれなりの存在意義を持つとはいえ，民主主義社会の模範とはなり得ない』という点を明確に示す責任がある。企業が『社会的責任』を果たすための最善の道は，利害の衝突を認め，われわれに富をもたらしてきたトップダウンの権力と，自由を守ってくれるボトムアップの政治理念，両方の調和を保つことだろう」(p.282，370頁) と，組織権力者の権力

の奢りを否定しないし,「権力と倫理は相容れない」と述べている。というのは,「経営者は強権を発動しなくてはならない場合もある。そうである以上,道徳的権威を振りかざすわけにはいかない」(p.282, 370 頁) という理由である。

ただ,J. フープスは,フォレットの思想については批判をしても,的確に評価している。フォレットはリーダーも状況によっては部下に従う立場になることを論じたが,「・・・近年になって,フェミニストやマネジメント論者たちのあいだでフォレットへの関心が高まっている。かりに最近の研究が,フォレットは今日のマネジメント思想を先取りしていたという称賛にとどまるのなら,残念だと言わざるをえない。フォレットの業績には,今日の思想を越える知恵が垣間みえるのだから」(p.127, 183 頁) と評価は高い。さらに,「企業を人間になぞらえるというフォレットの思想は,企業文化をめぐる昨今の思想と比べても,コミュニティのモデルとしての価値が大きい」(p.128, 183-184 頁) という。フォレットは人間の知的創造性に注目して「統合的解決」を論じていて,企業を学習する組織と考えていたと言えよう。「・・・フォレットの思想は,経営者やマネジャーと一般従業員のあいだに心理的な溝を作らない。利害や期待を調和させると集団の中で各人が成長できるのだという点について,上司の権力を無理に小さく見せたり,従業員の権力を過大評価したりせずに,より深みのある説明を施している。このような相互依存の関係を理解すれば,経営者やマネジャーは純粋なリーダーシップを発揮できる。そしてそれは権力に代わるものではなく,権力を補うものなのだ」(p.128, 184 頁) と論じる。フォレットは Power over ではなく Power with という,機能的権力を論じたのである。

5. おわりに

コンフリクト論はこれまで階級抗争論を含めて,対人的コンフリクト,組織内コンフリクト,組織間コンフリクト,国際紛争など多くの領域で論じら

れてきた。しかし，M.P. フォレットの「統合的解決」のような真の紛争解決を論じたものは，きわめて少ない。交渉や調停を論じるにあたっても，コンフリクトの基礎理論に精通することは大切であって，解決に力点をおくコンフリクト・マネジメント論にしても，技法の問題だけではないのである。創造的な紛争解決というのはフォレットが一貫して論じたことであって，単なる駆け引きには，目先の損得だけを考えるだけで，何ら創造的な主体的行為を生み出さないのである。紛争解決はそれだけの資源や能力の動員を必要としている。抑圧や妥協による紛争処理も容易ではないのに，フォレットは，創造的な「統合的解決」を求めて，資源を動員し能力の発揮をフルに活用化したのである。

　紛争に法，ルールを適用すれば紛争が処理出来るという考え方が，司法的紛争処理と言えよう。しかし実際は，紛争当事者の行為主体的な営為があって，意識的，意図的な努力がされるのである。それでも紛争が処理されるのは容易ではなくて，中立的で公正な第三者介入の調停，仲裁がなされることも少なくない。とくに水平的で機能的な調停は，強制力をもたない調停人の支援のもとで，紛争当事者が話し合うから，紛争をめぐる主観的な認識のズレを主体的なコミュニケーション行為によって是正されやすい。紛争当事者間の交渉も行われるが，それは敵対的交渉から協調的交渉へとシフトしているのである。双方の意味理解や解釈の違いに橋渡しをして，意味を共有して合意形成へと導くのが，あるいは導けなくても支援するのが調停人の役割である。その調停力というのは専門的知識に限定されるものではない。双方の感情的反発を沈静化することも仕事の一つである。

　われわれは裁判に代わる紛争解決として ADR を論じ，とくに調停に力点をおいて論説してきた。コンフリクト・マネジメントを紛争処理の技法として閉じて考えるのではなくて，法的紛争処理と同じような柱として，経営学的に考察している。そして「対決と統合」という視点で経営学の古典であるメアリー・パーカー・フォレットの学説に注目して，本格的なコンフリクト解決を論じようとしたのである。ここではフォレットの「建設的コンフリクト」に示されるように，組織のダイナミズムの源泉としてのコンフリクトに

着眼している[6]。フォレットは自己発展的，自己組織的なプロセスとして組織を考えていて，そして来るべき状況を創造するのである。ここで大切なのは，全体状況を把握する能力である。フォレット学説を吸収することによって，われわれのコンフリクト・マネジメント論は，経営学の基礎理論としての位置づけの方向を見い出すのである。

注

1) M.H.Bazerman(ed.), *Negotiation, Decision Making and Conflict Management*, vol.1, Edward, Elgar, 2005.

L.Ross and A.Ward, Psychological barriers to dispute resolution, (1995). たしかにロスとワードはフォレットに言及して，「補足的な要求の利点を収得することによって『付加的な価値』を創り出すことを許容するような」（p.261），目的，選好，優先順位，資源，機会についての情報，コミュニケーションに論及はしてはいる。しかし，Folletと記しているように，Follettの名前を正確に記していない。Vol 2 に，フォレットの統合的議論についての例示として，姉妹の一つのオレンジについての争いで，欲した実でジュースと，皮でのケーキという双方満足の説明はある（p.4）。しかし，交換や調停について論じた多くの文献は，フォレットの業績を明示していないことが多いのである。

2) M.Deutsch, *The Resolution of Conflict*, Yale University Press, 1973. は著名な本であるが，フォレットの名はない。

M.Deutsch and P.T.Coleman(ed.), *The Handbook of Conflict Resolution*, Jussey Bass, 2000. コールマンの「権力とコンフリクト」では，フォレットのpower with に注目している（p.111）。また，コールマンとドイチェは，コンフリクトに由来する創造性に注目している（p.355）。

R.L.Kahn, D.M.Wolfe, R.P. Quinn, J.D.Snoek and R.A.Rosenthal, *Organizational Stress*, John Wiley, 1964. 18章で「コンフリクトとコンフリクト解決の試み」が論じられている。R.L.カーンらの研究は，ミシガン大学ISRの研究にもとづいていて，R.リッカート・J.G.リッカートの『コンフリクトの行動科学』（三隅二不二監訳）ダイヤモンド社，1988 にも関係している。

3) 主体的行為，意味解釈，認識に焦点を合わせて組織論を論じたのが，D.Silvermanである。*The Theory of Organisations*, Heinemann, 1970. は，「組織認識論」のようなものを構想していた，社会的行為論者である。数家鉄治「シルヴァーマンの組織理論」『大阪商業大学論集』86号，1990 も参照のこと。

また，構造―機能主義者L.ドナルドソンと社会的行動論者D.シルヴァーマンとの論争については，数家鉄治「組織理論論争」，鈴木和蔵編『経営維持と正当性』，第4章，白桃書房，1990 を参照のこと。シュッツの系譜にある，D.シルヴァーマンは行為の意味解釈や行為者の主観的認識というように，行為主体の視点が重視されるのである。この視点は交渉論や調停論に生かせるのであって，紛争当事者の主観的認識を調停人がどのように意味解釈するかによって，調停の質が異なってくる。

4) L.H.Urwick(ed.), *Freedom & Co-ordination*, Pitman, 1949. L.H.アーウィック編『フォレット経営管理の基礎』（斉藤守生訳）ダイヤモンド社，1963。

このM.P.フォレットの論文集において，「自由と調整」にもとづく「統合」が論じられている。「調整は，本質的に，根本的に，また本来的に自己組織的な活動の過程である。これは，個

人の場合と同じである。われわれは、すべての個人が自分自身の内部に多数の相対立する傾向をもっていることを知っている。つまり個人の人生における成功は、これらの多種多様な傾向、衝動、欲求が相互に調節され、一つの調和のとれた全体につくり上げられることに大いに依存する」(157-158頁) のである。組織も同じく、「過程は自己調節の過程である。そうであるから、管理者たちが直接的接触の機会をもたなければならない」(158頁) のである。藻利重隆教授の解説の「フォレットの経営理論」(173-248頁) も参照のこと。

5) D.A.Wren, *The Evolution of Management Thought*. 4th ed., John Wiley, 1994. D.A.レン『マネジメント思想の進化』(佐々木恒男監訳) 文眞堂, 2003。

　フォレットは、『創造的経験』(1924)で「コンフリクトの解決」を論じたが、レンの評価では、「統合的統一、意思の共有、そして人間協働の探求により、メアリー・フォレットは政治学者としての国際的評価を得た」(286頁) という。さらに、「解決へのより広い地平をもたらす統合は、日々の産業、学問、政治、および社会的生活において普通に認められる以上の創造性と想像力を要求するであろう。それにもかかわらず、そのゴールは功績に値するものであり、テイラーの精神的革命やメイヨーの人間協働への要求と同様のもの」(291頁) と考えられる。フォレットの統合的解決が実現されないとしたら、「この哲学者の請願に注意を向ける人間が、少なすぎるためであろう」(p.264, 292頁) とレンはいう。

6) 北野利信『アメリカ経営学の新潮流』評論社, 1962。

第5章

交渉の理論と技能
―組織行動論的アプローチ―

1. はじめに

　今日，交渉や調停は市販の本でも幅広く論じられるようになったのは学究として喜ばしいことであるが[1]，しかし組織行動論的に考察してみると，理論的裏づけの乏しい，ただのテクニックや操作の方法に類するものが多い。いわば交渉や調停を掘りさげて深く研究していく姿勢が見い出しにくいのである。実務書であっても，その理論的裏づけが求められるし，そこではそのような学説を構築してきた学究のオリジナリティを尊重して，それを忠実に引用しておかねば，その人が著作権者になる可能性が大であって，たとえばフォレットが論じた事例までそのまま自己の事例になりかねないのである。オレンジ分配の事例もそのまま用いられたり，若干の改変されて用いられても，それはフォレットが考え出したことであって，著作権法上の問題だけではないのである。われわれは，フォレット，バーナード，アージリス，ミシガン研究に学ぶところが大である。

　交渉にはバーナードがいう「説得の方法」と「誘因の方法」が用いられるが，交渉がうまくいかないケースには，説得の相手と説得のし方を間違えていることも少なくない。意思決定の担い手が誰であるのか，どのような説得のし方が有効なのかを見抜かないと交渉は時間を空費してしまう。むしろ時間的制約のもとで交渉する方が論点が明確になり，決断もつきやすいのである。これは渉外交渉でとくに言えることである。さらに言えば，コーポレート・ガバナンスの問題もあって，働く人々が会社はわれわれのものであると

いう日本社会，もしくは「人本主義」(伊丹敬之)のもとでは，株主還元主義での合併や買収の交渉も決して容易ではない。また個人還元主義に立脚して組織行動・個人が担う組織人格の重みを無視しては，交渉は個人ゲームになってしまって，実効力をもたないのである。組織的営為のもとで状況の変化に合わせて，機敏に手を変えていく戦略が必要になっている。

2. 交渉

これまでの交渉理論は理論や技能を実践的に論じられてきたわりには，その有効性が今ひとつの印象を与えているのは，交渉が組織的営為であるにもかかわらず，組織の再編や組織の価値観の変更，戦略的な再編成，そしてメンバーの処遇の改変などの問題を避けて論じてきたからである[2]。技術提携にしても研究開発部門の改変に大きな影響を及ぼす場合もあって，ましてや生産停止となると技術者にも類が及ぶのである。技術のライセンス供与にしても，さらに高度な技術を求められて，競争の質的な転換をもたらすかもしれないのである（R. サスキンド「Negotiation ㉗」『プレジデント』44巻19号，2006，112-113頁）。A.D. チャンドラー的に言えば，戦略，組織，交渉は密接に関係していて，これらとの理論的裏づけのもとに交渉を論じないと，実効力をもたないのである。さらに，交渉は一般に言われるような交渉だけを分離できるような単純な状況で行われるのではなくて，ビジネス交渉に見られるように，環境の複雑性，不確実性のもとでおこなわれていて，その状況の変化は激しく，法的交渉，技術交渉にしても，管理者の能力をこえた総合的な知識が要求されたりして，交渉は決して単純なものではないからである。

交渉による合意によって必然的にもたらされる組織変更にしても，実際に行うとなると部門間の対立や，既得権益への不利益などの障壁があって，コンフリクト・マネジメントを必要としているのである。コンフリクト・マネジメント力が組織内部にない場合には，交渉のリスクをカバーし切れな

いし，そもそもそのような交渉は混乱をもたらすとして推進されないのである。交渉力が低ければ，交渉を必要とするようなことは避けて，戦略的再編のむずかしさに備えることもないのである。ここに理由なき保守的楽観論が支配して，現状肯定のもとで，いずれ需要が急増するなどという夢想がはびこるのである。将来展望をしっかりと確立させておかないと，技術交渉を含めて何ゆえに，むずかしい交渉をしていくのかの意義もうすれて，交渉の結果に自己自身の利害がからんでいる人の意向に組織全体の利益が左右されてしまうのである。これでは将来のために艱難を乗りこえて，あえて反対の多い交渉をねばり抜くことも我慢を重ねて自己を鍛錬していくことも出来なくなって，ことなかれ主義が組織に蔓延して，それがメンバーを無気力にしているにもかかわらず，抵抗勢力を鎮圧して，組織の環境適応能力を低下させてしまうのである。

　組織論的考察の欠く交渉理論では，システム全体に戦略的再編をもたらすような交渉は論じられず，コーポレート・ガバナンスを一定にしたような交渉の技能を論じるような内容に限定されやすいのである。もちろん交渉の理論が高度化していない現在の段階では，交渉の技能を論じるだけでも実務的な貢献も大きいであろうし，われわれも紹介，整理を兼ねて論じておきたい。このような内容を理論的に体系化することも可能であって，そこには実務的な経験が十分に反映されているメリットが存在している。このような交渉の理論をコンフリクト・マネジメントとつなげることも大切なことである。

　われわれのコンフリクト・マネジメント論はM.P.フォレットの系譜にあるが，組織論的考察をベースにしているがゆえに，C.I.バーナード，J.G.マーチとH.A.サイモン，D.カッツとR.L.カーンなどのミシガン研究，P.R.ローレンスとJ.W.ローシュ，C.アージリス，M.クロジェなどの学説を下敷にしている。イギリス系の組織理論もこれに加えられよう。

　さらに，ジェンダー・コンフリクトの解決を含めてコンフリクト・マネジメント論の体系化をめざしていて，その枠組みのもとで交渉や調停を論じている。ここではフォレットの「状況の法則」やローレンスとローシュの「条

件適合理論」や目的達成のワンパターンを脱して複数の効果的な経路をへる有効多様性を意識した交渉のあり方を論じたいし，ビジネス交渉にしても異文化交流を考えると，唯一最善の方法にとらわれてはならないのである。もともと交渉というのは，H.A. サイモンのいう「限定された合理性」のもとで，情報の不完全収集のもとで不完全利用を前提とされるものであって，交渉を取り巻く環境は複雑で不確実なものである。経営資源の動員力に交渉は左右されるが，小国の外交官，外相のように，交渉力によっては劣勢でも健闘することは出来るし，そのような技能も提示しておきたい。

　組織論的コンフリクト・マネジメントというのは，交渉や調停を組織論的に考察して，紛争の解決をめざすものである。そのために司法的解決も吸収するけれども，組織の場を交渉や調停のベースにするのであって，つねに組織の改変や戦略的対応を意識するものである。組織構造は経営戦略に従うというのがチャンドラーの命題であるが，交渉も組織の状況に従うのである。経営資源を動員する組織的能力の一つが交渉力といえようし，交渉をつうじて組織的能力が活性化していくのである。組織的能力の発揮には交渉力が役立つが，そこにはコンフリクトを伴うから，いかにして組織内外のコンフリクトを解決していくかである。ここに交渉的コンフリクト・マネジメントも必要とするが，紛争解決のためにどのように交渉していくかである。これは経営構想力とも関係しているが，構想のもとで交渉を行うのである。

　交渉（Negotiation）はこれまで外交交渉のように国家間，企業間の交渉ととらえられることが多かった。しかるに今日では個人間，組織内の個人間，部門間の交渉というように，あらゆる領域で交渉という用語が用いられるようになって，調停においても紛争当事者同士の交渉を調停人が仲立ちする，もしくは支援する考えになっている。この意味で交渉という言葉のイメージは変容しつつあり，敵対的交渉というのは，まさに交渉の一部にすぎないのであって，協調的交渉に力点がシフトしているのである。そこで交渉と調停を関連させて論じることになるが，それはコンフリクト解決にはそのような組み合わせが多いからである。ともに日本では未開拓な研究領域だけに，その内容が理解されにくいかもしれないが，現実には日々数多くの交渉や調停

がなされていて,われわれはコンフリクト・マネジメントの視点からこれらを論じていきたい。

ともすれば駆け引きに終始するように交渉という用語はとらえられているが,双方を利するような知的創造性を発揮した,主体的営為のもとで交渉をM.P.フォレットのいう「統合的解決」をめざしてなされることも少なくない状況になっている。とくに相互信頼のもとで長期接続的取引がなされている下請け組織連関では,組織の論理と市場の論理の巧みな結合がなされていても,コンフリクトを孕むものだけに,価格交渉を含めて交渉は多岐にわたっている。それは第二次下請けと第三次下請けの企業間の交渉では,劣位な立場にあればあるほど,J.フェファーの資源依存モデルが示すように,経営資源の優位性をもつ企業に対抗していく,交渉力というものが要請されるのである[3]。劣位を少しでも挽回していくには,小作工や小手先の駆け引きよりも,本格的な交渉力の発揮が求められるのに,劣位の企業は一般に交渉能力も低く,単なる製造工場として存在していることが多くて,環境条件の変化に見合う取引条件の交渉は一方的になされることが少なくないのである。また中途半端な交渉力では余計にいじめられるという先入観もあって,ひたすら恭順して,その庇護にすがるというやり方は今日の国際的な状況の変化によって,主観的認識はともかくとしてメリットの少ないものになっているのである。

支配―服従関係のもとでは従順というものが基本的姿勢であって,交渉力の発揮や発言・抗議は権力者に楯突くとして,いじめの対象でもあったとすら過去には言えたのである。かつて1980年代に東大阪地域の中小企業の異業種交流グループを実態調査をしたときに,その担い手の二世グループの「親会社や親に知られたくない」という雰囲気を思い出すが,その時は一方的依存関係のもとで交渉力を高めるのは,むずかしい課題であると思ったのである。それらの人の親たちは親会社への忠誠心,恭順・従順が取引の安全をもたらすと考えて,異業種交流グループのようなヨコのネットワークが権力関係に変化をもたらすという印象を与えることを恐れていたのである。これは対等の企業同士の商取引においても,交渉とは駆け引きであって,ズル

賢いやり方にはめられたなど，交渉上手な人に対しての被害者意識を高めるなどで，なるべく交渉という言葉ですら用いたくないという雰囲気が強かったのである。これでは国境をこえる取引交渉は不利になってしまうし，国内でも外資系や経営資源の優位性をもつ企業との交渉は悲惨な結果になってしまう。相手の善意を信じることは大切であっても，あらゆる状況を想定して対応しなければ，現実的な交渉は出来ないのである。

　企業は国家のように軍事力を背後に交渉は出来ないけれども，経営資源の優位性によって，交渉の勝ち負けが決められる場合があり，損得が露骨に表出されやすい局面も少なくないのである。ここに情報操作が加わると，劣位企業は丸裸同然になったりして，一方的な紛争処理に終わってしまう。一方的な紛争処理から脱するためにも，交渉力の育成が求められるのであって，優劣，勝敗，損得にこだわる現状を認識すると，交渉力を欠くというのは，まさに逆境に身をおくようなものであって，自ら窮地に追いやっているのである。打たれ強くならなくては，紛争を回避しまくっていては，今日の紛争社会では脱落していく一方である。ローレンスとローシュはコンフリクト解決において議論対決（confrontation）を重視したが，日本でも国際化とともに，この対面対決は一つの有力な交渉プロセスになることであろう。対立と統合という視点をもってコンフリクト解決をめざさないと，きわめて静態論に終わってしまうのである。フォレットも円環的対応を重視したが，テニスのようにボールを打ち返すことなくして，交渉は前進しないのである。

3. 交渉の理論

　交渉は種々の次元を有していて，駆け引きに終始するものではない[4]。戦略的交渉や，個別経営を超えて体制，制度の土台を維持する「理念政略的」交渉もあり，それは価値の変動にもかかわっている。自由市場経済体制の維持や，生活者を借金漬けにしないことなどである。ウィンとロスという目先きの利害に終始すると，勝敗，損得，優劣にこだわりすぎて，交渉をそのよ

うなツールとして認識してしまうことになる。そのために交渉は狭く枠づけされて，交渉の制度的転換が出来なくなってしまうのである。

　C.I. バーナードが道徳的創造性を論じたのは，交渉の枠の変革でもあって，コミュニケーションに交渉が含まれている。M.P. フォレットの創造的な「統合的解決」はパラダイム変革をもたらすような交渉も含まれていて，既存の枠組みに思考を押し込めるものではない。こうしてみると交渉の哲学をいうものはバーナードやフォレットによって暗示的に論じられたものであって，「交渉の哲学」を欠いては交渉は目先の利益を追求する技法に転じてしまう。現に交渉はそのような技能というイメージを与えてきて，「戦略的交渉」と言えども，その根底にはフォレットやバーナード的思考を欠いていて，グローバルなビジネス交渉であっても，ゲームの枠が限られているのである。異文化交流の根底にある価値観，宗教観を理解しなくては，コンフリクトを増大させていくのである。

　たしかに交渉は人と人との交渉であるが，その多くはそれぞれの組織人格を背負った組織間の交渉である。組織内の交渉では経営権限を行使したりして，非対称的な交渉プロセスでありがちであるが，組織間ではJ. フェファーの資源依存モデルのように経営資源の優位性を反映した交渉になりやすい。下請け企業のように依存関係が一方的である場合は，下請け企業の交渉力は弱体化されてしまうが，しかし小国の外交官がうまく外交交渉を行うように，弱小企業でも交渉能力の高さによって双方を利する協調的交渉をスムースにもたらす場合もある。そのためにも弱小企業が敵対的交渉の罠にはまらないように，交渉力を高めたり，第三機関の調停にもち込むのも一法である。むしろ中立で公正な調停機関は，交渉力の弱い弱小組織や個人にとっての一方的敗北を回避するものであって，裁判所の民事調停を含めて，ADR機関の積極的利用が権力依存関係に変化をもたらしてくれる。

　交渉というのは敵対的交渉であるという時代に，協調的交渉の契機をもたらしたのは，おそらく M.P. フォレットであろう。しかも上下とか権力とかの枠組みを離れて，機能的，水平的なそして当事者間に協働のシステムを形成して，そのもとでのコミュニケーション行為を相互利益的に用いるのは，

協調的交渉に内実を与えるものである。

われわれは，調停において当事者と交渉するのであるが，交渉のイメージはともかくとして，実際には交渉と調停とは，密接に関係しているのである。少なくとも相互調整的な交渉はふえていて，そこに第三者的な調停人の関与によって，交渉が，円滑に進展するというので，協調的交渉がメーンになり，調整的活動に重きが置かれるのである。

交渉や調停というのは高度な専門知識と対人スキルを必要とする。その割には交渉人や調停人が医師や弁護士のように専門職として育成されていないが，対人的コミュニケーション技能にしても熟達するには専門的教育を必要としている。複雑な利害関係や錯綜する事実関係を整理して，紛争当事者に良き問題解決に導く能力が，弁護士以外の人々にも要求される時代になっている。というのも弁護士法の関係で一般の人々の非弁行為は禁じられているから，弁護士自身もこのような交渉能力を身につけなければならないからである。ADR基本法では弁護士でない人も職業的な交渉人，調停人になれるのであって，2007年4月には各種の認証ADR機関が設置されて，より一層広範囲に一般の人々が利用することになろう。そのためにも交渉や調停をより基礎的，根本的に考察していく必要がある。

そこで，田村次朗教授は次のようにいう。「交渉で最良の結果を得るためには，『どんなに困難な状況であっても，交渉によって最適な問題解決の解が存在する可能性を最後まで捨てないこと』を常に意識する交渉を継続しておく必要がある。安易に駆け引きに走れば，それ以上の発展はないのである」(田村次朗『交渉の戦略』ダイヤモンド社，2004, v)という。この交渉の戦略は，どれだけ激しく対立していても，自己のとりうる選択肢を最初から限定しないで，交渉成立の可能性を最後まで模索して，双方が利するWin-Win型交渉をめざすのが，真の交渉のプロフェッショナルという(v)。このような交流スタイルはM.P.フォレットの「建設的コンフリクト」の意義を認めて，知的創造性の発揮により双方の深い満足をもたらす「統合的解決」と共通のものがある。ハーバード流交渉術でいうWin-Winの解決はフォレットの学説を下敷きにしたものと言ってよく，フォレットは『創造

的経験』(1924) で論じているのである。

かくして，調停や交渉はフォレット学説と密接に関係していて，司法的領域に限定されることなく，組織論的考察も重要になってくる。当初は激しく対立していても，Win-Win 的組織間関係を構築することも可能であって，組織間関係論を含む組織理論のベースがあれば，交渉や調停，もしくは ADR をより理論的，本質的に論じることが出来るであろう。交渉や調停は実践的課題であっても，本質的な把握を欠くと，Win-Win 的交渉やその解決に必要な知的創造性が発揮されないのである。より高度なコミュニケーション能力にしても，対人的な人や組織に付随しているので，行動科学的組織論のベースに依存して得心のいく合意を形成して「統合的解決」へと至るのである。その本質的理解には C.I. バーナード，M.P. フォレットなどの経営学の古典が有用な理論的枠組みを提示しているのである。交渉の理論的論拠を提示することも大切なことである。

エレン・レイダーとスーザン・W. コールマンの『協調的交渉術のすすめ』(野沢聡子監訳，アルク，1999) は，国際紛争から家庭問題まで幅広く論じている。そしてコンフリクトを「危険な状態」であると同時に「チャンス」でもあるととらえて，それにより古いものを壊して新しいものを生み出すことを論じる (28 頁)。交渉はコンフリクトに対処する最も一般的な手段であって，当事者同士が問題解決に当たり，最終決定も当事者が行う。けれども問題を先取りして回避することも少なくない。ここで注目したいのは，問題の再構築であって，それは当事者双方の潜在的要求が満たされるような視点で問題をとらえ直すことである。すなわち，「双方にとって最優先の要求を満たしながら，双方が最も満足できる結果を得るにはどのようにしたらよいか」を考えるのであり，「問題の再構築をすることは，交渉で当事者双方の満足のいく結果をもたらすための飛躍的な第一歩につながる」(53 頁) という。また代替案を考えることも大切である。「代替案とは，交渉相手の潜在的な要求を満たすために，こちら側から相手側に提示するアイデアのことである」が，代替案は受けとる側がその価値を認めたときにだけ，有効な手段となりうるのである。それゆえ，相手よりも多くの代替案をもっていれば

いるほど，交渉において影響力を持つことができるのである（54頁）。

　交渉で使うコミュニケーション・スタイルとして回避（Evading）がある。回避は，交渉において問題を一時的に棚上げしようとする言動であって，肯定的な面と否定的な面がある。回避が友好的なものかそうでないかは，相手の受け取り方次第である。無視する，話題を変える，引き下ろす，先延ばしにする，作戦会議を開くなどは回避に含まれる。具体的に回避の言語例を言えば，① 衝突を避けるために話題を変える，② 衝突を避けるために議論をやめる，あるいはその場を去る，③ 相手の言い分を聞かないようにする，④ 相手の相違点を見ようとせず，違いがあっても，見て見ぬふりをして，適当にごまかす，⑤ 衝突を避けるために，問題の解決を次回まで先延ばしにするように提案する，⑥ あからさまに反対するのは避けるため，沈黙を守る，⑦ 情報不足のために，問題解決を次回まで先延ばしにするよう提案する，⑧ 自分の要求を無視して，相手の求めに簡単に応じてしまう（64頁），である。⑧は，交渉者間に大きな権力格差や経営資源の依存度合が大きい場合に，よく生じる「回避」である。

　また交渉では，自己が交渉にのぞむ理由を相手に知らせる Informing と，相手が交渉に臨む理由を探り出す Opening（相手の心を聞く）が用いられる。Opening の言語例として，次のようなものがある。ⓐ 相手の言い分をよく理解するために，耳を傾ける，ⓑ 相手の潜在的欲求や関心に注意を向ける，ⓒ 相手の言ったことを要約して，自分がその内容を理解できたかどうかを確認する，ⓓ 相手の言い分に同意していなくも，その内容を正確に自分の言葉で言い換えることで，相手の主張を理解している態度を示す，ⓔ 相手がリラックスをして心を開けるような雰囲気を作る，ⓕ 相手が自分の悩みを打ち明けられるように，相手に共感を示す，ⓖ 相手の潜在的要求や感情を知るために，自分の意見をはさまない質問をする，ⓗ 可能な解決案を提案する前に，相手側の潜在的要求を見つける，ⓘ 懸念事項について，相手側の意見を探る，ⓙ 相手が話しているときは，注意深く耳を傾ける，ⓚ相手の話の内容や立場を，自分で理解しているかどうか確認する，ⓛ 相手にとって「何が重要なのか」を話すように，相手を促す（76頁），であ

る。現実には協調的交渉になりえないこともあって，心を閉じて，Openingとは逆のことがなされていることが少なくないのである。

R. フィッシャー（R. フィッシャー・D. シャピロ『新ハーバード流交渉術』(印南一路訳，講談社，2006) は交渉戦略においては，「交渉者同士の関係は，交渉の内容に匹敵するくらい重要である。私の最初の戦略的な決定は，両国の国家交渉チームにすでに存在した仕事の関係の上に，交渉者同士の関係を築くことであった」(258 頁)。ここでは国のトップと個人的に親密な関係を築くことであったが，相手の長所と困難に対し理解を示すことであり，そして共通の土台を見つけることであった。フィッシャーは，相手に合図をせず自律性を保つことに留意した。「自律性は人間の核心的な欲求の一つであり，とくに政治家のような権力のある立場の人間にとってはとくに敏感な問題である。・・・どんな政治家も自分がだれかの操り人形だと見られたくない。・・・大統領にとって，有権者に不信感を抱かせるような言動を取るのは危険である」(262 頁)。

フィッシャーが強調したことは，「交渉者が演じる役割は複数あり，同時に演じられ，時に相互に矛盾し，重複し，または補完的である」(263 頁)ということである。その努力の結果として，「交渉において，もっとも有益で強力な成果は，和平合意を取り決めた後に，それを実行するために一緒に取り組み続けるという，感情的コントロールを生み出すことである。一緒に取り組むということは，どちらかが自由や裁量権，すなわち意思決定の自律性を諦めることを意味するわけではない」(264 頁)。それは交渉人の役割を再定義して，「ただの立場重視の交渉から共同問題解決型の交渉者へ変え，敵から仲間へ，役割を変えることであった。こうすることで，新しい選択肢を生み出し，パイを増やし，交渉の成果の可能性を広げることができたのである。可能な成果範囲を広げる交渉へと変化させることができたのである」(264 頁) という。

R. フィッシャーと D. シャピロの交渉術は，行動科学的見地を重視している。そして交渉には，① 価値理解 「価値理解は，相手の考えを理解すること，相手が考え，思い，行うことに価値を見い出すこと，そして，こうし

て理解したことを言葉や行動を通じて相手に伝えることによって成立する」（272-273頁）。② つながり 「交渉者が・・・仲間としての構造的な結びつきを築いたり，秘密を打ち明けられる親友としての個人的な結びつきを築くよう努めることができる」（273頁）。③ 自律性 「だれでも自由に意思決定をしたり，他人の意思決定に影響を与えたりしたいという欲求があることを認識しよう。自らの自律性を拡大しつつ，相手の自律性を侵害しないことは可能である」（273頁）。④ ステータス 「どちらかが社会的ステータスの高い人物かと競争するよりも，自分自身のステータスを含めて，人それぞれがさまざまな分野でステータスを持ちうることを認めよう」（273頁）。⑤ 役割 「私たちは協働作業を促進するような役割を自由に選ぶことができる。そして，どのような役割であっても，役割の中の活動を広げることによって，果たしがいのある満足できる役割に変えることができる」（273頁）。このようなC. アージリスのような後期人間関係論が論じたように人間志向性によって[5]，「誰でも，交渉相手の核心的欲求を満たすように行動することができるし，自分自身の核心的欲求にも応えることができる。相手の価値を理解していることを表現し，つながりを築こう。それぞれの自律性を尊重し，ステータスに敬意を払おう。果たしがいのある役割を作る手助けをしよう」（273頁）という。これらはA. マズローの欲求段階説[6]，C. アージリスのミックス・モデル（周辺的要求から本質的な欲求へ），そしてF. ハーツバーグの衛生要因（不満を減少させる）と欲求をより満足させる要因の理論とも[7] 適合している。

　組織間関係での取引交渉は多様なタイプがある。協調型と競争型がその代表であるが，私欲型も多い。そこで型に応じた条件適合的な取引交渉になるが，J.M. ブレットは，次のようにアドバイスをしている。① 私欲型の交渉にはその利益を実現させつつ，こちらの利益にも対応させるように押すこと，② 協調型の交渉者が初めにとる行動には返報すること。こちらから協調的な姿勢を見せる場合にも，見返りがある可能性が高い，③ 競争型交渉者は私欲型として扱うこと。譲歩するときは見返りにこちらの求めるものを強力に要求する。競争型交渉者の戦略には同調せず，あらゆる項目を取り込

んで条件を提示すること（J.M. ブレット『交渉力のプロフェッショナル』，奥村哲史訳，ダイヤモンド社，2003，47頁）と，交渉相手の社会的動機がわかっていることを前提として論じている。

　J. フェファーの資源依存モデルでは，エマーソン，ダール，クロジェと同様に依存関係から権力が発生し，権力論は認識の問題であって，双方の権力に対しての見方が感覚的に異なる場合も多い。ブレットによれば，代替案，地位，同情への訴えについての発言は，直接的であるという。「どちらにパワーがあるかを決めるために影響力を争い合ってしまうと，相手によっては創出型合意の可能性を狭めてしまう」（57頁）。そこで，「一方の交渉者が地位を非常に気にしている場合は，その地位を肯定してあげるのもよい。上位者の資源の取り分を多くして地位を認めるのも一つの方法だが，他の方法でも肯定はできる。たとえ言葉だけで肯定するだけなら，自分の取り分を減らさずに済む」（57-58頁）という。これまで取引交渉というのは，情報提供を抑えて，権力を行使するというイメージが強かったのは，スポット的取引交渉を前提として論じられることが多かったからである。

　自己の交渉モデルを相手に押しつけるやり方は，短期的には自己にとって効果的であっても，長期的には双方の協力的価値創造を行えないために交渉戦略に失敗することも少なくない。そこですぐれた交渉者は，「自分の目標を重視するだけではなくて，相手が実現しようとする目標も尊重している。優秀な交渉者が狙うのは，創出型合意を形成するのに使う，相違点と両立点に関する情報の探索である。彼らは，直接的な質問を通じて信頼関係を築くことと，プロポーザルから情報を抽出することの両方に長けている。また交渉の成果分配にはパワーが作用することを理解しており，直接，間接の影響力行使をパワープレーと見なし，それを効果的に回避する術も心得ている。ここに取引交渉を「権力ゲーム」ととらえる権力論的アプローチは現実の交渉を説明しても，長期的には落とし穴にはまる場合が少なくない。

　ところで，E. レイダーとS.W. コールマンが論じたInforming（情報を伝える）とは，当事者双方が協調的な態度で，「自分の考え」つまり立場，潜在的欲求，価値観，感情などを相手側に説明することである。それゆえ，交

渉が協調的か競合的かの判断で，伝える情報，その量や順番などの方略を練る必要がある。自分の立場を支える事実，数字，あるいは法的根拠などに関する情報ばかりを相手に示すような態度は，相手から攻撃とみなされる（69頁），という。かくして，潜在的欲求を明らかにする，理由を述べる，立場を正当化する，感情を明らかにするのが，Informing である。その行動例を言えば，ⓐ あなたの潜在的欲求を明らかにする，ⓑ 意見や信念を相手に伝えて，自己の立場を正当づける，ⓒ 自分にとって，何が大切かを率直にしめす，ⓓ いつでも交渉に臨む用意があることを，はっきりと相手に伝える，ⓔ 自分の立場と潜在的欲求の違いを，相手側に明らかにする，ⓕ 自分が受け入れられない点を，相手にはっきりと示す（69頁），である。

　レイダーとコールマンの協調的交渉術として，「共通の基盤を作る」（Uniting）が，重要なコミュニケーション・スタイルになる。「Uniting とは，当事者双方がお互いの見方，アイディア，価値観などを共有しようとするすべての言動をさす」（81頁）。儀礼交換は，交渉開始時に頻繁に行われるものだが，友好関係を保ちながら，円滑な交渉を促す必要があれば，交渉全般を通じていつでも使える，という。Uniting の言動の一つである「問題の再構築は，交渉，あるいは問題解決にとって，最も大事なスキルである。それぞれの側からだされた代替案が，当事者双方にとって満足できるものであれば，そこではじめて当事者双方は，最終的な合意に到達するための準備ができる（81頁），というのである。

　友好関係を礎く，あいさつ・儀礼，共通点に焦点を合わせる，お互いの潜在的欲求，価値観，ものの見方に焦点を当てて，双方に満足のいく（結果を導く）努力をする，問題を再構築する，ブレイン・ストーミング等を行って代替案を示すのが，Uniting と言えよう。より具体的な Uniting の言語例として，次のようなものがある。ⓐ 相手を歓迎する態度を示し，それによって相手を心地よい気分にさせたり，リラックスさせる，ⓑ 双方が協力すれば解決できるという態度で問題に取り組む，ⓒ TPO に応じて，名前の呼び方，服装などを相手の好みに合わせる，ⓓ 合意できる箇所や共通点を見極めて，情報交換などをすることを提案する，ⓔ 双方で協力したり，情報交

換などをすることを提案する，ⓕ 相手に対して敵意をむき出しにせずに，中立的な態度で交渉に臨む，ⓖ 合意がなされていない部分に関しては，協力的な態度で問題解決に当たる，ⓗ 相手が示した潜在的な欲求に見合うような代替案を提示する，ⓘ 問題解決への協力体制を維持するために，「もしかしたらできるかもしれない」，あるいは「仮に，・・・だとしたら」のような言い回しを使う，ⓙ 相手の潜在的欲求に関心をもち，尊重する（82頁），である。

　敵対的交渉においても，場合によっては組織間学習が可能であって，紛争解決的知識を生み出すために各組織が共同学習活動を部分的になしうるのである。それは駆け引きの多い敵対的交渉のプロセスをへて，相手の組織からの情報の収集や知識の獲得という形での組織間の相互作用がいわば協調的交渉へと転じるのであって，知識の変化と，現実的な紛争処理行為への改変につながるのである。部分的であっても，組織間の相互学習プロセスが，共同的な学習活動へと発展していくのである。次に，協調的交渉においては，学習の場としての蓄積と伝播がなされるので，全体的な紛争解決のための学習を円滑に遂行するための相互補完的な知識を獲得した上での協調的交渉を深化していくのである。

　このような発展段階を経た協調的交渉では，より多くの知識を組織間関係に放出して，相手にもより多くを学ばせて，個別組織の知識とともに組織間関係全体としての知識を量的質的に向上させて，紛争解決のための学習がより進展していくのである。戦略的な紛争解決の知識連結を実践していくのである。協調的交渉では，経営資源の交換関係においても組織間学習を形成しうるので，再度の紛争の交渉では，紛争解決規範が形成されていて，知識を交換あるいは交流させる場としての組織間学習が双方の交渉をより円滑化していくのである。このような知識レベルでの交渉に伴う組織間学習は，相手方の生み出した知識・ノウハウを吸収し導入して，自己の知識・ノウハウと組み合わせることによって紛争解決のための体系的・総合的な知識・ノウハウを作り出すことや，その組み合わせや融合によって，いわば統合的な知識・ノウハウを創造することにもなる（吉田猛史『組織の変化と組織間関

係』白桃書房，2004，122-126頁)。

　協調的交渉と言えども，組織上の慣習のために自己利益を優先させるような交渉になりやすい。それは既存の枠組みのなかで自己の立場から損得を考える，C. アージリスのいう「シングル・ループ」の学習になりやすいからである。シングル・ループの学習の前提になっている規範や目的を疑うような学習の学習（ダブル・ループ学習）を組織慣性が抑制しやすい特性を有しているからである[8]。吉田猛史教授は，「規範を疑うチャンスは異質な規範との出会いの量にも依存する。そのため，組織間関係内の組織や関係の多様性に意味が出てくる。さらに，異質な他者との関係の形成は組織に対して開放的であること，あるいは反応的であることをある面で余儀なくさせ，ダブル・ループ学習を生む基盤を作る（Morgan, 1986)。ここに，いわば，一方（組織内）で規範を信じ，他方で（組織間関係）でそれを疑う（Morgan 1986；Weick 1979）行為が可能となり，組織の存続が保証されることになる」(132頁) と論じる。かくして紛争に伴う交渉が，協調的交渉をへて組織間関係を形成し，さらに組織間学習が慣性破壊の方向に向かい，認知，行動の変化に結びつくと，やがて組織間関係でのシングル・ループの学習だけでなく，ダブル・ループの学習を喚起して，これまでの慣性にとらわれない組織間の交渉を可能にする（155頁)。ここに組織間関係内での組織的学習だけでなくて，組織間関係を主体とする組織間学習が，交渉においてM.P. フォレットのいう「統合的解決」をより現実的に可能にするのである。

　この点で交渉戦略というものが，組織や組織間関係の全体の適応可能性を高めるとしたら，紛争等に伴う交渉こそ，ゆるやかな結合であれタイトな結合であれ，既存の枠組みを検討する重要な契機になりうる。組織間関係自体が行為主体になって環境から学習する構図は，交渉論を変容させるであろう。もっと長期で本質的な交渉力というものを本格的に検討すべき時期にきているのである。われわれも組織間関係論を学んできたけれど，わが国では佐々木利廣教授，山倉健嗣教授や吉田猛史教授らの研究業績に注目したいのである。そして交渉や調停はこれまで組織理論と関連させて論じられてこなかったけれども，組織理論こそそれらの基礎理論を提供しており，より本質

的に論じているのである[9]。それゆえにわれわれも，組織理論の本格的な研究によって交渉論や調停論をコンフリクト・マネジメントと関連させて論じていきたいのである。

4. 交渉の技能

　実務の世界では，すぐに効果のある「交渉の技能」に関心が高い。雑誌『プレジデント』には交渉の技能を論じた「Negotiation」シリーズがあって，そのなかで理論的にも論拠のある事例をピック・アップして示しておきたい。これは私の判断基準で良き事例として選択したものであって，すでに27のケースが論じられている。紙数の関係でポイントしか述べていないが，全内容は『プレジデント』の交渉シリーズを読んでいただきたい。

　交渉は種々の技能が用いられているが，その一つが意思決定を促進する「選択肢削減の法則」である。マイケル・ウィーラーは次のようにいう。「相手にたくさんの選択肢を提示しすぎることは，相手に対する親切とはいえない。優れたネゴシエーターは，少数の提案を効果的に持ち出す方法を心得ている。その一つは『比較の原理』を利用することだ。あまり魅力的でない案を出して，もう一つの案をより好ましいものにみせるものである。だが，この方法はいきすぎると，巧妙なごまかしになりかねない」（M. ウィーラ「*Negotiation*」⑥，『プレジデント』42巻23号，2004，141頁）。このように交渉には，つねに正義，公正を意識したものではない技能も含まれていて，巧妙な技能にはダーティな手法もある。それらはここでは論じないけれども，信頼，信用のおけない交渉も存在するということを知ることが，交渉による痛手を少なくしてくれる。

　交渉において「最終期限」は双方にとって交渉の終わりを意味するが，時間コストは一方の側だけに作用する。したがって，D.A. ムーアは，「最終期限がある場合には，ネゴシエーターはその期限を相手に知らせたほうがよい結果を得ることができる。なぜなら①どちらの側も期限がくる前に合意

する方向で努力する可能性が高まるので，手ぶらで交渉の場を後にする危険性が減る，②あなたの期限がわかっていたら，相手がそうでないときよりはるかに早く譲歩する」(127頁) という。ただ，期限を明かすときには，自分のBANTA (*best alternative to a negotiated agreement*) 交渉による解決に代わる最善の策を明かすべきかを慎重に検討する必要がある。そして，「期限は必ずしも弱い交渉ポジションを意味するものではない。それどころか，きわめて多忙で，きわめて多くの期限を抱えている人」は，たいてい最強のBANTAを持っている」(『プレジデント』2004年，42巻21号，ドン・A. ムーア「*Negotiation ⑤*」) (27頁) という。

C.L. マクギン (キャサリーン・L. マクギン「*Negotiation ⑧*」『プレジデント』43巻4号，2005) は，難しい交渉をうまくいかせる「人間関係」活用法を論じる。「自分がよく知っていて信頼している人物を選ぶことで，『交渉相手を探すコスト』を抑えようとするのは当然のことだ。交渉を成功させるために信頼が決定的に重要である場合，知り合いを交渉相手に選ぶほうが，相手が積極的に交渉をまとめようとしてくれる可能性が高くなるという利点もある」(86頁)。そして，「人的資源の専門家，アンジェラ・ケロスと私は，見知らぬ者同士と友人同士の交渉を比較して，見知らぬ者同士はえてして，双方に都合のよい交渉の進め方を見つけるのにてこずることを発見した。その結果それに対し，友人同士は交渉の人間関係や手順や情報に関連した行為を，情報の共有と正確な解釈を高めるようなかたちで調整することができる」(87頁) という。「最終的には，関係そのもの—その関係が続いているか否か，そして当時者がその関係に満足しているか否か—が，交渉の成否を測る重要なモノサシになる。一つの合意には限られた価値しかないが，強固で安定した人間関係は何年にもわたって交渉で見返りを生むことができるのだから」(87頁) という。関係とイメージ，共通の理解，調整と情報の共有，そして結果に対する好みや効用の影響を論じている。

交渉では「無理難題」の正体を見極めて，本当に理屈の通らない相手では普通の話し合いのルールはまったく通用しないこともある。しかし，大部分は「相手はいたって合理的だが，有利に取引を持ち込む戦略の一環とし

て一見不合理な姿勢をとっている」(ローレンス・サマキンド「*Negotiation* ⑩」,『プレジデント』43 巻 8 号, 2005, 133 頁) ことが多い。ここでは相手をなだめて, 一方的に譲歩しては, 相手を助長させるだけである。

M.H. ベイザーマン (マックス・H. ベイザーマン「*Negotiation* ⑪」『プレジデント』43 巻 10 号, 2005) は,「常識人」が気づかない「安易な妥協」のリスクを論じる。「妥協は, 継続的な付き合いをしている相手との小さな対立に対処するには効果的な方法だ。しかし, 妥協がすべての関係者にとって害になる状況下で, 対立する主張を足して二で割ったら厄介なことになる」(130 頁) という。そして,「社会的ヒュリステックス (簡便的意思決定, 経験則) はすぐれた動きをし, われわれの社会的な付き合いがよりスムーズに運ぶようにしてくれる。小さな決定の場合には, そのまま妥協すればよい。しかし, あなたの組織が重要な決定や戦略をめぐって交渉している場合には, 妥協するという分別を疑ってかかり, より慎重に, 思慮深く, 深い洞察をもって事を運ぶよう心がけなければならない」(131 頁) という。したがって,「妥協することで, 創造的トレードオフによるパイの拡大を犠牲にすることになりはしないか」,「理にかなった複数の案のどれを選ぶべきかという厄介な論争を避けるために妥協しようとしていないか」(131 頁) を自問してみようという。

ディーバッグ・マルホトラ (「*Negotiation* ⑫」,『プレジデント』43 巻 12 号, 2005) は, 交渉力には,「脅し」を伴い, その脅しの効果は「本気度」に比例するので, 土壇場の駆け引きに勝つ「正しい脅し方」を次のようにいう。① 脅しを実行しないコストを増大させる, ② 相手に見えるように自分の選択肢を制限する, ③ 相手に見えるように投入コストを発生させる, ④ 脅しを実行しそうな人物に権限を委譲する, ⑤ 脅しを本当に実行するという評判をつくり, それを利用する, ⑥ 未来の可能性を利用する (116-117 頁) である。マキャベリズムは「脅しの効果」ということで, 外交交渉ではねばり強い対話の一方で,「脅しの効果」をちらつかせることも少なくない。

E.A. マニックス (エリザベス・A. マニックス「*Negotiation* ⑮」『プレジ

デント』43巻18号，2005）は，チーム交渉では，「互いに馴染みのあるメンバーで構成されたチームは，独自の情報を蓄積して，同じ問題を難なく効果的に解決することができる。互いによく知っていることで，メンバーはさまざまな情報を共有し，解決策を見つけるために必要な，建設的な論争を行うことができる」（100頁）という。逆に新たに結成された交渉チームの準備段階では，①内容についての議論，②メンバーの能力の見きわめと役割分担，③交渉の進め方のプランを含む必要がある。そして，「交渉の内容を決めたら，次はメンバーのさまざまな能力をどのように活かせばよいかを考えよう。交渉に必要な能力としては，交渉の内容に関する専門知識のほかに，相手の話を聞く能力」をはじめとする関係構築能力，相手の行動を観察・分析する能力，忍耐力，外国語の能力，演技力（たとえば，いかにも強硬そうに見せるなど），過去の交渉経験などが挙げられる」（101頁）。次にメンバーの能力に合わせて基本的な役割を決めて，チームリーダー（最終的な意思決定者）を決めるが，この人がチームネゴシェーターを務める場合が多い。また，「チーム内に意見の相違がある場合には，必ず休憩時間中に，相手側に聞こえないところで対処しよう。譲歩やトレードオフに関する意見の相違は，最終的にはチームリーダーが決断を下さねばならない」（101頁）という。

　A.E.テンブランセル（アン・E.テンブランセル「Negotiation ⑱」『プレジデント』43巻25号，2005）は，「相対的に強い交渉力を持つネゴシェーターは弱い相手より大きな成功をおさめることが，研究により明らかになっている。しかし，力は大きな重荷になっていることがある。強いネゴシェーターは，誤った認識や壮大な幻想や間違った戦略にとらわれやすい。また，力は弱いほうの側に信頼できない行動や非情な判断や競争的な動きをとらせる」（128頁）。そこで自信過剰の交渉者がはまる「自滅」の罠を防ぐために，次のことをいう。①相手は思っているよりも強いことがある，②自分は思っているほど有益な情報をもっていない，③あなたは無敵ではない，④あなたは倫理的・道徳的基準を含めて，厳しい基準に従うよう求められることになる，⑤あなたは熾烈な競争をけしかけることになる，⑥自分の

優位とみえる力の基盤から離れてみよう，⑦相手より多く準備しよう，⑧脅しは報復を促すだけなので，データに自らを語らせよう，⑨「中立」のメンバーをみつけて，効果的なメッセンジャーになってもらおう（128-129頁）という。

　ロジャー・フィッシャーは「ハーバード流交渉術」として知られた著名な教授であるが，原則立脚型交渉を提唱している。それは，①相手と問題を分けて考える，②立場ではなく，互いの利害に焦点を絞る，③交渉において最終的な意思決定を下す前には，さまざまな可能性と選択肢を考える，④客観的な基準によって判断する（250頁），である。互いのBATNA（交渉が不調になる，もしくは決裂した場合の代替案）を理解したうえで，合意可能な選択肢を見つける努力を継続することが，合意形成に大切であるという。

　交渉を成立させるには，次の点に配慮すべしとフィッシャーはいう。①機能的な関係を構築するために，誤解のない効率的なコミュニケーションを心がける，②立場に隠された相手の真の利害を表出させる，③互いに重要な利益を満たす選択肢を考え出す，④業界標準や前例といった正当性の高い基準を用いる，⑤相手のBATNAについて吟味し，自分のそれと比較し，場合によっては再考する，⑥選択肢を用意し，自分のBATNAと比較したうえで，これに責任を負う（257頁），である。これはいわば，交渉プロセスにおける最低限の基本ルールといえる。

　フィッシャーは，ブレーン・ストーミングの重要性についても論じる。①現在確認されている問題や兆候，②何らかの対策を講じなければならない理由，③そのための戦略，④実現性のある戦術と具体的な行動計画（260頁），である。フィッシャーは相互理解にもとづいた合意形成を重視するから，可能な限りの選択肢を探すが，そこで「客観的な基準に照らしたうえで，ふるいにかける作業が必要です。相手の利害を考慮した理解策でなければ，相手を理解し，長期的な関係へと発展することはかないません」（261頁）と論じる。さらに「補助スキル」も検討する。たとえば，「交渉経験が豊富な人物であっても，いまだに売り買いといった金銭面から物事を考えるケースが多々あります。彼らには，しばしば交渉相手に対する共感や創造

性，ブレーンストーミングといった補完スキルが必要になります。・・・互いに異なるバックグラウンドを持つ人間同士が交渉する限り，交渉プロセスもその一つですが，交渉に関するフォーマットが必要なのです」（R. フィッシャー「ハーバード流」交渉学講義」DIAMOND ハーバード・ビジネス・レビュー編集部編『「交渉」からビジネスは始まる』ダイヤモンド社，2005，261頁）という。

　また，J.K. セベニウスは，優秀な交渉人の条件として，次のようにいう。① 価格や立場にこだわることなく，全当事者の利害全体に焦点を絞ること，② 着地点より先に相違点を見つけること，③ BATNA の評価・開発に努めること，④ 役割ゆえの思い込みや敵対心に満ちた見方に陥らないための手段を講じること（75頁），である。さらに次の点に注意すべきという。文化の違いからのエチケット違反，カンに障るような話し方，礼儀や信頼感に欠ける態度，連絡ミス，タイミングの悪さ，過度または不十分な情報開示，議題の不備やその順序ミス，交渉相手の選択ミス，争点の個人化（76頁），などである。

　J.K. セベニウスのいう超一流の交渉人とは，「なすべき事柄の準備や解決に幅広く取り組むものだ。そして，鋭い感覚で創造すべき価値を推し量り，創造性と決断力を武器にゲームの進め方を変更する。最も有利な構図を頭に描き，それを実現するためにしかるべき手立てを講じる」（76頁）という。逆に交流をこじらせる六つの悪癖として，① 相手の問題に目を向けない，② 価格ばかりに目が向く，③ 利害よりも立場を重視する，④ 着地点にこだわりすぎる，⑤ BATNA を用意しない，⑥ 偏見を抱く（53-74頁），である。また，「双方が思い描く思惑の折り合い」を交渉における社会的契約といっているが，その二段階である一つの「前提的社会的契約」は，何を契約し，契約の性質や範囲，契約期間をどうするかであり，個々の取引のためか，それとも真のパートナーシップのために双方が努力するかである。そして「継続的社会的契約」は，「どのように契約するのか」であり，意思決定，突発的事態の処理，コミュニケーション，いざこざの解決などについて具体的にどうするかを示すのである（87-88頁）である。

ローレンス・サスキンド（「*Negotiation* ㉗」『プレジデント』44巻19号，2006，112-113頁）によれば，複雑性，不確実性の伴う技術関連の交渉は，不慣れなことが多く，特殊なむずかしさもある。「新しい技術を設計した人や，それを推奨している人が交渉の結果に自身の利害がからんでいる場合，えてしてそうした個人が（技術交渉での）問題要因になる」し，たとえば生産技術の売却，ライセンス供与，棚上げの三つの選択肢があるが，「交渉での合意によって必要となるさまざまな組織変更が，実行の間に対立を生じさせる」などの組織論的問題を軽視していては，交渉はうまくいかないのである。

　そこで，R. サスキンドは管理者の交渉戦略の留意点を次のように論じる。① コミュニケーション・ミスを防ぎ信頼を築く。交渉者は技術についての思い込みを抱き，聞きたいことだけを聞きがちである。実質的な交渉に入る前に手順の基本ルールをはっきり決めて，技術に関する誤解を防ぐ。「発明者のバイアス」を中和することも大切である。本当のことを言い，言ったことを守り，悪いニュースもごまかさず，守れる自信のない約束はしないことである。② 複雑さと不確実性にうまく対処する。「不確実さに長期間耐えられる人は，不確実さを受け入れる目新しい方法に，付随契約がある」（113頁）。③ 戦略的再編のむずかしさに備える。「技術交渉によって組織の構成や価値観や手順の変更が必要になると予想されるとき，それにともなう組織の利害を明確に理解したうえで交渉に臨む必要がある」（113頁）。そこで ⓐ 変更によって影響を受けると思われる人々と事前に協議する，ⓑ 交渉中もそれらの人々とコミュニケーションをとり，彼らに最終結果に対する発言権を与えることを検討する，ⓒ 近い将来何を行い，何を行わないかという約束が非現実的にならないように注意する（113頁），である。

　R. サスキンドは組織論的視野で技術交渉を論じたが，それは組織システム，経営戦略，価値観を変えようとすると，抵抗が避けられないからである。人々の考えや行動の仕方を変えることは大変むずかしいが，技術的変化をうまく推し進め，そのために必要な資源の確保する仕事を担う人の責任合意の明確さも問われるのである（113頁）。このように，交渉には組織のメ

ンバーに対しての対応も含まれていて，全く個人同士の交渉は，ともかく，ふつうは組織と組織とが交渉して，組織の改変，革新的な組織変革をもたらすようなリーダーシップが求められたりして，交渉，調停，コンフリクト・マネジメントには組織論的考察が不可欠なのである。技術契約を結ぶとなると，必要な戦略的再編，組織の再編成を十分に考慮しないと，交渉は成功したとは言えないのである。

A.D. ガリンスキー，W.W. マダックスとJ. クーは，何が相手の隠れた関心，動機，ニーズなのか，そしてなぜ相手はそのように行動しているのかをより深く理解し，交渉の質を高めるための効果的な視点設定を論じている。そして，「外国で暮らした経験のあるネゴシェーターはその経験のないネゴシェーターより視点設定がうまく，したがって模擬売買交渉で関心をベースにした交渉を成立させる可能性が高いという結果が出た。多様な経験はあなたに多様なニーズを細かく識別する能力を与えてくれ，それによってあなたが相手の動機や関心を理解することを可能にしてくれる」(*Negotiation* ㉔,『プレジデント』44巻13号，2006，105頁）というのである。この点で日本の交渉人は，多様な経験に乏しく，国際間の交渉では劣位におかれる状況になっている。新しいアイデアや意見を表明する組織や，多様な関心・能力・経験をもつ人と一緒に働く重要性がここにある。

M. ウィーラ「*Negotiation* ㉕」(『プレジデント』44巻15号，2006年，114-115頁）では，交渉のゴール直前の駆け引きはきわめてむずかしく，「合意の握手」が出来なくなってしまいがちである。そこで①障害を見きわめる。たとえば，「ものわかりのいい数字を提示したりして決着をつけようとするのではなく，相手が具体的な要求を生み出すのを待つようにしよう。そうすれば，あなたは自分の譲歩の相手に対する価値と相手の満足度を高めることができる」(114頁）という。②期限を設ける。「終わりのない交渉にはまり込まないためには，交渉を始めるときに期限を決めておくのが効果的だ」という。③変更を考慮に入れる。「相手が新しい条件を求めてきたら，それに応じる余裕のある場合でも，あなたはそれと引き換えに自分に有利な変更を獲得するべきだ。さもないと，さらなる要求を助長することになる」

(115頁)。④契約書をつくる。「合意覚書」などの文書は本格的なコミットメントを要求して,あなたがそれ以上の利益を勝ちとるのを難しくするから,軽い気持ちで文書にサインしないように注意する。⑤相手の顔を立てる。「契約が承認されるためには,相手が社内で面目を保てるようにしてやる必要があろう。これは単なる美徳の問題ではない。面目を失ったら,相手は報復したいという気持ちにかられ,本来なら受け入れるべき契約をはねつけるかもしれない」(115頁)からである。

　ジェズワルト・W. サラキューズ (Negotiation ㉖,『プレジデント』44巻17号, 2006, 106-107頁) によれば,交渉は組織内部でも大切であって,リーダーシップ(個々人に,集団の利益のために望ましいやり方で自発的に行動させる能力)には必ず交渉を伴い,「優れたリーダーは例外なく有能なネゴシェーターだ」という。

　リーダーシップのスキルを高めるには,利益,人間関係,伝達法,ビジョンという交渉における4つの側面に配慮すべしとしている。①相手の利益を基本にする。「人々の利益を本当に理解するためには個人としての彼らを知る必要がある。社員の真の利益はどこにあるのかを理解すれば,リーダーは会社の目標を達成しながらその利益を満たすよう,自らのメッセージや行動を組みたてることができる(107頁)。②「信頼」にもとづく人間関係を築く。双方の効果的な協働関係を築くために,ⓐ情報がどちらの方向にもすんなり流れるような双方向のコミュニケーション,ⓑ自分に従う側の人々の利益に対するリーダーの強いコミットメント,ⓒリーダーが予想どおりの行動をとったり,約束やコミットメントを守ったりすることで示す信頼性,ⓓ従う側の人々が組織に対してなす貢献に対する敬意,である。③リーダーとしての正しい伝え方を見つける。説得的コミュニケーションが重要であり,「リーダーのコミュニケーションを個人の関心や利益や流儀を満たすように組み立てる」(107頁)ことである。たとえば,「直接会って説明するというやり方は,個々の取締役に,その人物の自主性と判断をあなたが尊重していることを伝えることになる。④組織のビジョンについて交渉する。「集団の針路を決める作業の最大の課題は,その集団のメンバーが持っ

ている多様なビジョンの中から一つのビジョンをまとめることにある。ビジョンをまとめるプロセスは交渉のプロセスと同じ」(107頁)である。「優れた外交官と同じように，リーダーは，メンバーの間にそのビジョンを生み出す。組織のビジョンを支持する連合を築くためには，メンバーの利益を理解する，効果的な協働関係を築く，正しい方法でコミュニケーションをとるなど，前述した交渉の原則を効果的に使う必要がある。それはすべての主要プレーヤーと関係を築くこと抜きには進めることのできない，時間と労力のかかるプロセスなの」(107頁)である。かくして，組織で人の上に立つひとは，自分に従う人たちの個人的利益を理解して，その人らが進んでついてくるような交渉能力をもった話し方をしなくてはならないのである。

交渉において「怒りの感情」をコントロールして，冷静を保つし方を，スーザン・ハックレーは次のように論じる。それは，R. フィッシャーと D. シャピロの *Beyond Reasons* で論じたことであるが，「なすべきは，交渉相手のなかに，また自分自身のなかに有益な感情を生み出せるようにすること」である。交渉人は，賞賛，親和，自由性，地位，役割に関心を集中させて，そして交渉の席での感情的雰囲気を理解し，改善することが大切である。①賞賛を示すには，ⓐ相手の視点を理解する，ⓑその視点の長所を見つける，ⓒ理解したということを言葉と行動で相手に伝える，である。②親和関係を築くには，あなたと相手の共通点を見つけよう，共通点をつくるように努力しようという。信頼を高め，緊張を和らげるが，親和関係を利用して相手につけこまれる場合もあるので，用心はいる。③双方とも自主性を尊重するのは，多くの交渉人が陥る感情の落とし穴を避けるためである。組織の上の人は自分の決定が社員の生活を左右することを忘れがちであるから，自主性にかかわる問題を識別して，それらの問題を社員と話し合うことで対立を少なくしうる。④相手の地位を認めて，信頼感や相互協力を高めて，高ぶった感情が深刻化するのを防ぐ働きをするようにする。ただ，「高い地位の人間と親密になると，自分自身の地位も高くなったような気がすることがあるため，あなたは相手を喜ばせようとしたり，感心させようとしたりする危険性がある。そのような親密さは，誇りや自負といった正の感情を

生み出してはくれるが,賢明な決定を下す能力をゆがめ,あなたやあなたの会社の最善の利益にならない結果をもたらすおそれ」に注意すべきである。⑤ 納得のいく役割を選ぶには,自分の複数の役割が互いに対立する場合は負の感情が高まり,自分の感情に負けて,自己の関心を要点からそらしてしまうからである（スーザン・ハックレー「*Negotiation* ㉒」『プレジデント』44巻9号,2006年,130-131頁）。

5. おわりに

　ネットワーク社会では交渉も,分散している経営資源をネットワークで結合して利用すれば成果も豊かになるので,情報ネットワークの組み込み方も交渉では重視される。「オープン・ソリューション社会の構想」（国領二郎）のもとでは,交渉のアウトソーシングもなされて,いわば部分請負という形で多様な力を利用して,部分的により高度な交渉がなされよう。そこで総合的な交渉力というものが組織行動に求められ,それがフォレットのいう「全体的整合性」と共通のものがあろう。

　交渉力は「総合芸術」のように組み合わさっていて,その組み合わせ方も状況によって変化していくから,きわめてダイナミックに交渉していることになる。ローレンスとローシュが論じたコンティンジェンシー理論のように条件性,適合性が交渉の決め手になって,唯一最善の交渉のし方というのはないと言えよう[10]。組織の環境適合という視点からも交渉を考えてみたいのである。

　交渉は駆け引き,それも手段を選ばぬ陰謀ともとらえられてきた面もある。権力奪取のために手段を選ばぬ冷酷な陰謀家が交渉人であったりして,暗いイメージをもつ人も少なくない。しかし今日の企業間取引の交渉にしても反復性を有していて,マイナス性を帯びた風評はかえって交渉をまずくすることを双方が自覚するようになっていて,不信から信頼へと転換するメカニズムを構築することも交渉力と考えられている。交渉人自身の内面の葛

藤もあって，交渉を複雑にしていても，恣意的な交渉は結局は自己を不利にし，相手の恣意的な行動に対しては毅然たる姿勢を崩さないことが，交渉のルールになってきている。交渉はまさに主体的，能動的な行為であって[11]，ゲームとしてとらえても，冷静に戦いぬいていく，科学性を有している。交渉を状況に合わせて的確に行うことも，企業の社会的責任（CSR）と言えよう。陰謀，権謀術数というのは過去のイメージである

注

1） R.L. レビスキー・D.M. サンダース・J.W. ミントン『交渉学教科書』（藤田忠監訳）文眞堂，1997。日本交渉学会編『交渉ハンドブック』東洋経済新報社，2003。
2） S.J.Ware, *Alternative Dispute Resolution*, WEST, 2001.
B.H.Sheppard,M.H.Bazerman and R.J.Lewichi(ed.), *Research on Negotiation in Organizations*, vol.2, JAI, 1990.
C.Menkel-Meadow, *Dispute Processing and Conflict Resolution*, Ashgato, 2003.
3） J.Pfeffer, *Power in Organizations*, Pitman, 1981.
4） M.H.Bazerman, (ed.), *Negotiation, Decision Making and Conflict Management*, vol.1-3, Elgar, 2005.
5） C.Argyris, *Reasoning, Learning, and Action*, Jossey-Bass, 1982.
6） A.H. マズロー『完全なる経営』（大川修二訳，金井壽宏監訳）日本経済新聞社，2001。
7） F. ハーズバーグ『能率と人間性』（北野利信訳）東洋経済新報社，1977。F. ハーズバーグ『仕事と人間性』（北野利信訳）東洋経済新報社，1968。
8） C.Argyris, *Reasons and Rationalizations*, Oxford University Press, 2004.
9） Howard Aldrich, *Organizations Evolving*, Sage, 1999. G.Morgan, *Images of Organization*, Sage, 1986.
10） P.R.Lawrence and J.W.Lorsch, *Organization and Environment*, Harvard Business School Press, 1967, pp.54-83.
11） B.Mayer, *The Dynamics of Conflict Resolution*, Jossey-Bass, 2000. S.B.Goldleorg, *et al.*, (ed.), *Dispute Resolution* (4ed.), Aspen, 2003. W.J.Pammer,Jr. J.Killian(ed.), *Handbook of Conflict Management*, Marcel Dekker, 2003.

第6章

組織の交渉とビジネス交渉

1. はじめに

　多くの交渉は全くの個人間交渉ではなくて，C.I. バーナードが言う「組織人格」を背負った個人が組織間交渉を担っている。それゆえ，われわれは組織間関係論をベースにして交渉を論じるが，その中心をなすのはビジネス交渉である。国際化，情報化の進展とともに，異文化間の交渉が増え，国際ビジネス交渉が増えてきている。そうした中で，日本企業は交渉の理論や技能を十分には身に付けていないので，取引交渉においても有利とはいえないのである。D. コースや O.E. ウィリアムソンがいう取引コストをかけすぎる交渉も少なくなく，発生したコンフリクトへの対応も十分ではないので，余計に費用がかかるのである[1]。

　交渉というものがどういうものであり，それをビジネス交渉に役立てるには，交渉を基礎的に理解することが大切である。そこでわれわれは組織内，組織間の交渉に的を絞って，組織論的に主に考察している。そこでは経営学の古典である M.P. フォレットや C.I. バーナードにも論及して，自ら主体的に諸知識を動員して交渉を担える行為主体的な理論と技能を展開することを意図している。交渉には情報収集と知的創造にかかわる能力の必要性をすでにバーナードは論じているが，「価値創造」こそ交渉の真髄であって，それをフォレットは「統合的解決」として論じている。それはハーバード流交渉術で言うウィン−ウィン解決という双方勝利の次元を超える，より高次の解決である[2]。

　理論と実践をつなぐ架け橋なくしては交渉はうまく行かないのであるが，

バーナードの言う「行動的知識」や「組織のセンス」は交渉において重要である[2]。いかに組織人格を背負った個人が経営資源を動員して交渉していくかを組織的能力の発揮という視点から論じていきたいのである。この視点は，企業間の戦略的提携ではとくに大切である。

2. 現代の交渉

歴史的事実に見られる交渉は支配者のガバナンスの安定をもたらすように，権力抗争を激化させない軍縮交渉とか和平をもたらす交渉など，交渉は外交交渉というイメージを与えてきた。駆け引き，権謀術数，裏技，寝技あるいは謀略ということで，交渉は必ずしも合理的なものではなかったのである。今日では交渉は企業間など組織間の交渉が中心になっていて，ビジネス交渉の研究が急速に充実してきている。しかし交渉力というテーマで交渉の技能に焦点が合わされていて，交渉理論の基礎的研究というのは少ないのである。さらに交渉や調停をコンフリクト・マネジメントの視点から論じているのは一層少なく，蓄積されてきた組織理論が生かされていないのである。交渉の実務では，法的価値判断の合理性が問われていて，① 妥協的調整モデル，② 目的＝手段モデルなどが論じられ，敵対的交渉から協調的交渉への流れが明確になり，合意形成のための交渉へとシフトしている（田中成明『現代法理』有斐閣，1984）。ビジネス交渉においても法的武装が不可欠になっているが，そこには「賢慮の復権」というものがあって，権力支配的に交渉しているわけではない。すでに調停では実践理性というものが紛争当事者への説得に求められていて，「適切な理由」によって正当化された理に適うというやり方である（田中，264頁）。ここでは交渉の法理論を述べることを目的としていないので，まず交渉とはどういうものであるかを論じていきたい。歴史的な過去の交渉よりも，現代でおこなわれているような交渉とはどのようなものであるかに焦点をあわせている。

交渉には多種多様な技能が混在して，マンダラ的な複合性が状況に合わせ

2. 現代の交渉　161

て対応させるのである。細部の技能に若干の問題があっても，交渉空間を構成する構成力というものが交渉を有利に展開させるのである。これは建築学的な構成という概念ではなくて，ダイナミックな円環的対応であって，まさにフォレットが論じたダイナミズムである[3]。情熱を持って交渉に駆り立てるものは，双方を利するという信念や想像力である。そこであれこれとたくさんに手を広げるのではなくて，強力な軸を設けて交渉に基軸をもつ必要がある。こじれて壊れかけた交渉も少なくないけれども，その状況のもとで解決の糸口を見出すのである。闇の中にも解決の光明を見出して，粘り強い交渉がやがて双方を利する創発的な解決へと導くキッカケを作ることもあろう。違ったものを貫いて結びつけるのが交渉力といえよう。異文化，異思想のもとでも取引交渉は可能であって，交渉には違ったものを共生あるいは共益していく力があればこそコンフリクトも解決されていくのである。これはC.I. バーナードがいうような信念や宗教の問題かもしれないが，そのようなものがあってこそ交渉力は高まるのである。自己の名声という個我を高めるための交渉というよりも，「シャドウ・ワーク」であっても，無我に徹して無我夢中に交渉していくというひたむきさが，相手の琴線に触れて，共感，共鳴して，双方を利する交渉へと導くのである。

　ビジネス交渉が対立しやすいのは，あまりにも目先の利益にとらわれるからであって，事業，取引の継続性にもっと目を向けて，そして交渉担当者も自己の業績という自我に呪縛されることなく，共存共栄という視点をもっと重視すべきである[4]。この点で日本の相互信頼関係の構築をめざす交渉思想は欧米のそれよりも優れた面が見られるのである。

　交渉というのはテクニックではなくて，いわば人体でいうと筋肉系，神経系，頭脳系のシステムを組み合わせて対応するものであって，体力勝負やじらしの時代ではないのである。もちろん頭脳系だけでは機能しないから，生産の筋肉系と通信・情報の神経系との新たな組み合わせが求められるが，それが交渉に新しい経路を作り出していく。過去の経路に強く制約された土俵で交渉していては，真の問題解決にはなりえないのである。交渉も一種の知識集約型サービスであり，その発想を持つ交渉人でなくては，権力依存関係

の力交渉に終始してしまう。使命感,ミッションを欠く交渉は,統合的な構想力を育成できず,相手の欲するものが適切な仕組みで提示されなくなってしまう（今井賢一「経済教室」日本経済新聞,2006年8月23日）。

　敵対的交渉というのは,ふつう憎悪と復讐心と相互依存関係がミックスされていて,しかもどこかで利益を追求しようという構図である。貪欲で意志も虚栄心も強いから,そこに激突も生じるが,交渉が決裂しても相手に対して自業自得と考えているから,双方とも反省はない。それは双方とも自己の欲望と虚栄心の間で闘っているので,利害と憎しみを激しくぶつけあうのである。ただビジネス交渉における敵対的交渉では,感情的対立があっても,どこかで利害の一致を見出すことがあって,つねに交渉が決裂しているというわけではない。ある意味で双方とも似たもの同士なので,激しく対立していても,どこかで折り合うこともある。この点,組織間の敵対的交渉においては,個人間のエゴの激突とは異なって,現実と虚構とが入れ替わってしまうことはない[5]。組織間交渉では,どこか理性的判断や合理的計算がなされるからである。

　交渉はストレスの大きい仕事だけに,目先の欲望にとらわれた行動を選択しやすく,利益が目先にきた途端にそれを高く評価してしまいやすい。長期にわたってストレスに耐える粘り強い交渉もあるが,目先に来て高く評価してしまう短期的利益と,基礎体力を高める長期的利益との内なる交渉ゲームには,やはりルール作りをして意志力を高めるしかないのである。長期的利益を選ぶ選択意志も,目先に来た途端に短期的利益を高く評価する誘惑のために,対外交渉では結論を急ぐ結果になりやすい。それは将来のことが不確定ということもあるが,交渉における長期的利益を確保することとはどのようなものであるかを具体的に提示しにくいことにもよる。それは限定された合理性に加えて,交渉には時間的制約が大きいのであって,高く評価されやすい短期的利益を抑制するルールを過度に強化すると,それが脅迫観念になって,かえって企業の利益を損ねてしまうのである。

　かくして交渉には,ルールづくりが必要であるけれども,それをリセットする柔軟性と適合性,条件性というものを考慮すべきであって,P.R. ローレ

ンスと J.W. ローシュの言うような条件適合理論が求められるのである[6]。リセットなき普遍的な交渉のルールは，対外交渉を硬直的なものにしてしまう。そして社会的整合性を欠く内なる交渉ルールは，対外交渉において信頼を得にくくして，交渉を長引かせて交渉者のストレスを高めて，冷静な判断ができにくくなったりする。敵対的交渉を協調的交渉に切り替える交渉技能も必要であって，ビジネス交渉ではその契機を見出す努力が双方に求められるのである。勝ち負けにこだわる意志の弊害はビジネス交渉では認識されやすいが，交渉成果の短期的評価のために，双方を利する考え方を後回しにしやすいこともまた事実である。

　ところで，佐久間賢教授は次のように交渉戦略を的確に要約している。交渉プロセスには，対立関係と協力関係が交互に現れ，「交渉戦略には，交渉結果を重視する場合と，交渉者相互の関係を重視する場合により，その内容が異な」る。さらに，「競争戦略は，相互関係を犠牲にしても成果を重視する戦略」であって，「成果も相互関係も重視しない場合，現状維持戦略を選択」することになる（佐久間賢『交渉戦略の実際』日経文庫，1996，59頁）。

　谷原誠弁護士（谷原誠『交渉・説得の技術』同文舘，2005）は実務経験を経て交渉力を次のように言う。「交渉における力とは，あなたが持っているものというより，相手の頭の中に有るものと言えるだろう。・・・交渉をする際には，『相手は，私の力を正しく認識しているかどうか』を探り，正しく認識するように働きかけなければならない。そうでなければ，いくら交渉のテクニックを使ったところで，それが有効に働かないことになってしまうからだ」（109頁）という。さらに言えば，「交渉における力とは，真実であるかどうかは関係がない。ただ，相手があなたの力をどのように認識するかにかかっているのである。相手が，あなたの力を強大だと思えば交渉力は強大になり，たいしたことはないと思えば，交渉力は弱まってしまう」（113頁）。逆もそうであって，ここでは双方の主観的認識が交渉のやり方を左右している。

　ジーン・M. ブレット（『交渉力のプロフェッショナル』奥村哲史訳，ダイ

ヤモンド社，2003）によれば，組織内外のコンフリクトは避けられない。「グローバルな交渉にあたる紛争当事者は，利益，権利，パワーが他の文化ではどう解釈されるかを理解し，いつ，利益，権利，パワーに焦点を絞るのか，どのようにその焦点を変えるのか，そして感情にはどう対処するかを知っていなければならない。また，対面型，代理人経由，あるいは電子メディアの活用といったさまざまなコミュニケーション方式による交渉の効果についても理解しておく必要がある。間接的に向き合うことになれば，それに気づき，対処法を準備し，各種の第三者手続きを識別し，さまざまな文化における第三者介入の類似点と相違点を理解しておく必要がある」（126頁）という。さらに，「紛争を解決すべきときの，公正さ，尊重，威厳の大切さ」（126頁）も述べている。

　ブレットは国際交渉における，取引や取引の実行に関連する官僚機構のパワーについても論じる。① その国の官僚構造はどうか，② 政策策定は，その官僚によって下されているのか，また政策の実行は官僚だけで行っているのか，③ 官僚制組織のどのレベルで，どの決定が実行されているのか，④ 官僚はどのように職を得ているのか。官僚の選抜や任用は業績によるものなのか，⑤ さまざまな部局間の関係や，中央政府と地方政府の関係はどうか，⑥ 汚職や収賄の風土はあるか（183頁），である。

　そしてブレットは，「官僚機構に対処するときの落とし穴の一つは，官僚の利益を理解しないことである。もう一つの落とし穴は，官僚のパワーを過小評価することである。・・・官僚制を改革するためには，官僚の利害とは関係なく変革が起こることを官僚側に理解させることが不可欠だ。改革への変化が止められないことを察知すると，めざとい官僚たちは自分たちの利益を守るために参画しようとするだろう」（184頁）という。

　さらにブレットは国際取引においては，紛争解決のための法的コンテクストにも注意している。「当事者が実行段階に移らなければならなくなると，交渉の場で醸成された厚意や善意が薄れていくのは，あらゆる交渉に伴うリスクである。異文化間交渉では，非常に多くの錯誤が生じる。・・・複数の税制度，複数の法制度といった多元的な法環境に縛られるため，国際交渉で

は取引中に起きる紛争を解決するための計画が特に重要になる。紛争が起こってから多元的な法環境に対処しようとするよりも、取引の交渉をしているときに紛争解決のための計画を整えておくほうが賢明である」(190頁)。国内のビジネス交渉でも同じく言えることである。

3. 交渉プロセス

交渉の理論的枠組みをベースにして、次に交渉力を発揮する交渉プロセスを論じるが、ここでは交渉の技能も必要であって、しかもその技能は交渉相手によって発揮されうる技能も異なってくるのである。交渉相手との交渉技能の条件適合が求められるのであって、万能薬のような技能はないのである。異文化間交渉では同質というよりは異質の交渉であって、交渉力のバックグランドとしての蓄積された経営資源の優劣によっても交渉が左右されるのである[7]。文化、歴史、理念、戦略、そして交渉者の心理特性・行動特性によっても交渉の成果が左右されるのであって、われわれにとって交渉を論じることは、経営を論じることになってしまうのである。

R.C.ボルドンとM.L.モフィット（「*Negotiation* ㉘」『プレジデント』44巻、22号、2006、126-127頁）によれば、利害が対立していても、双方が納得する解決方法が存在するとして、「納得できる妥協案」を見つける技能を示している。① 共通の利益を利用する。たとえば、ともに紛争中の企業との取引を敬遠する恐れを認識しているなら、両者は紛争の一部を表に出さないようにすることで合意しうるし、ライセンス供与に対するロイヤルティの算定方法をめぐって対立していても、ともに新製品に対する市場の信頼を維持することに関心があれば合意しうる。② 選好や優先事項や資源の相違を探る。複数の問題が絡んでいる場合、当事者は特定の問題を他の問題より重視している場合が高い。そのために、優先順位や資源の違いを利用することで、紛争を解決しうるのである。③ 予想とリスクの選好の違いを利用する。将来の展開に応じて異なる支払い義務を定めることで、当事者が自分

の予想に「賭ける」ことができるようにする契約構成，つまり付随契約を利用する。④ 多様な時間枠を認める契約。たとえば，相手に継続的なサービスを与えることによって，一回限りの顧客を継続的な収入をもたらす顧客に変えられる。⑤ 生じうる問題を事前に対処する。すなわち，実施時に生じる恐れがある障害を予想することによって，契約の存続期間中は双方に適切なインセンティブを与えるように契約を構築することができるのである。⑥ 取引コストを最小限に抑える。訴訟で紛争が解決できなくても，双方が目の前にある価値を破壊するのを防ぐために行動はできる。たとえば，判決を待つ間に，合同で設置した別個の会社を通じてその製品を発売することはできる。このように，価値を創造し，損失を最小にできるかを見つけることによって，ビジネス交渉に伴うコストを減らすことはできる。

　藤田忠『交渉力研究』（プレジデント社，1990）では，「交渉の科学的研究」が論じられている。J. ルービンとB.R. ブラウンの『バーゲニングと交渉の社会心理学』を引用して，交渉における相互依存性，すなわち，交渉における ① 協調性，② 権力志向性，③ 対人指向性の結果に及ぼす効果を検討して，次のように述べている。1) 協調性は競争性より，交渉の結果をよくする，2) 交渉者間の権力の均等性は，不均等性より交渉の結果はよい，3) 交渉過程に介在する権力の量が少ないほど，交渉者はより有効に機能する，4) 対人指向性の高い交渉者の方が低い交渉者よりも，交渉結果はよい（280頁）という。

　ただ，われわれが注意したいのは，「欧米の文化の根底には，対立は発展の原動力であるとの考え方があるようだ。『弁証法的発展』という言葉を聞くが，これも欧米の対立文化の一つの表現といえよう」（12頁）。したがって，「日本人として大いに注意しなければならない点は『攻撃に対し直ちに反撃しない』ことである。とかく我々は，心の中で反論しながら言葉を呑んでしまう。これでは国際的にはもちろん，国内でも困る。『打ち込まれた球は打ち返せ』という諺を忘れてはならない」（13頁）という。とくに欧米で，「交渉者は物理的暴力は行使しないが，心理的な力は利用する。ここでいう力は『脅し』や『恫喝』である。交渉にはなんらかの脅しが介在する。

脅しの要素のない交渉は，ここで考える交渉ではなく説得である。ちなみに交渉で『平和的』というのは，物理的暴力を使用しないという意味である」(17頁)。したがって，ルールに従いながら論戦を交えるのである。「交渉のルールは，相撲で言う土俵上の規則である。ルールを破っては相撲にならない。どのようなゲームにもルールはある。ルールのないゲームはない。そのルールを破って事を行なう行動は，そのゲームでの行動にはならないのである」(19頁)。

交渉に当たって，「泣きを入れる」事もある。「脅しは強者の交渉力であるのに対し，『泣き』は弱者の持つ一つの交渉力である。泣かれるとつい可哀想になり，妥協する場合も少なくない。」すなわち，「交渉には理性面と心理面がある。物事を情緒的に受けとめがちな日本人は，その交渉は，しばしば心理面の交渉力（脅し，泣き）に傾く傾向がある。交渉力を強化するためには交渉の構造の開発に努めることが必要である」(21頁)。したがって，「交渉は戦争や闘争に見られるような物理的力の行使によって連帯を求める活動ではない。社会的ルールに従って，心理的力及び論理的説得によって連帯を求める相互作用過程である」(34頁)。そして，「欧米の交渉相手は，自我を否定することなく，この交渉妥結により，個人的便益を確保することを前提として交渉に入る。仏教的な無我の境地のもとに，滅私奉公的に会社につくすことは彼らに期待できない。共産圏も自分の懐に入れる（懐を肥やす）点で，その例外ではない」(35頁)という。

次に交渉の説得力モデルであるが，それは，① 交渉者の信頼感，② 交渉の論理構成，③ 交渉媒体，④ 交渉の聴衆という4つの要素がある。「国内だけでなく，国際的にいっても，人に信頼され，好かれる人物でなければ優れた交渉者にはなれない。虫の好かない人物では，人は話を聞いてくれない。このような人物で高い説得力を期待することは無理である」(35-36頁)という。ここでの交渉媒体は言葉であり，交渉の聴衆というのは交渉過程を見守る第三者である。

J.M. ブレットが *Negotiating Globally*（John Wiley, 2001, 奥村哲史訳『交渉力のプロフェッショナル』ダイヤモンド社, 2003）で論じているが，

交渉には影響力戦略が必要な場合もある。「日本人の交渉に関するわれわれの研究は，影響力の行使について，それが規範的な日本人のような上下文化には，アメリカ人の対等文化とは違った考え方があることを示している。日本人の影響力行使の裏にあるのは，一方が他方に譲歩すべきだという前提である。双方がそれぞれに権利があり，自分が優先すると考える場合には，交渉は決裂する可能性も，創造的になる可能性もある。日本人交渉者の価値創発への動機づけは，下から，つまり自分たちのパワーに対する自信から来ている。対照的に，イスラエル人交渉者の価値創発への動機づけは，上から，自分の利益を反映した高いターゲットから来ているのだ」（p.208，198-199頁）という。

グローバルに交渉する優れた交渉者は，「文化的な境界を超えて，取引すること，紛争を解決すること，決定を下すこと，そして戦略的な柔軟性を駆使することを熟知している。文化は交渉人の利害と優先順位に影響を与えるだろうが，交渉者は一度お互いの利害がわかれば，それを統合するために特別なことは何もする必要はない。交渉が文化をまたぐときに戦略的柔軟性が必要となるのは，交渉者の利益を理解するプロセスにおいてなのである」（199頁）という。それでも実際に多様な交渉がなされるのが，国際ビジネス交渉である[8]。

次に，田村次朗教授の『交渉戦略』（ダイヤモンド社，2004）においては，駆け引きから「問題解決」のための交渉へと焦点を転じて，論理的思考にもとづいて交渉を論じている。そして権謀術数ではなくて交渉における「戦略」を重視している。すなわち交渉を担う人はそれぞれの組織の組織人格を背負って交渉している。それゆえ，「交渉相手の組織内での立場を十分理解した上で提案内容を考えたり，社内を説得しやすい情報・資料を提供するといった配慮が有効である」（170頁）という。「合意可能な提案」には，相手が自己の背後の組織のことを考えながら交渉しているから，合意内容を組織に持ち帰ったときにどのような批判を受けるかを想定して，現実的な受容可能性を考えてなされる。

そこで交渉相手とのブレイン・ストーミングにおいては，交渉当事者がと

もに納得しやすくするために次の3つのポイントに留意すべしとしている。① 自分の主張に固執しない。双方の意思とは無関係な，客観的基準によって解決する，② 当事者間の勢力や感情に左右されず，問題の客観的な本質に目を向けて，一定の原則にもとづいた解決に到達するよう努める，③ 客観的基準を開発する人と，それを交渉に使う人とを分ける。これにより，特定の人の恣意から独立した基準を設定し，手続きを平等にでき，双方が満足できる結果を生むようになる（170頁）というやり方である。これは立場駆け引き型交渉ではなくて，原則立脚型交渉であって，普通は継続的・長期的な関係を前提にした交渉スタイルと言えよう（123頁）。田村次朗教授は論理的な主張を重視するのであるが，たとえば調査によって仮説が正しくないということになっても，仮説に固執するあまり，企業間の交渉に失敗するケースも少なくないのである。過去のデータにとらわれるのも同様である。

　ジム・トーマス（『パワー交渉術』安達かをり訳，トランスワールドジャパン，2006）は，Win-Win交渉の必要性を論じる。「Win-Win交渉は利他主義や道徳，倫理といった問題ではない。私は単純で非感情的なたった一つの理由のためだけにそれを実行し，説いている。つまり，うまくいくのはその方法だけだからである。価値のある合意を追求し，締結し，それを維持するための唯一の方法なのだ」（49頁）と言う。先駆的研究であるM.P.フォレットの「統合的解決」も同一の思想的背景を持っている。だから「win-loss交渉について真剣に話し合うことは，ばかげていてナンセンスだ。それは少なくとも二つの理由がある。第一に，相手がそうさせないと言うことである。彼らもバカではないし，黙って座ってあなたの餌食になることはないはずだ。第二に，どうにかして彼らをうちのめすことができたとしても，それだけで済むはずがない。そのままうまくやってのけることはまずできないだろう。相手は，仕返しの方法を見つけるまで落ち着くことはない。最終的には，両者が負けることになるのだ」（48頁）と言う。逆に，「win-win交渉は，相手との取引全体において，程よくうまくやることによって，長期的な視野で結果を最大限のものとすることである。この交渉では相手も，自分たちこそうまくやったと感じるのである」（50頁）。

そこでWin-Win状況をどのようにしてもたらすかである。それは，「相手に譲歩することだ。譲歩とは，説得が失敗した際に合意を『買う』方法である。譲歩によって，合意を得るのにと同じぐらい重要なことを成しとげられる。つまり『面目を保つ』ことができるのだ」（52頁）と言う。相手の面目を保つために譲歩するのであるから，「譲歩をするためのもう一つの課題は，譲歩とは弱さ，降伏，失敗であるという思い込みを捨てることである」（54頁）という。

　しかし，粘りに粘るということも日常の交渉術としてはすぐれたテクニックである。「あいまいな状況下で粘れば，もっと知的な提示で切り出すために必要な情報を得ることができる。最初の粘りのセリフに対する相手の反応の柔軟性を見れば，どの程度の提示額で切り出せばいいかという重要な情報を得られる」（113-114頁）からである。また，「交渉をしない人びとに，交渉の醍醐味を植えつけるには，粘りのテクニックが一番だ」（115頁）という。さらに譲歩をめぐって「創造性のある譲歩をめぐって取引するときは，相手にとってのその譲歩の価値が重要であって，こちらにとっての価値は重要ではないということを覚えておいてほしい」（152頁）という。

　そして，交渉においてはねばりと辛抱強さは対をなす。「交渉において，忍耐こそが究極的に試される技術である。忍耐をもって，すべてのたわ言を切り抜けるのだ。忍耐でもって，相手の弱みを暴く。辛抱強く頑張っていれば，相手はできる限りの条件で合意してくれるかもしれない」（198-199頁）からである。辛抱強いというのはじっくりとゆっくりと交渉することにもなる。そこで，「特別な状況下でもない限り，妥協案を提示しないでほしい。妥協しようと持ちかける側が，決まって多くを譲歩することになるからだ。両者の意見の溝が大きく開いたままになっている場合には，妥協案を受け入れてはならない。まだ交渉できるうちに妥協に逃げるのは安っぽい手段だ」（206頁）という。

　最後に，再交渉の可能性もあるということである。「win-win交渉を目指す交渉人にとって，契約書は常に融通の利くものでなければならない。物事は変化する。合意内容は現状に照らし合わせ，常に再評価されなければなら

ない。win-win 交渉人は，契約書の条件を盾にして隠れるようなことは決してない」（244頁）と述べる。

また，D. カーネマンは認知バイアスの経済・経営現象への応用を論じたが，交渉における非合理的な判断がなぜ多く生じるかを M. ベイザーマンと M. ニールは論じる。詳しくは，ベイザーマンとニールの『交渉の認知心理学』（奥村哲史訳，白桃書房，1997）を読んでほしい。異文化間交渉では文脈を合わせることが難しく，社会的ジレンマでは，協調行動と抜け駆け的行動が選択肢になっている。また，「協調性も主要特性の一つである集団主義文化の日本人は，利己的に考える面もありながらも，同じ文化の相手の協調行動を期待し，交渉前から減産幅が大きい。これは日本人が社会的ジレンマを相互依存状況とみなし，他者の協調行動を期待しつつ，他者の利益に配慮していることを示唆している。他方，米国人はコミュニケーションの機会が与えられるまでは，自己中心で他者への配慮は大きくなく減産幅は小さいが，交渉によって状況への理解を共有していった。その分，彼らのコミュニケーション効率は高いともいえる」（170頁）。このような異文化間交渉では，コミュニケーション能力を高めることがきわめて大切であって[9]，それを欠いては交渉力はきわめて低くなってしまう。これらのことは，W. ユーリー・J. ブレット・S. ゴールドバーグの『「話し合い」の技術』（奥村哲史訳，白桃書房，2002）に論じられている。ちなみに H. ミンツバーグの名著である『マネジャーの仕事』（奥村哲史訳，白桃書房，1993）には，管理者は雑多な仕事をしており，組織内の交渉を考えるには有用な視点を与えてくれている。何かを取り決めたり合意することが，管理者の仕事でもある。これからは管理者は，相手と何かを取り決めるために話し合い，交渉し，対人的コミュニケーション能力を高めることが，不可欠なものになっていくであろう。

R. フィッシャー・S. ブラウン『続ハーバード流交渉術』（金山宣夫・森田正英訳，TBS ブリタニカ，1989）でも，ハーバード流交渉術が示されているが，ここでは信頼性の重要性が論じられている。ただ，「人から全面的に信頼されるように，人を全面的に信頼しないように」というが，「信

頼は，機能する関係における唯一の最重要要素と考えられがちである（135頁）が，しかし猜疑心もあるので，まず自らの信頼性への対処を論じる。①自分の行動はとっぴなのか，②不注意にコミュニケーションをしているのか，③ちゃんとした約束でさえ軽い気持ちであつかっているのか，④欺こうとしたり不誠実だったりするか，⑤予測できる行動を取れ，⑥コミュニケーションを明確に，⑦約束を真剣に受け止めよ，⑧誠実さを失わない（137-144頁），である。要するに，自分の行動は信用がおけるということを相手に認識させることである。

他方，信用できない相手の行動を助長していないかなど，相手の信頼性に対処する方法も論じる。①信用を置きすぎていないか，②信用が薄すぎはしないか，③相手が何をするにしても批判をしていないか，④信頼をしすぎないで，リスクを減らす行動を取れ，⑤相手が信頼に値するときは信用せよ，⑥誉める，叱るを的確にする，⑦問題行動をけしからんと取るのではなくて，共通の問題としてあつかう，⑧相手の行動を誤って認識していないか，⑨予測できないケースをいろいろと混合していないか，⑩信頼するリスクよりも道徳性で判断していないか，⑪相手の行動を正確に認識する，⑫不信感の種類を区別する，⑬リスク分析に頼る（147-163頁），である。⑬については，「好き嫌いは全く別にして，信頼することのリスクと，信頼しないことのリスクを対比して評価すべきである。この二つの選択枝の潜在的なマイナスやダメージはどの程度の大きさか，何が潜在的な利益かを評価するのである。信頼は道徳的な判断ではなく，リスク分析としてあっかう事は，個人レベルから政府レベルに至るすべてのレベルにおいて，優れた決定の過程である」（163頁）とリスク分析の有用性を論じる。

次に，フィッシャーとブラウンは，交渉とは勝負に勝つことよりも問題を解決することだという。すなわち，①交渉を共同の問題解決と考える，②初めから決めてかかるのは相手に従えというのと同じになる，③説得の余地を残す，④最初から旗幟を鮮明にすると利益について話し合えない，⑤お互いの利益を話し合う，⑥選択の幅を限定すると相手に強いられたという感じを与える，⑦複数の選択肢をつくる，⑧相手の意思をくじくことは

それ自体強制することである，⑨何が公正かを相手に説得する，⑩相手の窮余の一策をやっつけると相手を脅かすことになる，⑪自分の窮余の一策を改善する（176-186頁），である。

また，ハーバード流交渉術といえば，W.ユーリーが著名である。『ハーバード流交渉術』（金山宣夫・浅井和子訳，三笠書房，1982）と『ハーバード流Noと言わせない交渉術』（斉藤精一郎訳，三笠書房，1992）は，一般の人にも知られている，入手しやすい実務書的な本なので，読んでいただきたい。われわれとしては，ハーバード流交渉術の基本の一つが，「交渉者双方が，それぞれ自分にとって有利な選択肢を考え出す」ことを，上下意識よりも対等意識で論述されていることに注目している。すなわち，自分にとっての「最良の選択」を認識するために，次の3つの選択肢を示している。①「逃避的選択肢」である。もしあなたが買い手だった場合は，他の売り手を探す。その逆も言える。交渉相手に関係なく，自分勝手に決めることができる交渉，②交渉相手に働きかけて何とか自分の条件を認めさせようとする「相互作用的選択肢」である。③「第三者（委託）的選択肢である，当事者同士では交渉に行き詰ってしまう場合に，第三者に問題の解決を託し，自分の要求を通そうとする方法である。裁判で争ったり，調停で処理する場合もある（58頁）。どれを選択するかはローレンスとローシュのいうような状況対応的であって，それゆえ既成の選択肢にこだわってはならない。そして交渉には期限を設けなくては，経営資源の有効利用とはいえないのである。

ところで，取引コストとは交渉にかかわるすべてのコストであるが，J.M.ブレットが論じているように，「準備段階を含む交渉プロセスすべてにかかる時間，情報探索コストや交渉場所までの交通費，宿泊費といった支出から，機会コスト，心理的エネルギーといった目に見えないものまでを含む。国際取引の交渉にかかる取引コストは，国内取引の交渉よりも高くなりがちである。新しいビジネス関係を築くときには，必ずと言っていいほどフェイス・ツゥ・フェイスの交渉が必要になる（J.M.ブレット『交渉力のプロフェッショナル』奥村哲史訳，ダイヤモンド社，2003，29頁）。このように国際ビジネス交渉では，費用と時間がかなりかかることが多い。たとえば

クリストは,「交渉の取引コストを理解し,自分の時間の価値も理解していた。・・・彼は,交渉が難航すると,その損失を切り捨てて手を引くこともやぶさかではなかった。常に複数のプロジェクトを抱え,一つが無理そうだとわかると他の企画にエネルギーを移す」(30頁)のである。

そこで取引交渉を評価する基準として,①現在交渉している取引について戦略的な位置づけと重要性を把握すること。この取引の目標は何か。他の代替案（BATNA）はその目標にどれくらい合致しているか,②自分のBATNAを知ること。常にBATNAを持ち,その中身を把握する,③自分のBATNAが弱ければその改善に努めること。または,他の代替案を考える,④リザベーション・プライス（売り手は下限を,買い手は上限を）決める前に取引コストを計算すること,⑤リザベーション・プライスを設定すること。自分のBATNAを変えられるくらい信頼できる新しい情報が得られるまでは,リザベーション・プライスを変えてはいけない,のである（30-31頁）。

普通,交渉の責任者に必要とされる能力を「交渉マネジメント能力」と言うが,それは,①リーダーシップ,②ポジショニング能力,③交渉シナリオ策定能力,④交渉力の効果的運用能力・交渉演出能力,⑤プレゼンテーション能力,⑥状況対応能力,⑦交渉人の能力,⑧交渉評価能力と決断力,⑨秘密保持と統制能力,⑩文書化能力（中島洋介『交渉力』講談社,2000,104-105頁),である。このような一連の交渉能力が交渉の責任者に要求されるが,組織行動論的には一人で対応するよりも複数の人間が協働して担うが,それは状況論的アプローチが示すように固定的なものではない（中島,114頁)。そして,「交渉人に必要なものは,交渉相手の立場や意向を十分理解し,尊重する"公平さ"である。・・・交渉に一番必要なものは,人間的誠実さであり,相互信頼である。この点を理解しようとする日本人が少ないのは残念である」(116頁）と中嶋洋介氏はいう。

交渉とは対人的コミュニケーション行為ともいえるから,文化横断的研究や比較制度論的分析が求められる。文化,歴史や思考様式,行動様式を無視した交渉というのは考えられないのであって[10],「ハーバード流交渉術」

にしても，比較制度分析を否定しているのではない。ラリー・クランプの『日本人のためのハーバード交渉術』（小森理生・住友進訳，日本能率協会，1998）において，面子，プライドに関して次のように言う。「西洋では，真実に対する熱狂的な価値観が，相手の顔を立ててやろうとする欲求を凌駕してしまう場合が多いので，『顔を立ててやる』ことは必要悪とされるのが一般的である。しかし，ハーバード流交渉術では，このような典型的な西洋人の態度に強い反論を提示している」(89頁)。現在では，未来の行動と過去の行動をバランスさせるために，欧米でもある程度は，相手の顔を立てている。

日本の解決システムのもとでは，絶対的な客観的現実よりも認識にもとづく社会的現実のもとで交渉様式を作り出している。したがって人間関係の問題を扱うなど，「問題の解決策は，事実を収集し，分析したからといって出てくるわけではないし，不眠不休で働いて，日本の組織内に合意を築きあげたからといって生まれるものではない。むしろ，自分たちの認識と相手方の認識を理解することが，問題解決の第一歩なのである」(91頁)という。相手の考え方を理解しようとする努力は文化を超えて必要であって，「日本人がひじょうに情報を欲しがるのは，相手方の認識を理解したいという日本人の関心を反映している」(91頁)のである。たとえば，「日本人が不慣れで，新しい問題を突きつけられた場合，組織内の総意はまだ形成されていない。このような状況のもとで，日本人は，最初，判断を保留し，相手がどのような認識をしているのか，理解しようとする傾向がある」と言う。この総意は，個人的責任という考えが日本に根づいていない理由である。それは，「個人に決断の責任を負わせない意思決定様式と結びつく日本社会の集団志向の性質のせいかもしれない。原因がどうであれ，日本人は責任者が誰であるかを決めようとするより，問題を解決することのほうに関心を抱く。これは日本社会とハーバード流の方法がひじょうに類似している点である」(93頁)とR.クランプは言う。交渉では面子をつぶしたり，プライドを傷つけることの弊害に気をつけて，さらに主観的認識を軽視してはならないということである。この主観的認識を理解するためにも，コミュニケーションや聞

く技術が大切になる。ちなみに、「ハーバード流交渉術は駆け引き、すなわち討論（confrontation）を重要なものとは思っていない。討論は勝者と敗者をつくりだしてしまうが、ハーバード流交渉術が勧めているのは、相互理解と共同の意思決定へと導くコミュニケーション様式なのである」（98頁）。日本では長期持続的取引を目指して、相互信頼関係を構築しようとしている。

　このようなコミュニケーション立脚の交渉のもとでは、「交渉者は自分のことを敵対者やライバルではなく、問題を解決する人間だと思わなくてはいけない。良好な人間関係を築けば、意思の疎通も正確になり、お互いに理解していけるようになる。このハーバード流行動段階は、混乱を最小限に抑える手段として、話す技術と聞く技術の両方を向上させていくのを目的としている」（98頁）のである。

　ここでのコミュニケーション・ギャップと言えるものは、「日本人の慣習では、相手の話の腰を折ることは許されず、失礼のことだと規定されている」（102頁）。他方、「西洋の人間は、特に疑問点を明確にするために質問する時、話をさえぎったり、手短かに自分がどれだけ理解しているかを確認することは一般に失礼だと思われていないことに、日本人は気づかねばならない。それどころか、西洋の人間は自分のメッセージを理解しようと努力してくれる人がいるのを知ると満足するものだ」（102頁）とクランプはいう。

　交渉においても人間関係は大切であって、理性的判断と感情的判断、理性と感情のバランスが交渉を進展させるのである。これもまた、ハーバード流交渉術に近いものである。

　また、日本的成果主義は評価、承認のあり方に問題はあっても、査定についての組織と個人の交渉は求められている。プロ野球の選手のように何回も交渉をしたり、交渉代理人との交渉などが増えて、組織側も交渉論に無知であるわけには行かなくなっている。交渉テクニックばかりに精通するよりも、交渉の本質的理解のもとで、組織の場を市場に関連させてオープンにとらえると、組織コミットメントを求めるだけの交渉では、実りの小さいもの

であろう。個人の組織への帰属の仕方も変化して、あたかも自営業者のような従業員や転職可能性の高い人に対して、どのように交渉していくかである。日本的集団主義を自ら放棄してしまった企業も少なくないから、もはや組織への一体化結合を求める単体的帰属主義は、組織変革への足かせとなりやすい[11]。むしろ敵対的交渉を含めて、転職を前提とした交渉も少なくないから、「自由契約」のような交渉のあり方も検討されよう。年功序列制や終身雇用制も画一的に全メンバーに適用されるものではないから、「契約条件」の交渉は重要になってくる。パートタイマーに対しては、すでに画一的な時給から脱していて、能力次第の評価基準へとシフトしていくであろうから、ここでも交渉によってメンバーの評価、承認に見合った賃金体系へと切り替わっていくであろう。交渉は日常化されて、個別交渉というものが労組の団体交渉以上に必要とされる領域もふえよう。さらに、交渉という位置づけが高まり、広範な領域に及ぶのである。交渉理論や交渉技能は組織にも個人にも必要とされる時代がくるであろう。

　日本の企業経営を交渉という視点から考察し、交渉プロセスの解明をつうじて仮説発見型の研究をしようというのが、われわれの立場である。そのようなデータを入手することはきわめて難しいが、そのケース的なデータは日本経済新聞社刊『私の履歴書』を交渉キーワードにして分析することはできる[12]。そこにはかなりのリアリティを持って交渉プロセスが論じられていて、それがその後の企業発展プロセスに大きく貢献した事例などがある。まさに「戦略的交渉プロセス」といえるものであって、交渉の重要性がよく認識できるのである。そしてその交渉が、1企業の利益のためというよりは、業界、1国の利益、そして国境をこえる社会性を有していて、仮に敵対的交渉であっても、社会性、倫理性を無視しているわけではないことが理解されるのである。このように交渉は経営にとって有用な主体的行為であって、その交渉方法の活用が重要であることが認識される。

4. ビジネス交渉

　ビジネス交渉は国内のみならずに国外へと広がり，今日では国際化，情報化とともに，国際ビジネス交渉が中心になってきている。異文化間コミュニケーションにかかわる難しさもあるが[13]，それ以上に交渉というものが企業の業績を左右するようになってきたのである。とくに国際ビジネス交渉では，企業の交渉力が業績に大きな影響をあたえている。

　ところが日本では，交渉の理論や技能の蓄積はこれからという段階であって，そのため日本企業は優れた交渉力を発揮しているとはいえないのである。長年にわたって国際ビジネス交渉を行なってきた大手商社といえども，交渉の失敗があろうが，その実態はよくわかっていない。それゆえわれわれは，外国文献を中心として論じているが，それが日本企業にとって最適とは思っていないのである。

　交渉や調停というのは，あらゆる領域にわたるけれども，われわれの主たる関心はビジネス交渉である。それゆえ組織の意思決定の問題でもあるが，企業間の交渉，それも国際ビジネス交渉では異文化間交渉という文化的差異，法制，制度，ジェンダー・コンフリクトにもかかわる交渉でもある。情報化，国際化というものが組織間関係の再編をもたらすとともに，企業間のコンフリクトも増大させていて，交渉の場面を増やしている。合併，買収，戦略的提携，提携の解消など組織環境の変化に合わせて企業行動はダイナミックに変化している。それがために，司法的にも交渉人の実質的な交渉権限や職務権限も問題にされるのである。社内の利害関係者をどの程度に説得できるのか，関係者を説得できる範囲によって交渉力は大きく異なってくる。異文化間ビジネス交渉においては，この事を認識することがとくに大切である。

　ビジネス交渉に力点をおいているので，交渉に関係している司法的紛争処理はここでは論じないが，規範の透明性と紛争処理の柔軟性の問題をどうク

リアしていくかである。そして異文化間交渉においては言語化された合意された合意の拘束性を支える多層的な関係的了解についての意味解釈のズレなどによって交渉が複雑になってくる。たとえば，和田仁孝教授は「交渉と合意」について次のように述べる。合意は一定の一般的，表層的な次元においてのみ言語化可能なものにとどまり，やむをえない場合には適用されなかったりする。「こうした拘束や合意の時点では意識されないものの，合意内容の状況に応じた解釈・調整を可能にしているのが関係的了解にほかならない。つまり，背後の関係的了解こそが，表面的な合意の言語に具体的な意味を状況に適応して吹き込んでいるのである。したがって，ある一つの言語化された合意が拘束力をもつのは，その拘束力が合意の文言からストレートに出てくるからではなく，それを支えるこの多層的な関係的了解が作用し意味をつくり出しているからなのである。この議論は，そのまま企業間の契約締結のような場合にも，より複雑ではあるが当てはまることができる」(和田仁孝「交渉と合意」和田仁孝，他編『交渉と紛争処理』日本評論社，2002，16-17頁)と合意の実効性について論じる。

ビジネス交渉において法的裏づけが必要であるが，法的な保護規則を逆手に濫用したり，不当な利益を追求されないように交渉力を高めることは必要である。印南一路教授がユーリーとパットンの命題に依拠して論じているように，「交渉を交渉相手との競争的な意思決定ではなく，共通の問題を解決するためのグループ意思決定や共同作業ととらえれば，問題の定義・枠組みそのものを再考し，交渉前には存在しなかった解決方法・選択肢を交渉相手とともに新たに生み出すことができる。この立場では，交渉問題の存在，すなわちコンフリクトの発生は，問題発見とその解決の契機に過ぎないことになる」(印南一路『ビジネス交渉と意思決定』日本評論社，2001，92頁)。

ビジネス交渉においては，敵対的交渉のメリットは少なく，M.P. フォレットのいうような創造的な「統合的解決」を目指して交渉するほうが双方を利するし，そこでの「建設的コンフリクト」をどのように生産的に活用していくかである。ハーバード流交渉術も協調的交渉のもとで，コンフリクト解決の技能や問題解決能力としての交渉力を高めることを論じたのである。

バーナードも「経営者の役割」として,「組織の対立と統合」という問題解決・紛争解決を論じたのであって,「道徳的リーダーシップ」というのは,経営者の品性や道徳創造が既得権益を突き破ってコンフリクトの創造的解決をもたらすことについて論じたのである。

交渉力には,信頼など社会関係資本の形成などの一国の文化力も反映されていて,交渉力は経営資源を動員する組織的能力の一つであっても,文化資源の活性化あってのことである。文化力というのは全人格的な人間そのものの振興が求められるが,われわれとしては目先のコスト・カットという経済の論理にさいなまれては,全人格的な文化力が低下してしまう。文化支援組織もコスト・カットの対象になり,人件費も切り下げられているが,これは文化力を弱めて,やがて渉外ビジネスにおける交渉力も低下させて,ビジネス交渉においても劣悪な交渉状況に転じてしまう。目先の経済的効果のために文化力を低下させ,交渉における対処能力を低下させては,目に見えないコストが反比例して増大していくのである。組織行動としての交渉力の組織的能力を認識したいのである。

ビジネス交渉においてはこれまでは経営戦略的視点を欠いていたので,交渉担当者の部分的な対応に分断されていた。部門ごとに交渉で対応できたとしても,交渉案件の相関や相互作用の影響を軽視してきたがゆえに,それぞれの交渉が組織全体の適切な対応にならないのである。異なる種類の交渉を整合的な枠組みのもとでとらえることは難しいが,各部門の交渉の全体に対する寄与を統合的に評価し,組織システムの枠内で全体としての交渉の最適化,満足化を図る経営構想の役割が重要である。また,将来の事業展開を考慮して構築された交渉戦略の妥当性は,市場との浸透によって確保されよう。交渉とはつねに新しい課題に直面しているのであって,経営の問題意識に合わせて交渉の仕方も進化していくのである[15]。

交渉戦略は環境変化に応じて,部分的な Win よりも,全体的整合性に合わせて交渉の失敗によるリスクを考慮して,迅速に経営戦略に反映されるスピード性も要求される。これがビジネス交渉の特色であって,外交交渉のように時間をかけての交渉ではない。

交渉の成立というのは自己評価によるというのがこれまで一般的であったが，ビジネス交渉では市場規律型の評価に移行しようとし，そのために交渉戦略のビジネスモデルのあり方やそれに伴う交渉戦略体制の構築が，経営の中核をなす判断事項になろう。交渉の評価基準は他を遮断して部分的に成功したらよいというわけではなくて，あくまでも交渉は経営の目的から導かれる考え方と整合的なものでなければならないのである。全体的な経営判断に交渉戦略の視点が生かされてこそ，その真価が発揮されるのであって，一部の交渉人や代理人弁護士に交渉を全面的に委ねていては，経営戦略とは分断されてしまい，自己の強みを発揮するビジネスモデルが生かせなくなってしまうのである（藤井真理子「経済教室」日本経済新聞，2006年9月14日を参考にした）。

ビジネス交渉では取引の反復性を重視するから，その効用関数は将来の割引率が低いのであり，トータルの効用を高めるように自己を律する心的態度が求められている。ただ交渉時の取引コストを抑制するために交渉にかける時間を削減して，機会費用を考慮するのであって，BATNAとの交渉にも配慮して時間的ロスを防いでいる。当然に交渉の失敗もあり，そのみぎりを決断しないと時間的ロスが大きく，BATNAとの交渉という機会費用のロスにもなるから，粘り強く取引交渉を続けるのか，あるいは早々と見切って他の取引相手との交渉に切り替えるのかの判断は，取引の重要性，切り替えの容易さ，取引の反復性などの条件を考慮した状況適合的なものになる。いずれにしろ，取引相手に対しての信用，信頼を確立しておかないと，交渉をコストや時間を少なくして行なうことは難しい。暖簾，ブランド，評判というものが交渉を左右するものである。

今日では，さすがにビジネス交渉を陰謀，謀略と見る人は少なくなったが，駆け引きや手管というのはふつうに行われている。入札談合のような非合法な謀議はまだなくなっておらず，建設談合は例外と思われていない。この裏交渉の悪いイメージがあり，橋梁業界の入札談合事件は日本を代表する大企業もかかわっていて，交渉という言葉も偏見を持たれたりしている。さらに敵対的交渉では，あらゆる策謀をめぐらしているというイメージであっ

て，事実，権謀術数の限りを尽くすこともある。過去の交渉にはそのようなものが多かったのであって，協調的交渉や価値創造の交渉が注目されるようになったのは，ごく最近である。より高次の解を見出すような「統合的交渉」はともに「組織間結合のメリット」を見出す社会的分業型の下請け組織連関でも見られる。この交渉プロセスは相互信頼をベースにしたものであって，交渉のイメージを変えている。

　国際ビジネス交渉ともなると，政治，経済，文化などが複雑に絡んだ難しい交渉が増えるので，交渉戦略という適切で迅速な戦略的対応を取らないと，失敗しやすい。そこで制度的な整備のもとで時期を失うことなく，権限と責任の所在の明確化のもとで，総合的な交渉戦略として適切な判断を下せるような組織のシステムづくりが大切であって，そのための調整ルールの整備が求められる。ここではトップ・リーダー主導型が求められようし，それは迅速な戦略対応が求められるからである。秘密交渉は別として，交渉の議論の過程も開示して，開かれた機動的なプロジェクトチームを編成しうることも大切である。あるいは交渉戦略を促進するためにマトリックス型の組織も一時的に編成して，チェックをして，結果に対する正当な評価や責任が取られる仕組みにしておかないと，交渉戦略の意思決定のプロセスが拡散してしまうのである（塩沢修平「経済教室」日本経済新聞，2006年9月29日からヒントをえた）。

　N証券会社と国内外の金融機関との提携交渉のことが新聞で報じられているが，今日では企業の提携交渉などは日常的である。そうであるにもかかわらず，ビジネス交渉を掘り下げて論じている論考は少なく，交渉内容を煮詰めて論じているのはさらに少ないのである。たとえば他社の契約内容の分析などに時間を要したりして，自己の提携交渉をスピーディにやれなかったり，資産査定に慎重にならざるを得ないほど巨額になるなどの場合は，ふつう交渉が合意をえるまでに時間がかかる。そして提携交渉は複数の企業と同時に行なうことが少なくないから，そのいずれとも交渉が不調に終わる兆しが見えれば，それらを当てにしていた株主が株の持ち高を減らして，その企業の株価が急落することもあろう。提携交渉がその会社を子会社化するなど

で，交渉は多面的な影響を与えるのである（小平龍四郎「あすの勘どころ」日経，2007年3月2日夕刊）。

5. おわりに

　交渉の理論はロースクールを中心として研究され，やがてビジネス・スクールのメーン科目になっていくが，組織行動論的アプローチはさらに遅れるのである。しかし，組織理論においては交渉や調停は固有の領域と言えるものであって，M.P. フォレットやC.I. バーナードはすでにそのような内容を論じている。特にコンフリクト・マネジメントの視点でJ.G. マーチやH.A. サイモンはかなり体系的に論じてから，早や50年の歳月を経ていることになる。交渉や調停は法学者の領域と日本ではみなされがちであるが[16]，経営学の古典ではかなりのレベルで論じられてきたテーマである。フォレット，バーナード，マーチ，サイモンというビッグ・ネームの人々の研究をわれわれは再評価すべきである。このような学史的研究は別の機会に詳細に論じてみたい。本章では交渉の最近の研究に焦点を合わせて論じている。

　交渉には情報収集能力のように顕示化しうる能力もあるが，その努力が潜在的で評価されにくいものが多く含まれている。I. イリイチのいう「シャドウ・ワーク」といってよいが，その点で家事労働と共通していて，仕事労働に比して圧倒的に家事労働は分が悪いのである。しかし，交渉にはそのような「家事労働」的要素が多く含まれていて[17]，これへの貢献の評価を高める配慮が組織の交渉においては大切である。そうでないとコミュニケーションのネットワークも分断されてしまって，組織的情報収集能力にも悪影響を及ぼすのである。かくして，交渉というものは単なるテクニックではなくて，高度のビジネス・インテリジェンスといえるものであって，個人的にも組織的にも簡単に身につくものではないのである[18]。現実にジェンダー・コンフリクトのための交渉において，日本企業は苦労しており，異文化間の国際ビジネスにおいても同様である。

注

1) クロード・メナード編『取引費用経済学』（中島正人，他監訳）文眞堂，2002。
2) C.I. バーナード『経営者の役割』（山本安次郎・田杉競・飯野春樹訳）ダイヤモンド社，1968。
3) M.P. フォレット『組織行動の原理』（米田清貴・三戸公訳）未来社，1972。
4) 高際弘夫『日本人にとって和とは何か』白桃書房，1996。
5) J. マクミラン『経営戦略のゲーム理論』（伊藤秀史・林田修訳）有斐閣，1995。
6) P.R. ローレンス・J.W. ローシュ『組織の条件適応理論』（吉田博訳）産業能率短大出版部，1977。
7) R. サスキンド「*Negotiation* ⑦」『プレジデント』43巻2号，2005。異文化間交渉についてのアドバイスの変遷について論じる。「異なる文化的環境の中で生活し，仕事をしている人々は，同じ出来事についても概して異なる見方や解釈をすると思ったほうが無難である」（101頁）という。
8) 御手洗昭治『ハーバード流思考法で鍛えるグローバルネゴシエーション』総合法令，2003。異文化ビジネス交渉について論じている。
9) N.J. アドラー『異文化組織のマネジメント』（江夏健一，他監訳）セントラル・プレス，1996。第6章「外国人との交渉」を参照のこと。上林憲雄『異文化の情報技術システム』千倉書房，2001。
10) 八代京子監修，鈴木有香『交渉とミディエーション』三修社，2004。
青木昌彦・奥野正寛編『経済システムの比較制度分析』東京大学出版会，1996。
11) H.A. サイモン『経営行動』（松田武彦・高柳曉・二村敏子訳）ダイヤモンド社，1989 (1965)。第10章「忠誠心と組織への一体化」を参照のこと。
12) 日本の企業のトップがどのように交渉して来たかは公表されていないが，日本経済新聞社刊の『私の履歴書』（経済人）を読むと，状況に適合した決断がされていることが分かる。事業構想の決断力，実行力という点ですばらしいのは，そこに具体的な交渉を推進して，飛躍の土台にされていることである。
13) 新堀聡・柏木昇編『グローバル商取引と紛争解決』同文舘，2006。
14) 太田勝造・野村美昭編『交渉ケースブック』商事法務，2005。
15) 平原由美・観音寺一嵩『戦略的交渉力』東洋経済新報社，2002。
16) 守屋明『紛争処理の法理論』悠々社，1995。「本来の交渉目的に反するような合意に到達するより，平和裡に交渉から離脱することが可能であれば，その方が好ましいとみなされる。また，交渉が不成功に終わった場合に備えて，確実に依拠することのできる代替案の内容を改善しておけばそれだけ，当該交渉に執着する必要性は弱まる」（40頁）のである。
17) E.Wilson(ed.), *Organizational Behavior-the impact of gender,* Sage. 2001.
18) L.L.Thompson(ed.), *The Social Psychology of Organizational Behavior*, Psychology, 2003. トンプソンは，① 意思決定としての交渉，② 社会的認識としての交渉，③ 問題解決としての交渉，に分類している（p.126）。C.Lane, R.Bachmann(ed.), *Trust within and between Organizations*, Oxford University Press, 2001. 第8章，G.G.Brenkert の「信頼，道徳性と国際ビジネス」を参照のこと。

第7章
コンフリクト・マネジメントと交渉のあり方

1. はじめに

　調停と交渉とはこれまで関連されて論じられることは少なかったけれども，協調的交渉と調停とは密接な関係があり，双方の理論に精通する必要がある。交渉とは敵対的交渉を意味するように論じられてきたけれども，これは交渉の一部分に過ぎないのである。もともと交渉とは当事者双方が議論対決をするけれども，利害の一致を見出す作業であって，そうでなくては交渉が決裂してしまうのである。あるいは交渉を重ねるだけで，無駄な努力になってしまうのである。交渉が下手な事例も少なくないが，ここから学ぶことは少ないのである。短期的には相手に損をさせることは自己の利益と考えられるけれども，これは取引自体をなくしてしまう可能性が高いのである。一回しか取引をしない場合でも，あくどい利益を追求する交渉は世間の悪い評価や評判をもたらして，目的達成に伴う逆機能も大きいのである[1]。このことは特に企業間取引に生じやすいし，強引な交渉として業界慣行に反するとして，経営者能力が疑われるのである。ただここでは駆け引きを否定するものではない
　交渉は歴史的には敵対的交渉を中心としてきたので，コミュニケーション，対話というイメージはもたれていないけれども，敵対的交渉といえども交渉決裂を意味しているわけではない。一定の枠の中で対立しながらも交渉しているのである。ルール，手続きを無視しては交渉ができないのである。脅しや威嚇は交渉のテクニックとして用いられることもあるが，これは反発を引き起こしたりして効果的なことは少ないのである。感情的反発こそ紛争

をこじらすのである。利害よりも面子や意地にとらわれて，紛争解決の道は遠のくのである。立場よりも利害を優先する対応が求められるのである。ここでの利害は，P.M. ブラウのいう社会的交換の理論と共通しており[2]，経済的交換よりは範囲が広いのである。C.I. バーナードの誘因―貢献の理論もこの範疇といえよう。したがって交渉は，力関係を背景にしても利害関係にかかわるものである。

　今日の組織行動論は交渉を内包しており，マーチとサイモンが組織内のコンフリクトの解決を論じたが[3]，ここでは交渉が必要とされているのである。そこでわれわれも交渉と組織行動とを関連させて論じていきたいのである。ゲーム理論的交渉も今日では数多く論じられるようになっている。交渉を組織行動論的に論じているのは少ないけれども，われわれは組織論をベースに交渉と調停を関連させながら論じていきたいのである。交渉には辛苦を伴うことが少なくないが，常に難航するというわけではない。ただ，難航しやすいということは予想されることであって，交渉には意識的，意図的な努力が必要とされるのである。その割には，交渉の理論や技能の研究は進んでいないのである。交渉は司法的領域ではかなり研究されてきたが，それは組織論とは関係なく論じられている。そのために組織行動論の知見が生かされていないが，われわれは組織行動論的アプローチを重視するのである。そのためにコンフリクト・マネジメント，調停と関連させて交渉を論じるが，ここでは組織間交渉にウェイトをおいて論じている。組織内の部門間交渉も大切であるが，ともに組織理論がベースになっている。ここにまたわれわれの研究の特色がある。司法的研究者はふつう交渉についても組織論的考察をおこなっていないのである。交渉というのは組織間交渉であっても，きわめて人間的行為であって，主体的な能動的行為があってこそ交渉が前進するのである。組織内人間行動という視点から交渉を論じることによって，具体的な交渉プロセスを解明したいのである。組織間交渉が今日では一般的であって，まったくの個人間交渉というのは近隣紛争でも少ないのである。

2. 交渉と改革

　われわれはコンフリクト・マネジメントと関連させて交渉や調停を論じているが，日本では交渉の理論や技能の研究はまだ初歩的段階である。それゆえアメリカ文献を紹介することが多いが，文化横断的比較研究は欠かせないのである。法律を含めて比較制度分析を欠くと実践的な交渉では失敗しやすいのである。それゆえ日本の交渉の事例を数多く集めて分析して，特殊日本的交渉にも目を向けたいのである。制度，慣行，文化や歴史的背景が異なると，交渉の仕方も異なるといえよう。しかし，異文化間交渉ではそのような差異を乗り越えて，創造的発想が求められるのである[4]。これは国際間ビジネス交渉ではとくに大切な視点である。われわれもこのようなビジネス交渉に論点をおきたいのである。国際間のビジネス交渉は日本企業のウイークポイントといえよう。この交渉能力を高めないと優れた製品を販売できたとしても，コンフリクトの処理において不利になってしまうのである。現実に日本企業はコンフリクト処理において不利になっているのである。今のところコンフリクトの処理しやすい国を選ぶことも選択肢のひとつであるといえよう。コンフリクトを処理するに当たって，どのように交渉をしていくのかを文化横断的や比較制度論的に論じていくことも大切なことである。

　ビジネス交渉では宗教的価値観のように価値的前提で論争することは少ないから，利害調整のための交渉が敵対的交渉でも中心になる。この点では交渉が一定の枠の中で行われるから，交渉の技能も役立つのである。日本企業のように交渉の技能が劣っているばかりに損をするのは，わかっていても交渉技能を高めることをやらないのは怠惰といえよう。交渉の理論を組織的学習しないのは，この領域への関心が薄いというだけではないのである。それは交渉の理論が実際に役立つように洗練されていないこともあるが，日本的制度の背景の下での理論化が遅れているからであるといえよう。今論じられている交渉の理論は，実際には使いにくいからであろう。ただ従来のような

交際費を費消する社用族による接待による交渉では，交渉できる範囲はきわめて限定されているのである。コアの微調整という程度であって，交渉イノベーションを促進するようなものではないのである。さらに言えば，交渉の余地の小さいものになっているのである。このような微調整は決して知的創造性の発揮を求めるものではないのである。妥協もしくは譲歩を求める程度であって，そこでは徹底した論争というものはないのである。対立点をあいまいにして，双方の面子を立てるように配慮することに力点が置かれているのである。ここでは交渉力を高めるようなことはなされていないのである。

　今日では交渉力を高めることが重要であるという認識が高まってきたけれども，戦略的交渉にしても言葉はあっても内容を示されることは少ないのである。どのような交渉を戦略的交渉というのであろうか。組織理論をベースにしないでそれを論じうるのであろうか。安易に言葉だけが使われることが多いのである。組織間交渉では組織理論に裏づけられた交渉の仕方が求められるのである。組織の交渉の理論と技能がわれわれにとっての研究テーマである。ここでは組織の価値や規範が交渉にも反映されるのであって，異文化間交渉ではこのことへの配慮が求められるのである。経済のグローバル化が決して異文化間の差異をなくすというわけではない。ヨーロッパはEUとして多次元的ネットーワークガバナンスを形成して，通貨もユーロとして統合されているけれども，異文化間の差異という認識をなくしたわけではないのである。やはり国によっては交渉の仕方を変えているのである。

　国際的なビジネス交渉は，アメリカを中心とするデータは入手しやすいが，日本の企業のデータは公表されることは極めて少ないのである。大企業の交渉プロセスも具体的に知ることは第三者としてはほとんどできないのであって，特別なコネでもない限り交渉当事者から聞き出すことは不可能である。そこで研究者自身が交渉を担った経験を示すことになるが，弁護士等は別として，これもなかなか難しいのである。そこでわれわれは人間関係を利用して特定の人からインフォーマルに聞きだすのであるが，これも抽象的になりやすいのである。わずかな穴から具体的な交渉プロセスを聞き出すのであるが，これもそのまま公表される形は取れないのである。守秘義務を盾に

されて，具体的に論じることは約束に反するのである。それゆえ交渉プロセスのエッセンスを理論的に論じているのである。われわれとしては裁判所の調停委員として紛争当事者との交渉を下敷きにして，交渉プロセスを調停と関連させて論じている。

　それゆえわれわれは交渉と調停を関連させて，コンフリクト・マネジメントを論じることに主眼を置いている。しかも組織的コンフリクト・マネジメントであって，組織理論をベースにした論理展開になっている。これまで組織行動論はコンフリクトを論じてきたけれども，企業間交渉のような組織間関係における交渉はほとんど論じてこなかったのである。それゆえわれわれがめざすのは，組織間関係論をベースにした交渉である。司法的な交渉理論も組織間関係論と関連させたものではない。いわば組織論の一環として交渉や調停を論じるものである。コンフリクト・マネジメントも同様であって，この意味で，司法的研究とは一線を画すのである。

　これまで司法的紛争処理は数多く論じられてきたが，裁判を上位におく考えであって，調停も二番手の位置づけであった。われわれは状況，環境に合わせての意思決定の問題として論じているから，自由な選択肢のもとで問題の解決を図っている。戦略的意思決定と連動した戦略的交渉もあるのであって，裁判上の和解も選択肢のひとつである。また和解勧告を拒否することも交渉戦略のひとつである。調停，仲裁，その他のADRも状況に対応して選択するのである。はじめから優先順位が決まっているわけではない。それは裁判も例外ではないのである。ただアクセスの関係で裁判が受けられないというのは制度上の問題である。裁判所の統廃合が進みすぎると，紛争解決の選択肢が限定されるのである。少額の紛争の場合ではアクセスのために経費がかかりすぎるケースもあるのである。生活者にとっての利便性への配慮も大切である。

　しかし，紛争は当事者同士が話し合って解決するのが望ましいのであって，紛争解決能力を高めるようにコンフリクト・マネジメント教育が望ましいのである。ただ，ビジネス交渉においては企業のコーポレート・ガバナンスのあり方によって，交渉の仕方が異なってくる。すなわちストーク・ホル

ダー型かステーク・ホルダー型によって交渉戦略も違ってくるのである。株主の利益を重視する前者は，自己利益の最大化をめざす交渉スタイルをとるが，後者は利害関係者の利害を調整することを意図して交渉をする。交渉相手に対しても敵対的交渉をするよりも，調整，整合を重視して協調的交渉をおこなうのである。その意図することは双方がともに満足する解決方法である。このような利害調整は知的創造性を双方が発揮することによって達成される，レベルの高い交渉といえよう。

　これまでの交渉では，自己利益を最大化するために交渉するのが普通であるから，駆け引きは言うに及ばず騙し合いも存在し，情報操作は交渉のテクニックとされていたから，的確な情報を与え合うということはなかったといえよう。これでは交渉を軌道に乗せるのに，双方とも足がかりを得ることが容易ではなかったのである。交渉というよりも力で押し寄せるという権力誇示というレベルのものであったといえよう。かくして権力的交渉を普通のこととしていたのであるが，ここでは交渉術はさほど重視されていなかったのである。交渉理論や交渉の技能というのは補助的存在として位置づけられていたのである。そんなこともあってわが国では，本格的に交渉理論を研究されることは少なかったのである。

　しかし，ビジネス交渉では同じグループ内の交渉も少なくないから，敵対的交渉や権力的交渉は生産的ではないので，協調的な交渉を求めるようになったのである。ここでの交渉の理論や技能はより洗練されたものを求めるようになり，本格的に研究されるようになったのである。われわれもこの段階で研究に参入するようになり，文献も得やすい状況になってきたのである。それにもかかわらず，まだまだ初歩的段階であって，交渉を本格的に論じた本は極めて少ないのである。われわれも一石を投じたいが，蟷螂の斧であるのは否めない。ただセンスのある問題意識でありたいのである。交渉や調停は文化横断的研究が求められるのであって，普遍妥当的な一般理論は求めにくいのである。それは交渉や調停は文化や歴史を反映しており，単独で抽出して論じることはむずかしいのである。

　そこでわれわれは欧米文献に依存するだけでなく，比較制度論的分析を通

じて日本における交渉や調停の実態をとらえて、日本的な交渉や調停を理論的に論じていきたいのである。もちろん外国企業との交渉もあるから、それぞれの国の実態を個別的にとらえる必要はあるであろう。それはローレンスとローシュの条件適合理論のように、状況適応的なアプローチを必要とするであろう[5]。特殊個別的な交渉でも、それらの間には共通した特色もあろうから、交渉の理論というのは成り立つのである。それは調停でも同じことがいえるのである。そこで、あまりにも特殊な事例にこだわることは避けたいのである。調停でもまったく特殊な事例が存在するが、例外と位置づけたい。調停人がアンフェアな場合も存在する。巧妙なごまかしも後でばれてくる場合も少なくないのである。人間の善意を信用することは大切ではあるが、信頼と不信では交渉の対応が異なってくるのである。条件適合理論が示しているように、不信のもとでの交渉では、協力して解を導きにくい。手の内を見せることが敗因になりやすいのである。そこで権謀術数の手管が常套手段になるのである。

しかしながら今日では、このような謀略的交渉は双方にとってメリットがないことを認識しており、取引に伴うコストも膨大になることに自覚的であるので、取引コストの削減のためにも一定の範囲内で双方が妥協せざるを得なくなっている[6]。駆け引きが過ぎると経済的にも、時間的にも損失を大きくするので双方が歩み寄りやすくなる。調停人がおれば、この点を強調するのである。損失を回避することで話し合いがもたれやすいのである。ここで双方の利害が一致しやすいので、交渉が軌道に乗りやすいのである。さらに話し合いによって不信が解消されることも少なくないのである。

われわれは組織的コンフリクト・マネジメントの一環として交渉や調停を論じるが、その前提条件によって対応が大きく異なるのである。不信、疑惑、嫌悪、悪意、よこしまな先入観などは、敵対的態度になりやすいのである。これは交渉を担う人に大いに反映されやすいから、交渉も歪んできやすいのである。相互信頼のもとでの交渉では、お互いに手の内を見せ合って交渉を進めていくから、より本質的なところでオープンに話し合いがおこなわれるので、折り合いもつけやすいのである。さらにいえば、フォレットの言

う統合的解決も双方の知的創造性の発揮によってもたらしやすいのである。将来のコンフリクトを予想しての真の紛争解決も可能である。それは一時的な紛争解決とも異なる性質のものであるから、ハーバード流交渉術でいう勝利―勝利解決とも異なるのである。というのも勝利―勝利解決は、勝利―敗北という枠組みで論じられていて、基本的には優劣、勝敗を競うパターンであるから、つねに敵対的交渉のゲーム感覚を保有しているのである。これは組織内交渉でも昇進競争など競うことを前提とした枠組みなのである。

　ここで交渉と調停を連動させて考察してみると、交渉には双方の利害を調整し整合させる協調的交渉もあって、ビジネス交渉ではむしろこの方が主力の交渉パターンになってきているのである。双方の知的創造性の発揮に期待される面が大きいし、フォレットが言う統合的解決をめざすものである。今日の多くの交渉では交渉代理人が活用されているが、その多くが弁護士であるが、交渉の担い手は弁護士に全面的に依頼するのではなくて、どのように弁護士を活用して交渉を進めていくかである。交渉の余地を自分自身も持っておく必要があるといえよう。また交渉に応じてどのような弁護士を選ぶかが大切であって、その案件に対しての交渉能力の高い弁護士を選ぶ選球眼も必要である。戦略的交渉にはこの様な交渉以前の選択や条件適合性も含まれているのである。ここではローレンスとローシュの条件適合理論（コンティンジェンシー理論）の条件性や適合性が想起されるが[7]、日本では交渉依頼人と交渉代理人との相性も交渉には大事な要因になっているのである。これは非合理な要因と考えられるかもしれないが、現実には大切なことである。交渉においても非合理や非条理な事が少なくなく、論理で追い詰めても効果のないことが少なくないのである。むしろ全体的整合性の観点から交渉の余地を残しておくほうが、交渉上手といえよう。交渉とは所詮、人間の主体的行為であって、その人間の感情や自尊心、面子を傷つけられると交渉が歪んでしまうのである。そのことを考慮に入れてこそ、フォレットのいう全体的状況の把握になるのである。

　さて、当事者交渉を仲立ちする調停人は中立や公正をモットーにして調停をおこなうが、双方が交渉代理人を立てることも少なくなく、そのほとんど

は弁護士代理人である。この場合は理論武装が必要であるが，やはり人間間の交渉を担ってきたから，人間的要因を軽視しては調停もうまくいかないのである。プリンシパルとしての交渉依頼人と交渉代理人との連携がうまくいかない場合には，調停人としても意思決定者が誰であるかわからないので，時間がかかることが少なくないのである。時間をかけても意外な結果になったりして，調停が難航するのである。ビジネス交渉においては，組織内部のことがわからないので，その調整がうまくいかないので，調停が不成立になることもある。これは交渉代理人としても仕方ないことであり，組織内部の事情のために，固まりかけていた調停原案が否決されてしまうのである。このような場合は若干の修正だけでは調停が成立しないのである。

　交渉というものは不思議なものであって，壊れかけると少しの修正だけでは，交渉を軌道に乗せることが難しい。双方が壊れてもいいとなると，交渉をまとめることがいっそう困難になってしまうのである。調停人が交渉の決裂と向かう勢いに抗することはかなり難しく，裁判になることも少なくないのである。裁判沙汰ということも恐れなくなっていることも，ひとつの要因である。ただ裁判になると時間と費用がかかるので，その利害損得を話をして，調停を再度選択される場合もある。

　われわれはビジネス交渉において取引コストなどの理性的，合理的な思考や主体的意識にとらわれやすいが，情緒的な意味の共有，共感，情緒をつなげる無意識的な世界を無視しては，交渉がはかどらないのである。直観的な判断力もこのような情緒的な結びつきがあってのことである。このように交渉とは情緒的な人間的結びつきとは切り離せないのであって，損得計算だけではうまくいかないのである。かくして，ビジネス交渉では理性，意識と情緒とがつながってこそ，交渉の折り合いがつくのである。

　確かに，交渉では知識，情報，データが必要であるけれども，高頻度で継続的なコミュニケーションによって信頼や安心感が醸成されて，紛争解決のための共通規範が形成されることがある。これは交渉を促進する紛争解決規範といえるが，情報連鎖も促進するのである。たとえば，同じ企業グループにおけるネットワークの媒介中心性（ブリッジ機能）を高めるのである。

協調的交渉であっても，双方が構成するネットワークの結合度や凝集性を高めるとはいえないのであるが[8]，双方の高頻度，継続的，高密度なコミュニケーションによって，交渉がしやすい環境が形成されるのは事実である。交渉を促進する共同思考もしくは共通規範が土俵として生きてくるのである。双方が信頼し，安心して交渉ができることは協調的交渉でも少ないのであるが，双方間に信頼，安心感，共通規範が形成されれば交渉がしやすく，さらに高度な解をもたらす交渉も可能にするであろう。ここでは双方が交渉を通じてそれぞれの組織変革を導くことも可能であるといえよう。

　クルート・レヴィンの個人の態度変容の研究は有名であるが，それは解凍—移行—再凍結というプロセスを論じている。これを組織変革のプロセスに応用することができるが[9]，まず既存の枠組みや行動様式をバラバラにして，新しい思考様式へと移行していくプロセスへと導いていくのである。いわばパラダイム変換をなした後に，それが逆戻りしないように歯止めをかけて意識的に定着させるのである。これをレヴィンは再凍結といっているが，われわれは意味から判断して凝縮と名づけたい。組織変革のプロセスは凝縮に向けての意識的な革新の努力といえよう。というのは再凍結の状態では，改革が形骸化して元に戻る可能性も否定できないのである。これまでの歴史が示すように，保守的な門閥によって改革が元の木阿弥になり，改革者が悪名を残すことになりかねないのである。そこで改革が成功した再凍結を凝縮と名づけるのである。ただ一定の時間，プロセスを経て再度，解凍することもあるから，組織変革が動的プロセスであることは十分に認識しているのである。絶え間ない持続的な組織変革のプロセスを重ねていかない限り，組織の競争優位性を保つことは難しいのである。情報化，グロバール化が競争を激化させているのである。行政組織ではこのような認識が薄いのである。そのために行政改革にしても修正，部分的な改革はできても大きな変革はきわめてむずかしいのである。

　組織内交渉や企業グループ内交渉は普通の場合には権限の行使がなされやすいが，組織間交渉や企業グループ間交渉では経営権限が及ばないから，交渉力の及ぼす影響が大きいといえる。大規模複合組織では多くの関連した組

2. 交渉と改革　195

織を有しているから，企業グループ間交渉というのが普通の交渉形態である。ともに変革のプロセスにあって，交渉も弾力的になされやすいのであるが，協調的交渉が一義的になされるわけではない。まだ取引が持続されていない場合は敵対的交渉も少なくないのである。トラブルや事件というのは一回限りというのも少なくないから，譲歩するよりも敵対的に対立しやすいので，交渉も自己の立場を強調しやすいのである。そのために過激な言動もとられやすいが，それぞれに交渉に慣れた人がいる場合には交渉の土俵を設定して，駆け引きがあっても交渉が理性的，理論的になされやすいので，交渉決裂というのは少ないのである。交渉のやり方を双方が熟知している場合には，ゲームのように交渉を進めていくのである。ゲーム理論が当てはまるのはこのようなケースであろう。さらに本格的交渉人がいる場合には，双方が知恵を出し合い知的創造性を発揮して，創造的な解を出す場合もあろう。このような創造的交渉はフォレットの考えと共通するのであるが，敵対的交渉では双方が得られるメリットは少ないのに対して，双方を利する交渉結果を得やすいのである。われわれはこのような結果を期待しているのである。そのための交渉の理論や技能でありたいのである。ここにより高度な交渉研究が求められるのである。

　日本の交渉研究は 1980 年代に藤田忠教授が精力的に研究された（『交渉力の時代』PHP，1979，『「やわらぎ」の交渉力』PHP，1982）。ここではすでに交渉をバーナードに関連させて論じているので，交渉の経営学的研究といえるものである。今日でも十分に通用する内容であって，今読んでも新鮮さを感じられることが論じられているのである。バーナードに即して次のように言う。「交渉に出席する人々は各交渉の代表者であり，彼らの言動は各交渉主体の目的を十分に反映したものでなければならない。それゆえ，交渉相手の共通の目的を知ることが重要である。・・・交渉相手も協働への意思の程度を調べることは交渉において有益な結果をもたらすことが十分に考えられる。交渉相手の組織としてのまとまりを見るとき，協働への意思の程度が一つの重要な尺度となる。それとともに，コミュニケーションの内容も重要な尺度となる」(1982，69 頁)。ここでは条件適合的な組織理論が求められ

るのである。藤田忠教授は交渉理論の組織論的研究の先駆者といえよう。組織変革はコンフリクト・マネジメントと密接に関連しており，コンフリクトは随伴的現象であることを認識する必要がある。したがって，コンフリクトの解決方法を身につけずして組織変革が実行力のあるものにはなりにくいのである。

3. コンフリクトと行政改革

　組織理論では構想と実行とのギャップを論じることは少ないのであるが，知識と行動との間にもギャップが生じているのである。組織変革とは実行の問題であるにもかかわらず，実行可能性をぬきにした変革論も少なくないのである。行政改革でも同様であって，行政改革推進大綱も実行可能性のもとで検討する必要があるのである[10]。ここでの空理空論はまったく意味を成さないのである。外在的圧力で行政組織に変革を迫ろうとしても，行政組織の仕組みによって実行されないことも少なくないのである。いわば行政組織の編成原理があり，その大変革なしには，その固有の仕組みを変えることは行政改革委員の能力を超えるのである。短期間の行政改革委員の討議では行政組織がお膳立てした行政改革大綱のいくぶんかの修正をするのがせいぜいである。それでも行政組織としては大幅な譲歩と考えているのである。行政組織はもともと迅速な環境適応を要求されていないので，常に環境適応していかねばならないとの認識に欠けるのである。そのために行政改革大綱ができても，いつまでに実行していくのかの切実感に欠けるし，実行ができなくても責任を問われることが少ないのである。馴れ合い的連帯のもとでは，責任はあいまいになり，それを咎めるシステムも分散されているのである。かくして危機的状況でも，情報が的確に伝播されていないから，本当の危機だと正しく認識されるような状況ではないのである。

　行政組織の職員にとっては状況的バランスを求められているから，危機意識のもとで自己だけが突出することは職場の秩序を乱すととらえられやすい

のである。それゆえに、たとえば行政改革推進大綱の策定のもとで、それぞれの職場の分担が決まれば、そのもとで職場単位で改革を進めていくのである。この意味で行政改革委員は触媒(情報仲介的役割)として、改革の意味を明示化していく役割として機能しているといえよう。職員がわかっていても口に出しにくいことを委員が代わりに発言していることが少なくないのである。職員は地域社会では優秀な人であって、議会の議員を誘導していけるだけの力量も持っているのであり、自ら主体的に企画立案していける能力も持っている。だからこそ市の審議会や審査会のお膳立てを担っているのであって、この原案を委員が覆すことは大変難しいのである。逆に言えば委員が上手に職員との協働をしない限り、よりすぐれた改革案を提示できないのである。行政組織が圧倒的な情報や知識を持っていて、それを小出ししかださないのである。委員がそのような知識を持っていないと行政側にデータを要求できないともいえるのである。

逆に言えば、行政組織の職員を使いこなすノウハウを持たない限り、行政組織の本格的な改革は難しいのである。行政改革を実行していくのは行政組織の職員であって、改革を鼓舞するように行革の推進の仕方に工夫がいるのである。行革後の希望の持てる展望を示さない限り、職員の行革への意欲をかき立てることは難しいのである[11]。いわば苦労のし甲斐のある内容を示すことが大切である。いたずらに恐怖感や不安感を高める人間に対する配慮を欠くものであってはならないのである。行政改革委員も真摯さや人間の品性の高潔さを示すことなくして、職員の改革への意欲を高めることは難しいのである。調停人のように行政改革委員への職員の信頼を得ると改革への実行力がより本物になる。短期の間で相互信頼関係を構築することはより難しいが、財政再建団体への転落の回避という具体的な目標を共有することによって、知識やノウハウ、経験を改革に向けて出し合うことになるから、行政改革委員と行政組織との協働を本格化することは可能である。このような状況になってこそ、財政再建団体への転落を回避することができるのである。その前提として、それぞれの改革への情熱と真摯さが本物でないと、隠し隔てのないデータを出しにくいのである。信頼関係が構築されていない状

況では，不都合なデータは出されていないのである。これは法理論的にできるとかできないという問題ではないのであるといえよう。

　行政改革委員は行政組織にとっては「外様」の存在であって，答申を受け取ってもそれをどの程度実行していけるかは行政職員の問題である。といっても，行政組織の職員の言いにくいことを代弁していることも多くあるので，立場の違いはあっても両者は協力関係にある。この点で行政改革委員は媒介として協調的交渉がしやすいのである。厳しいことを言っても，それは敵対的交渉をしているわけではない。改革が促進されやすいように橋渡しをしていることが理解されれば，より親密な協力関係になるのであって，むしろ住民の反発の盾になっているのである。いわゆる「新住民」という人の反発が大きいのは，これまでも負担が大きく受益が少なかったからであり，さらに負担を増やされるからである。

　住民との危機意識を共有することによってのみ，本格的な行政改革が可能になるのであって，急速な財政状況の悪化を鑑みれば，行政組織の徹底した経費の削減と組織の合理化を進め，財政の健全化に向けた取り組みと，簡素で効率的な行政システムの構築，職員の意識改革，そして住民との真の協働による住民に受け入れられる街づくりを推進する必要がある。そこで市の将来展望を明らかにして，あるべき将来像を見据えて，住民の生活向上につながる事業の中でも，さらにその必要性，緊急性などを検討して，選別を強化して歳出の抑制に努める必要がある。ここでのコンフリクトを恐れてはならないし，コンフリクト・マネジメント能力を高めて，改革への実行力をより強化していく必要がある。行政改革大綱に示された行政改革を住民の理解の下で，着実に実行されることを監視することも求められる。これまでは実行力を具体的に監視するシステムがなかったといえる。ここに財政の健全化への取り組みが遅れたのである。収支のバランスが崩れても警告を発することができにくかったのである。また，危機的状況を認識しうる情報の開示がほとんどなされていなかったので，行政組織内部でも的確に危機的状況をみんなのものとして把握していなかったのである。職員が危機的状況の認識を共有して，この危機を突破していく情熱が充満すれば，明るい展望も開けて

くるのである。行政改革委員としては管財人のような気持ちになるけれども，戦略的な行政改革によって，職員に希望を持たせる組織改革ができるのである。危機突破後の将来展望を明確に示すことによって，職員の改革への意欲を高めることができるのである。恐怖感や不安感を与えることを目的にしているのではない。職員間の徹底的な討議も必要であって，財政危機は収支のバランスによって乗り越えられるから，組織の病理現象よりは危機を脱しやすいのである。それだけの優れた職員が存在しており，その知識，ノウハウ，経験を実行力のあるものに変えれば[12]，十分に行政改革は成功するのである。要は身の丈にあった組織機構にしていくことである。50歳代の職員の退職金割り増しの退職勧奨によって，組織がスリム化していくのである。このことが若手職員にとっては昇進もしやすい，風通しのよい組織に変革していくことになる。これもまた，組織改革への意欲を駆り立てるのである。財政再建団体になれば，職員の夢を壊してしまうのである。職員が自ら主体的に自己変革していくことが望ましいのである。

　総務省の原案（後の地方公共団体財政健全化法）では，財政再建団体に転落する前に，早期是正措置，再生措置というステップを踏んで転落回避策を実行する。そのような措置をとられるだけで，地方自治体の評判やイメージを悪化させて，たとえば宅地開発などに支障をきたすから，大胆な行政改革をしていく必要がある。市町村にしてもイメージ，評判，評価を大切にする時代になっている[13]。住民の誇りや郷土愛を打ち壊すようでは，定着欲求を低下させてしまう。住民の理解と協力の下で，自主財源の確保に努め，事務・事業の見直しによる徹底的な経費の削減を行い，財政基盤を安定させることになる。さらに，市の将来像を見据えて，定住促進につながる施策を推進し，増収を図る全体的，総合的な実行策が求められる。これは施設管理・運営の見直しにより，適正な受益者負担となるよう使用料等の見直しもおこなうことになる。行政組織の定員の適正化と給与の適正化は言うまでもない。

　今日の行政改革はいわば総力戦といえるものであって，住民への情報提供と情報の共有が大切である。住民への説明責任を十分果たし，情報の提供

に努めるだけではなく,行政と住民側が話しあえる場を設けて,一層の情報の共有を図って,お互いの理解と信頼を高める体制作りを促進することになる。

　ここで欠落してはいけないのは,市議会の議員の対応である。議員は選挙で選ばれるに当たって公約をしたのであって,その約束をたがえる状況になっている。町村の合併効果も含めて策定しても,近々財政が破綻するような状況である。それゆえ,広く住民に危機的な財政状況を公表して,住民に説明しなければならない。住民の協力の支援,支援が必要である。また,合併に伴う行政組織が膨張したことにより,住民の意識も行政組織の職員の意識も一つの市としての一体感が形成されていないのであるので,住民と行政との意思疎通を図る施策を実施していく必要がある。たとえば住民との懇談会や公聴会などを通じて,市の現在の危機状況やそれを乗り越えての将来像を示すことである。さらに職員の組織改革意識や行政コスト意識を啓発して,新しい状況に適合した行政経営型の組織や事務執行体制を再構築することが求められる。それは合併効果を示すビジョンとともに,住民から高く評価される行政組織の変革に真摯に取り組むことになる。

　市のガバナンスを担う市議会の主体的な取り組みが行政改革を本格化するのであって,財政再建団体転落寸前という危機的状況が行政指導型から脱却する契機にもなる。それはコーポレート・ガバナンス論が論じているように,ガバナンスを担うのは政治的領域である[14]。したがって,政治家としての議員は行政改革においても指導していく立場にあるから,組織改革の大枠も議会として示していく必要がある。市民も議会での真剣な討議を期待しているのである。民主主義社会では,住民によって議員が選出されているのであって,住民の代表たる議員は市長とともに行政組織の職員を統治していく必要がある。ともに行政組織の職員に支配される存在ではないのである。ただ行政エクスパートを使いこなす経営手腕は求められるのであって,それはガバナンスを担う者の責任である[15]。行政組織の職員に支配されないように議員は不断の政治的努力が必要である。そしてその努力は住民のためのものであらねばならないのである。特定の住民の利害だけを代弁するような

議員は,地域の政治的信頼は得られないし,真摯に行政改革に取り組むとは思われないのである。すなわち,行政改革とは自己犠牲を強いられることが多いのである。

ここで総務省の地方行政指針における行政改革を示すと,① 組織・人員体制の縮小化と人件費の抑制の方針を堅持すること,② 事業・施設の民間への移管・委託を図り,民営化を促進することで経費の抑制を図ること,③ 事務事業の再編・整理により重複類似事業の統合を進めること,である。この枠に地方行政組織体ははまることになり,合併した市町村も合併効果を高めるために総務省の地方行政指針にそうことになる。財政再建団体目前の市町村では,一層の枠付けがこの路線でなされることになる。それは住民の意向とはかなり異なったものになり,このコンフリクトを解決するためにそれぞれ独自の行政改革になる。

われわれが市の行政改革大綱の策定について市長から諮問を受け審議を重ねてきた。その中で,行政改革項目により取り組むべき具体的な方針を示し,健全な行財政運営の推進,効率的・効果的な行政システムの構築,職員の意識改革について,前例踏襲を打破した新しい発想を取り入れ,抜本的に改革しようとする姿勢は一定の評価に値する。しかし,今後のより厳しい財政状況を鑑みると,歳出においては市の将来を視野に入れた,総合的なまちづくりを進めるための投資的事業の選別による事業の抑制,組織・機構のスリム化を始め,徹底した経費の削減や合理化・効率化を進め財政の健全化に努める必要がある。歳入においては,公平性の観点から市税等の徴収の強化や受益者負担の見直しも視野に入れて,自主財源の確保に努力してもらいたい。また,行政改革の実施状況については,効果の検証と進捗状況を,住民に公表すること,およびステップを踏んで改革内容を見直す必要がある。市民の期待に応えることができる「街づくり」を進めるためには,市の将来像を見据え,生活向上につながる事業の中からさらにその必要性,緊急性を検討して,今後の厳しい財政事情に対応した,歳出の抑制に努める必要がある。

この行政改革大綱は行政組織側が作成したので,市長や議会のあり方など

のガバナンスをどのように改革していくのかは論じられていないのである。行政組織のガバナンスが行政指導型から住民との協働型に変わりつつあるから，統治領域こそ重要な討議内容になる。これまでは行政組織の幹部職員が住民の代理者という立場を超えて，統治者になり，むしろ住民を支配して議会の議員も情報操作していたのである。議員も行政組織の職員の手助けなくしては，議員活動も満足にしにくいのである[16]。これでは住民を代表してのガバナンスの担い手とは言いにくいのである。住民の政治嫌悪もあって，本来あるべき住民指導型のガバナンス構造にはなっていないのである。そこで行政改革委員が行政組織のガバナンスの担い手としての役割を果たしたわけであるが，指導したり命令する権限は保有していないのである。その答申を行政組織が骨抜きにしたり無視したりすることができる。そうなると委員と行政側との信頼関係を構築するほうが行政改革の実行力を高めることになり，権力抗争や確執のような対応はよくない結果をもたらしやすい。ここに行政改革委員のジレンマがある。ガバナンスを論じてもガバナンスを行使してもらっては困るということである。それが長年にわたっての行政組織の既得権益になっているからである。そんなこともあって行政組織の自由裁量の幅が大きいのである。情報，知識，経営資源，大きな自由裁量の幅は行政権力の肥大化をもたらしやすいのである。行政組織はこのことに自覚的であらねばならないし，それをチェックする規制力が弱いので，行政組織は独立した王国のようになりやすい。けれども財政再建団体への転落となると状況は一変してしまう。組織に妙な癖がついてしまっていて，それも既得権益化してしまっているから，危機的状況でも変革には大きな改革エネルギーがいるのである。住民と一体となって危機突破の根本的な改革をすれば，その螺旋状の運動のもとで組織のガバナンスのあり方も変えることができるのである。これが本来の行政改革といえよう。残念ながらこのような思考にはなかなか至らないのである。行政改革委員は行政の操り人形ではないけれども，行政が作り出した路線のもとで議論するように誘導されているのである。財政再建団体転落目前になって，初めて行政改革委員の役割も大きくなり，それに比例して住民の負担も大きくなるのである。しかし，それを潮に流れは

大きく変わり，行政のガバナンスのあり方も問われている。

　行政組織もこれまで組織論的な研究はなされてきたが，組織変革に伴うコンフリクト・マネジメントの視点で論じられることはきわめて少ないのである。これまでなされてきた，既存の枠組みで修正，改善の程度では本格的な行政改革がなしえないと行政組織の職員も認識するようになってきたのである。財政再建団体に転落しそうな状況では，大胆な組織変革も受け入れられ，変革の実行力を高めることに意見が収斂してきたのである。それゆえにこそ改革が多くの職員にも受け入れられる体制ができてきたのである。

　北海道夕張市が財政再建団体に転落した事例があまりにも悲惨な再建計画のゆえに，多くの地方市町村はその巨額の赤字の累積によって再建団体に転落する恐れのあることが，これまでのような先送り策で乗り切る甘い認識を捨てざるを得ない状況になったのである。この状況の変化こそ，行政改革を住民と行政が協働して本格的なガバナンス改革に導いている。財政再建を最重要項目としているが，そのためにも行政組織の職員だけでは行政改革推進大綱も作成できない状況になっているのである。このような危機的状況では住民への負担も大きいがゆえに住民の主体的参加が求められているのである。これまでは住民は財政赤字の連帯保証人と見られていても，行政組織のガバナンスの担い手とは実質的には見られていなかったのである[17]。しかし，住民の主体的参加なくして財政再建ができない状況になっているので，行政改革委員が住民と行政との調停人の役割を担うということになったのである。さらに行政改革委員は知的創造性を発揮して軋轢，摩擦，対立，矛盾，抗争というコンフリクトを解決していく仕事も担うようになったのである。それは実施具体案を実行していくためにも，補助金の削減，仕事の減少などの大きな負担に協力してもらわねばならないからである。議会においても同様であって，市長や議員は選挙の公約とは異なる厳しい再建策を実施しなければならないからである。甘い夢は崩壊したのであって，財政再建のために地域振興も抑圧されるからである。

　このように行政改革は行政組織の組織変革をより徹底させなければならないから，これまでのおざなりの答申ではすまないのである。まさに市長とと

もに市のガバナンス，組織改革，職員の意識改革などの本格的な改革実施案を作成することが求められるのである。かなり腰をすえて勉強しなければ，何もいえないのである。これが本当の行政改革といえるし，住民参加の根本的な改革へと導くのである。これは経営学者としては恵まれた機会であって，行為主体的に学んでいるのである。行政組織の幹部職員との対話からもその思考方法を知ることができたのである。かなり本音の対話になるので，建前論にはない内輪の承認方法など，いわば手枷足枷のために情報の公表が制限されている理由も知るのである。これは同情すべき点もあるが，やはり行政改革はそれを乗り越えなければならないのである。厳しい財政状況であればこそ，障壁を乗り越えての改革が受け入れられる余地があるのである。ここではかなり踏み込んだ議論ができるのであって，非常事態であるからこそ，このような中核にかかわる本質的な議論ができるのであろう。この経験はこれまでの研究成果を総動員することになり，学究として有意義な経験である。自己の研究業績を断片的に利用することはあっても，行政改革のようにこれまでの蓄積を全面的，全体的に利用して，いわば総力を挙げて改革を論じることはまれなことであって，しかも60歳代という年齢で市の行政改革委員・会長として改革に参画したことは，まさにラッキーなことである。自己の組織論研究にも幅を持たせてくれたのである。組織理論を学びなおす契機にもなったし，やはりアカデミックな蓄積がいるのである。改革には学問的蓄積のもとで深い洞察がいるのである。この点が行政組織の職員とは違うのであって，その立場の違いのゆえに行政改革委員として行政組織に貢献ができるのである。改革の切り口は多様化しているけれども，本質的な差異はないのである。

　行政改革は職員だけでも可能であるけれども，内なる承認システムによって，仲間殺しはできにくいのである。あまりにも内なる評価システムによって，改革しかも大変革を担う人はむしろ排除の対象になりやすいのである。このような状況では外科的な外部の力によって改革をしないと，現状の若干の修正に終わってしまうのである。これまでは行政改革委員も行政組織に抱きこまれていたのである。それはP.セルズニックがTVAで論じた「導入」

というレベルではなくて,単なる形式上の吸収に過ぎなかったのである[18]。地方の行政組織はローカルなシンクタンクといえる存在なので,そのお膳立てのもとで首長に答申をしていたのである。行政改革委員が専門的な権威を持っているわけでなく,利害関係者の利害調整の役割を担っていたのである。根本的な改革を行政組織に受け入れられていなかったのである。行政組織の幹部職員との議論に打ち勝つような力量を行政改革委員がもちあわせていなかったのである。

 だが今は,組織改革のシンプルなモデルであるから,専門家でなくてもたやすく議論することができる。均衡財政主義のもとで収支を合わせることは簡単な図式である。それ以上に財政赤字を減らすことも簡単な構図である。これが放置されて財政赤字を膨らましてきたのは,むしろ意図的と思われても当然のことである。行政組織には倒産がないという安易な考えがはびこっていたが,それは錯覚に過ぎないのである。行政組織の肥大化に歯止めをかけるだけではなく,スリムな組織に改革することは限られた財源のもとでは当然のことであって,職員の内なる承認欲求を満たすために肩書きやポストを乱発してきたのである。その結果として職員の平均年収は高くなり,財政を圧迫しているのである。何も職員に高い給料を支払うことを拒否しているのではなく,その労力,実績にあわせて支払うべきで画一的な悪平等を踏襲すべきではないのである。また現場の職員の給料が安ければ安い程よいとも考えていない。正当な労働の反対給付は当然であって,ボランティア組織と行政組織を同一視してしまうのは問題である。ただ,行政組織といえども世界的な経済の枠組みに組み込まれていて,無競争の世界ではないのである。行政組織の環境適応というのはこのことも含まれているのである。住民全体と密接な関係を持ってガバナンスを担う時代が来ているのである。形式論理的には住民のガバナンスの代理人は,議会の議員や市長であるが,行政組織は公正,中立,正義の名の下でなかば独立した権限を持っていて,国や県の下部組織としての業務を担うということで,住民や議員をむしろ拘束しているのである。それは住民主権のガバナンスになっていないので,行政組織は大きな自由裁量の幅を有していて,これに合わせて知識や情報を動員できる

から，実質的には行政組織（の幹部職員）がガバナンスの担い手になっている場合が多いのである。

　普通には個人として行政組織に抗しているから，圧倒的な力量差異があって，それは行政改革委員にもいえることである。かなりの専門的知識を持つ委員でも行政組織に具体的な実行案を提示するとなると，連立方程式のような前後関係を考慮しているわけではないから，職員の原案をたたき台にするしかないのである。この時点で自己の構想とはかなり離れてくるのである。中には法的，条例的に実施できないこともあって，行政組織の職員を無視して実行案を作成することはできなくなってしまう。職員との協働であるからその轍から逸するような案は立案することは，きわめて抵抗を大きくしてしまう。かくして，行政職員を主体的に使いこなすことが，行政改革委員の力量ということになる。よほど市長等の首長の権限的な後ろ盾がないと，本気なる行政改革委員はピエロになってしまうのである。あるいは意見を述べているだけに終わってしまうのである。

　市が財政再建団体に転落するという危機的状況でないと，専門的知識を持つ行政改革委員も自己の力量を発揮しにくいのであるが，今日の市町村は大幅な赤字のために，才能，能力を発揮しやすい状況になっている。ここは委員も本気になって改革を推進しうる立場を利用して，自らを鍛えて学習していく必要がある。このチャンスに空振りしてはよくないのである。情熱，熱情，志，理想の恩恵というものが委員に力を与えるのである。行政組織の職員にしても，委員の情熱に感化されることもあり，その真剣度や真摯な態度が共感を生み，相互信頼を高めるのである。このような認識を持たず職員を敵視するやり方では，改革を実行することはできないのである。要するに批判する態度が私利私欲や公正さを欠くと，改革が受容されず，心情的に改革精神が浸透されないのである。改革というものは論理一辺倒では，改革への意気を高められないから，自分らの将来のためになるという心情的な理解が得られなければならないのである。当面は犠牲が多くても，決して職員を疎外しているわけではないのである。この理解を得ると，意外にも改革はしやすくなるのである。委員が自己利益を追求するために改革していると見られ

ると，利害関係者の協力を得ることは難しく，交渉も駆け引きに終わってしまうのである。P.F. ドラッカーの言う人間の品性が問われ，人格・人品が大切であって，C.I. バーナードの言う道徳的創造性が行政改革委員にも求められるのである[19]。決して行政改革委員は首長に答申するだけの存在ではないのである。彼ら彼女らは組織変革の担い手としての役割が期待されているのである。少なくても組織変革を介在する触媒になりうるのである。はたして組織変革の起爆剤に行政改革委員がなりうるかは，その変革力量に左右されるが，コンフリクト・マネジメント能力はその変革において極めて大切である。

4. 交渉とコンフリクト解決

　これまで組織変革においてコンフリクト・マネジメント能力は軽視されていたが，この能力を欠くとことなかれ主義になりやすいのである。意識的変革にはコンフリクトが生じやすいのであって，コンフリクトの解決がより重要になるのである。行政改革もこの視点を欠いては実行力のあるものにならないのである。かくして，行政改革とコンフリクト・マネジメントをつなげて考察しないと現実的な改革ができないのである。われわれはこのような認識をかなり以前から持っていたのであるが，多くの人々の共通認識にはまだなっていないのである。逆にコンフリクト・マネジメントの視点から行政改革を考察していくと，より実行力のある具体策を論じることができよう。コンフリクト・マネジメント的行政改革ということができよう。そもそも改革というのはコンフリクトが不可避であって，交渉や調停を通じてコンフリクトをどのように解決していくかである。コンフリクトが自然に解決するということはないのである。すなわち，コンフリクトの解決には担い手の意識的，意図的な努力が必要であって，能動的活性のもとで交渉や調停がおこなわれ，知的創造性の発揮が解決の糸口を見出すのである。仲間内の承認を求めての「裏の承認」欲求（太田肇）の充足では，コンフリクトの解決は難し

いのである[20]。交渉や調停は，いわば「表の承認」を求めての創造的活動である。この意味でコンフリクトの解決は，より高次の欲求を満たす知的活動といえよう。企業間の国際紛争では大きな利害が絡むだけに，コンフリクトの解決はより重要になってきている。渉外弁護士が担う国際渉外交渉は巨額の成功報酬になることもしばしばである。ここでは紛争解決力はきわめて重要になるのである。そのために紛争解決力を高める教育が重要になるのであるが，一般的にはあまりそのことは認識されていないのである。大学においても同様のことが言えるのである。

　組織行動論ではマーチとサイモン（1958）をはじめとしてコンフリクト・マネジメントが論じられてきたけれども，交渉や調停を本格的に論じることはほとんどなかったのである。われわれも組織理論を学説的に学んでいたときには，紛争解決を論じることはなかったのである。裁判所の民事調停委員として調停を担ってからコンフリクトの解決に関心を持ったのであるが，そのほとんどは司法的紛争解決であった。その後，フォレットやバーナードなどの経営学の古典を読み返してみて，コンフリクト解決のための重要な文献であることに気づいて，とくにフォレットを勉学したのである。フォレットの学説こそコンフリクト・マネジメントそのものであって，今日の多くの対立，抗争，矛盾，二律背反などのコンフリクトを解く鍵があるのである。その「創造的経験」は紛争解決のための知的創造性の発揮を求めているのである[21]。バーナードが論じた「行動的知識」も実践的な紛争解決をもたらすものである。バーナードの道徳的創造性もまた共通の価値観をもたらす架橋になりうる点で，コンフリクトの解決に役立つのである。こうしてみると，コンフリクトの解決は経営学固有の問題であって，これまでこの研究が手薄であったのである。われわれは回り道をしていた感じであったが，実は切り口を変えていたのである。フォレットやバーナードにその先見性を見るのである。ただわれわれは，行動科学的紛争解決と司法的紛争解決とを総合的にとらえて，コンフリクト・マネジメントを体系化したいのである。そこでは交渉と調停を柱にしてコンフリクトの解決を論じている。さらに理論を発展させるために，組織理論をベースにしているのである。

コンフリクト・マネジメントの組織論的考察といえるが，これはマーチとサイモンのように組織内に限定されることなく，組織間関係のコンフリクトも研究の対象にしている。むしろコンフリクトは企業間のほうが多いであろうし，国境を越えての企業間のコンフリクトは増大しているのである。国際ビジネスではコンフリクト・マネジメントは欠くことのできない重要な領域である。ここでは紛争解決のために交渉や調停は欠くことのできないものである。ビジネス交渉やビジネス調停がこの領域ではさらに研究される必要があるといえよう。われわれはそのための基礎理論を提供することを意図しているのである。ただ交渉や調停は制度的諸条件のもとでおこなわれるから，文化，歴史，法律，慣行などを無視してはならないのである。この点で，交渉や調停は蛸壺的解釈のもとではうまくいかないのである。文化横断的交渉が増えているので，水平的な幅広さとともに戦略的な垂直的深さも今日の交渉では求められているのである。まさに戦略的交渉や戦略的調停が渉外コンフリクト・マネジメントには必要になっているのである。

このような交渉の視点に理論的な基礎を与えたのがJ．フェファーとG.R．サランシックである（J.Pfeffer, G.R.Salancik, *The external control of organizations*, Harper & Sons, 1978）。その資源依存モデルは交渉に権力論的な論拠を与えている。敵対的交渉でなくても，組織は外部環境に依存して存立しているから，その依存関係から権力が発生するのである。交渉にはこのようなバックグランドのもとでおこなわれるので，経営資源の優位性が交渉の行く末を左右するのである。さらに言えば，優位なる経営資源を動員していく組織的能力にも左右されているのである。資源の動員力こそが交渉を優位にするが，機敏性，機動力，タイミングなどとの総合力の重要性も指摘しておきたい。フォレットの状況の法則では全体的整合性である。その結果として合併や買収がおこなわれることもある。敵対的買収も交渉の結果のひとつである。われわれは交渉力を支えるバックグランドの重要性を認識しなければならないけれども，交渉力を高める教育も大切であって，そのためにも交渉の理論と技能を学ぶことが大切である。異文化間の交渉も増えているので，交渉に影響を与える要因が増えているのである。ここに交渉がよ

り複雑な状況におかれることになるが，それらを総合的に理解することが大切である。かくして異文化間のコミュニケーションや思考方法に架橋をかける対人的接触が求められるのであって[22]，取りあつかう領域が拡大していくので，理論家にとっては辛いことである。ここに研究の役割分業がなされるし，実務家はそれらを総合的，全体的にとらえることが求められるのである。

　それゆえ，われわれの研究はコンフリクト・マネジメントの基礎理論を提供するものであって，しかも組織論的な考察を中心にしているのである。しかし，このような研究はまだまだ少なく，未開拓な領域がまだまだ多いのである。われわれの投ずる一石は非力であっても，この研究の重要性をアピールするのには役立つであろう。裁判所の民事調停委員，市町村の行政改革委員，介護保険策定委員，情報公開審査会委員などの経験が交渉力を高めたり，コンフリクトの解決に役立っていることも事実である。これらの経験を理論化するのにはまだまだ不十分であるが，文献に依存するやり方には大きな限界がある。そこで文献と実務経験とを織り込んで，思索を深めることを日課として研究を深めているのである。人生の晩年の研究であるだけに文献を読みこなすだけでも大変であるが，しかし人生の晩年であるだけに経験を深め，これまで学んできた多くの文献を幅広く利用できる利点もあり，交渉や調停を現実的に進めるには経験的な年月がかかるのである。この点では，むしろ人生の晩年のほうが，研究しやすい領域といえるのである。自己のおかれた状況をこのように楽観的に考えると，研究にも励みが出てくるのである。行政改革委員の経験は行政改革を推進するには，コンフリクトの解決が優先することを痛感したのである。いくら戦略的な課題を設定しても，そのアジェンダを実行していくのは行政組織の職員が細部を担うがゆえに，行政の細部管理を徹底させないと改革は骨ぬきにされてしまうからである。職員にとって自己の目的に反することを積極的にやれるものではない。そこで交渉をし，調停をして職員の利害に反するものではないことを説得的に論じることも大切なことである。このような認識を欠くと，行政改革が実行力のないものに終わってしまうのである。その点，市の財政再建団体（財政再生団

体)への転落回避というのは,職員にも説得的に論じうる課題になって改革がしやすいのである[23]。

われわれが市の行政改革において戦略的なアジェンダをこの一点に絞り,市の財政再建団体への転落回避には住民の大きな協力が必要であるから,またそれほど犠牲も負担も大きいから,住民と行政の協働が不可欠であることを行政組織の当局幹部にも理解させて,中長期的には職員の利益にも適うからという合意を得て,大胆な改革を実施している。社会科学的には絶好の実験の場が与えられたわけであるが,これまでの経営学や組織論で学んできたことがこの行政改革で生かせていることは,学者冥利に尽きるのである。たまたま裕福といわれていた行政組織がその後財政状況を悪化させ,町村合併で急速に財政再建団体に転落という苦境に陥り,そのときに行政改革委員・会長という職務を担っているので,自己の研究業績を生かせる場を得たということでもある。たしかにコンフリクトは避けられないけれども,利害関係者の利害を調停できないという状況ではなく,裁判所の調停委員で培ったコンフリクト・マネジメント力を生かして改革を進められる範囲であるといえよう。理論道理に適わないことも少なくないけれども,それぞれの行政改革委員の利害を調整し,戦略的な課題に利害を収斂させていく調停を経て,改革への意欲を高める舞台装置を設定していくのである。行政改革推進大綱もかなりの修正を経て答申はすでに終わっている。議会の議員とのすりあわせを経て,行革実施案へと駒を進めている。試行錯誤をへて実験を進めていくしかないが,その担い手になれることはめったに経験できないことである。まさに学問において未開拓な領域を開拓していくような気持ちであるといえよう。市のすべての正規職員を合計すると900人近くになるが,この程度であるから改革実験もしやすいのである。病院,介護施設,保養施設などの特別会計もあるが,行政組織の全体を見通しうる規模なので総合的,全体的にも考えやすいのである。この事例を守秘義務を守りながら,機会を見て詳細に記したいのである。そのときは他の市町村との比較研究をやりたいものである。

2007年4月から市町村の助役は副市長や副町村長になるだけでなく,ナ

ンバー2として首長から事務の執行権限の一部を委任されて政策や企画などを執行できるようになった。この点で，副市長は行政改革の推進の要になるから，市長以上に行政改革委員は密接に議論を重ねる必要がある。市長と副市長がトップ・リーダーシップを発揮して本腰を入れた行政改革でないと，行政改革委員は提案者に終わり，実行力の乏しいものになってしまう。それゆえ行政改革委員はコンフリクトの調停者の役割を担い，行政組織のトップとミドル間の利害調整を行い，組織外の利害関係者とのコンフリクトの調停をおこなうことによって，行政組織の職員からの信頼を得ることができる。このような信頼関係が構築されることによって，ますます行政改革が効果的に促進されるのである。そのためにも行政改革委員は誠意ある態度が求められており，行政組織批判だけでは改革が骨抜きにされてしまうのである。

　こうしてみると市町村の行政改革にはコンフリクト・マネジメントの視点が必要であって，これを欠いたがゆえに行政改革が実行力の乏しいものにとどまっていたのである。コンフリクト・マネジメントの視点から行政改革を論じた研究は皆無に等しいので，われわれはこの視点から論じている。行政組織の組織論的研究と合わせて，交渉や調停を柱にしてコンフリクト・マネジメントを行政改革に用いている。行政法や行政学との関連も重要ではあるが，われわれの論点はあくまでも組織論的な立場から論じている。時間をかけて論考を深めて行きたいのである。行政組織のガバナンスのあり方を含めて，行政組織の環境適応は大きく変わってきており，思考の枠組みそのものを変えていく，C. アージリスの言うダブル・ループの発想が行政組織でも必要になってきたのである[24]。行政組織の幹部はまさに行政経営の変革能力を高める担い手になっているのである。下部組織として国や県に従属しているのでなく，独自の行政経営を主体的に担って，絶えず変革していかない限り，たやすく財政再建団体に転落してしまうのである。負担ばかり押し付けられていては，財政力が弱体化するだけでなく，新しい環境に適応していく自主性，主体性をなくして，名前だけの行政経営になってしまうのである。われわれが求めるのは積極果敢な行政経営であって，財政再建団体に転落を回避するだけでなく，財政好転のための財政収入の増加策も同時に考え

ていくのである。収入増加策を戦略的な課題として行政組織の職員の知恵，知識，ノウハウ，経験を生かしていける組織づくりが行政改革委員に課せられた課題でもある。すでにこのような試みをなしており，行政改革実行案の作成に向けているのである。ここでは繰り返しになるが，コンフリクト・マネジメント能力が実践的にも必要である。この試みの結果を機会を見て論じることにしよう。

　時代は大きく変化し，行政組織も経営学を学び，主体的に組織を変革することが行政組織の環境適応になっている。市長や副市長などがトップ・マネジメントの担い手として効果的な行政経営をマネジメントすることが要請されている。行政経営学は公共経営学ともよばれるが，行政組織のガバナンスのあり方がいっそう問題にされるのである。このような時代状況の中で市の行政改革を担う行政改革委員として改革に関与できたのは，経営学者として幸せであって，経営学者としての存在理由を示せたのである。ここに日ごろからの問題意識を具体的な行政改革の舞台で投げかけられたのは，学究として実験の場を与えられたことでもあり，ここは丹念に実行して学び，そしてその実行できなかったことから，その原因を追究することによって学問の水準を高めることができるのである。われわれの任務は重いけれども，生涯をかけても惜しくない研究テーマである。

　行政組織の組織論的研究はまだ十分に研究されていないけれども，行政改革には必要な視点であって，それに伴うコンフリクトをどのように解決していくかがわれわれの課題である。コンフリクト・マネジメントの視点から行政改革を論じないと，実行力のある行政組織の改革はできにくいのである。戦略的課題として行政改革が論じられてきたけれども，行政組織の職員とのコンフリクトを解決しない限り，戦略が細部に宿り，その政策の細部を担当する職員の力によって改革が骨抜きにされてしまうのである。この骨抜きを避けるためには，職員との間に生じたコンフリクトを調整し，整合させ，そしてコンフリクトの解決をもたらすコンフリクト・マネジメントが必要である。行政組織内部に抵抗する勢力が存在するという前提でわれわれは考察しているので，対立，抗争を顧慮に入れた対応を考えている[25]。改革は結局

は，堅実で小さい知恵の積み重ねであって，これまでの環境適応を欠く小さなほころびの積み重ねが財政赤字などの組織の歪みをもたらしたのである。この歪みを是正するために行政改革を行い，行政改革委員が行政改革推進大綱を答申してガバナンスのあり方も問うたのであるが，行政職員にとって小さなほころびのゆえに組織の歪みが年月を経て大きくなるまで放置されていたのである。ほころびは早い時点で食い止めることは可能であったが，職員同士の内なる裏の承認のために，協調性を欠く改革を実施しての表の承認欲求を満たす，これまでのやり方に断絶をもたらす改革を実行することが組織人として難しかったのである。承認欲求を刺激して人を動かすことが重要であるとわかっていても，出る杭を打つ日本の組織風土の中での難しさは，行政職員も同様である。そこで太田肇教授は金より名誉のモチベーション論を論じて，「金銭の成果主義」よりも「名誉の成果主義」が日本人をつき動かすという（太田肇『お金より名誉のモチベーション論』東洋経済新報社，2007）。特に行政組織の職員には，表の承認欲求を動機づけるための数々の工夫や配慮が必要であって，これまで内なる裏の承認がより優先されてきたのである。相互牽制といえる裏の承認が職員の安定した生活を保障してきたのである。うかつに改革路線に乗ると，仲間から浮いて全人格的コミュニケーションのネットワークからはずされて，仕事に必要な適切良好な情報が得られなくなってしまうからである。

　かくして，行政職員にとって同僚から浮くということは絶対に避けなければならないのである。このような職員の裏の承認の重要性を認識しておかないと，行政改革はスッポリと骨抜きにされてしまうのである。財政学者や行政学者は職員の内なる裏の承認をほとんど無視しており，それがために理論的には適合性を有していても，実行力の乏しいものになっている。ここに行政改革の組織論的研究の重要性が認識されるのである。減点主義の行政組織では，職員はとくにマイナスの評価を避けたいのである。ここでの工夫は行政改革の推進に協力しない人にはマイナスの評価を与えることである。市長，副市長をはじめとして幹部が行政改革に非協力的な職員にはマイナスの人事考課をすることである。そして行政改革に積極的に協力する職員に

は，表の承認欲求を満たす評価をして，隠れた承認欲求で持って動機付けるのである。ここでは多様な承認の方向を用意し，これまでの準拠集団からの切り離しも求められるのである（大田，280頁）。むしろ財政再建団体への転落という状況では，行政組織のこのような組み換えは決して難しいことではない。職員の認められたいという気持ちを誘導する装置がこのように形成されれば，行政改革が職員によって骨抜きにされることはないといえるのである。われわれの行政改革は職員の裏の承認や表の承認に配慮して，職員を改革へと動機づけて実行力のある行政改革を目指しているのである。この点で，きわめて経営学的な行政改革である。経営学者こそ行政改革に関与すべきなのである。日本的な組織では職員の内なる裏の承認の重要性への配慮を欠いたがゆえに，これまで職員は行政改革を骨抜きにして，あるいは小さいほころびを積み重ねて，少しづつ組織の歪みをもたらし，それが今日では行政組織の大きな改革を必要とするようになったのである。

さらにいえば，職員はプロフェッショナルな専門性に裏付けられた担当実務を遂行する時代になっているという認識が大切である。佐々木信夫教授によれば，「現在の自治体組織の中に大きな錯覚があると見ている。専門知識と執務知識を混同している点だ。職員が経験によって身に付ける知識は，担当職務の職務知識と経験，人脈という執務能力である。しかし，決してそれは専門能力ではない。執務能力があっても専門能力がないというのが，ゼネラリストと呼ばれるこれまでの事務系職員ではないか」（佐々木信夫『自治体をどう変えるか』ちくま新書，2006）という。専門性の高い仕事を自ら処理できる能力こそが専門能力であるから，仕事を通じてこのような能力を高める仕事の仕組みを組織内に構築していく必要がある。行政組織の職員の給与は労働に対する労働対価であるからである（151-153頁）。

われわれの目的は行政組織の行政経営能力を高めることであるが，そのために「自治基本条例」の設定も必要になる。自治基本条例は，「一般条例や計画作りの指針をなし，住民の権利や義務，議会や執行機関など自治体運営の基本事項を定める総合条例である。・・・特徴的なのは単にルールだけでなく，首長の多選禁止や新たなる入札制度，住民投票，パブリックコメント

の導入など，ある種の改革視点を加えている点である。この条例により，自治体運営の仕組みが分かりやすくなり，行政運営の根拠が明確になって，住民参画のルールができるなど全体として住民自治の高揚が期待されよう。いまや地域の運営を全国一律のルールに委ねる時代ではない。地域のことは地域で決める―それが分権社会の姿である。それには，住民が互いのローカル・ルールを共有することが大切」(253頁)と佐々木信夫教授は述べている。住民と行政と協働による行政経営は，われわれも望むところである。地方分権のもとで地方自治が進み，ここでの住民と行政とのガバナンス協働が主体的な行政経営といえるものである。もともと行政経営は民主的なガバナンスを内包しているのであるという認識が大切である。ここでこそ本格的な行政改革が実行されるのである。行政組織の組織変革はより本質的になってくるのである[26]。

　ローマ帝国の財政が破綻する前に規模の縮小や市民生活の縮小を図ろうとしたが，ローマ人は特権を失い，贅沢ができないことに反対し，巨大国家のスリム化や縮小の改革ができなかった（塩野七生）。一度得た特権や恩恵を手放すことは確かに難しいことではあるが，しかし行政改革は断固たる意志で，それを乗り越えなければ改革は成功しないのである。住民エゴというのは，行政組織が次第に取り返しのつかない形に変わっていくことに気ずかなかった，もしくはまだまだいけるという甘い認識のゆえに，さらに自己利益を追求しようとしていることである。そのことが財政再建団体への転落の危機でも，再建策をとりにくい理由のひとつである。主観的認識のズレは大きいのであって，同じ数値を見ても判断が異なるのである。このような認識のズレを調停するのも行政改革委員の仕事である。この意味で行政改革というのは既特権壊しといえよう。このような既得権益の聖域に踏み込むのは勇気と英知がいるが，行政改革は事なかれではできないのである。

5. おわりに

　今日では，裕福といわれる市町村でも財政は飽和状態にまで膨張しており，今のうちに引き締めて，行政組織の内部の活力で自己組織的に組み替えられる健全な組織に戻す必要がある。いつまでも税収が増え続けられるものではなく，今の繁栄を少し犠牲にしても，行政組織が長期にわたって安定した健全な組織としてあり続ける方策を採るべきなのである。財政拡大のみが行政組織の威信を高めるのではなく，むしろ膨張政策に批判的なほうが優れた洞察能力である。市町村の面子のために赤字部門を拡大するようなものである。行政改革委員はこのような膨張策にも歯止めをかける任務がある。それでこそ栄光を保つことができる。ここにも認識のズレがあるが，利害を調停していくのである。膨張策は地域住民も好むことではあるが，コンフリクト解決のために粘り強い説得が必要である。バーナードが論じた説得の方法は，このような中長期の利害関係の調整を論じている。ついつい目先の利害だけで対立しているのである。フォレットの言う「統合的解決」には知的創造性の発揮に独創的解決も含まれていて，真の紛争解決を目指すのである。バーナードの「理想の恩恵」のように理想的なやり方であるから現実性がないように思われてきたが，しかし創意工夫を凝らせば決して非現実的なことではないことが分かってきたのである。抑圧や妥協ではなく，統合的解決が今日のコンフリクトを解決する方法として実践的にも要請されているのである。ここにフォレットの偉大な先見性がある。フォレットやバーナードという古典を学ぶ重要性が認識されるようになってきたのである。この意味でこれらはコンフリクト・マネジメントの柱になっている。

　われわれは実践的にも役立つコンフリクト・マネジメント論を展開したいが，そこでは交渉や調停の理論が中心になる。行政組織の改革に伴うコンフリクトも研究の対象にしており，市の行政改革委員の経験を踏まえて論じているが，行政組織こそコンフリクト・マネジメントを必要とする状況に

なっているのである。このような認識は行政組織ではあまりなされていないので，行政改革が遅れているのである[26]。もちろん行政組織の職員も既得権益を有しているので，仲間同士のかばい合いによって責任があいまいになり，改革にメリハリがつけにくいのであるが，戦略的な課題を明確にして，それに伴うコンフリクトを解決していく能力こそさらに大切である。

　今日の行政組織はその巨額の財政赤字の割には危機感が薄いのは，徐々に財政を悪化させているので，ぬるま湯の感覚からの脱却が急務とは思われていないのである。急激な悪化なら危機感をもてるのであるが，時間をかけて少しづつ修正もしくは手直しをすればよいという意識になりやすいのである。というのも他の市町村との比較で改革のペースも考えているので，自己の自治体だけが業績悪化，財政悪化だけではないという奇妙な安心感を持っていて，真剣な対応がどうしても遅れるのである。財政再建団体転落直前という自治体が周辺の市町村に少なからず存在するので，まだまだいけるという自己にとって都合のいい主観的な認識になりやすいのである。行政組織の職員も既得権益をなくす改革は後送りをしたい気持ちになりやすいのである。組織のスリム化に伴う人員削減はできる限り避けたいのである。退職金の割り増しによる退職勧奨は，やはり「強制」と受け取られやすく，行政改革の意図も誤解されやすいのである。そのために退職交渉という肩たたきをどのように実施していくかということになる。ここでは職員の気持ちへの心理的配慮を伴う交渉技能が求められていて，自尊心や面子を傷つけては意地になって，交渉はしにくい成果の乏しい状況に陥ることが多いのである。交渉は双方の合意に至る道筋をつける手法といえるが，駆け引きがすぎるとむしろ双方に不信をもたらし，かえって取引コストを増大させるなどマイナスが大きいのである。それゆえ双方が交渉のルールや手続きを守るほうが拘束があっても，双方を利するのである。この認識のもとでは敵対的交渉が協調的交渉に転換しやすいのである。このことは労使間交渉でもいえることである。団体交渉というのはあまりにも有名な言葉であるが，現実には敵対的交渉に終始するものではないのである。この点を誤解してはならないのである。もちろん交渉の手段と目的が転倒することも少なくないが，手段に埋没

してしまう交渉も少なくないのである。

　ここにコンフリクト・マネジメントと関連させて交渉を考察する必要があるのである。行政組織では住民ニーズよりもルールや行政手続の呪縛にとらわれやすいから，コンフリクト対応が機敏ではなく，コンフリクト処理も整合性を持ちにくいのである。住民も交渉上手とはいえないから，行政組織も自主，主体的な組織変革がしにくい状況でもある。したがってコンフリクト・マネジメント能力を高めることが，行政改革を内在的に推進するのである。

注

1) C.J. フォンブラン，C.B.H. ファン・リール『コーポレート・レピュテーション』(花堂靖仁訳) 東洋経済新報社，2005. R.J. オルソップ『レピュテーション・マネジメント』(トーマツ CSR グループ訳) 日本実業出版社，2005.「危機は回避できなくても，評判へのイメージは回避できる」(294-296 頁) という。
2) P.M.Blau, *Exchange and Power in Social Life*, John Wiley, 1964. 経済的報酬を含む社会的報酬を相手の返報を見込んで交換しあうのである。「個人の他者への創始的な誘因は，つねに比較をなしうる外部的要因にもとづいている」(p.38)。そのために，「望ましい印象を作り出す努力に励む」(p.39) のである。P.M. ブラウの理論は，誘因―貢献関係がバーナードのようにコミュニケーションをバランスが取れるというよりも，説得や交渉を通じての動態的均衡といえよう。経済的均衡を拡大したというよりも，価値体系や規範の変更も含まれるから，まさに「社会的」交換である。
3) J.G.March, Simon, H.A., *Organizations*, John Wiley, 1958. マーチ・サイモン『オーガニゼーションズ』(土屋守章訳) ダイヤモンド社，1977。マーチとサイモンは第 5 章「組織におけるコンフリクト」で，コンフリクトについて詳細に論じている。コンフリクトに対する組織の対応として，バーゲニングについても論じる。
4) N.J. アドラー『異文化組織のマネジメント』(江夏健一・桑名義晴監訳) セントラル・プレス，1996 (1991). 第 7 章「外国人との交渉」において，国際交渉，交渉プロセス，交渉戦術が論じられている。異文化シナジー的な解決方法は，伝統的な競争的アプローチや協調的・個人的な基本的アプローチとは異なって，異文化への訓練を準備し，両方の文化に対する妥当性や，両方の文化に適切な基準の採用の主張など，国際ビジネス交渉に適切な提言をしている。
5) P.R.Lawrence & J.W.Lorsch, *Organization and Environment*, Harvard University Press, 1967. ローレンス・ローシュ『組織の条件適応理論』(吉田博訳) 産業能率短大出版部，1977。
6) 池本正純『企業家とはなにか』八千代出版，2004. コース自身も取引コスト理論について反省している。すなわち，「企業を労働の購入者としてのみ見るのではなく，多様な生産要素との契約の核としてみなければならないという視野の広がりと，その企業の核を多様な生産要素の働きをコーディネイトするオーガナイザーとしてみなければならないとする視点の深まりである」(243 頁)。
7) 岸田民樹『経営組織と環境適応』三嶺書房，1985，第 5 章「状況適合理論とその批判」。
8) 若林直樹『日本企業のネットワークと信頼』有斐閣，2006。第 5 章「組織間でのネットワークと信頼関係」で，ネットワークによる信頼の質的変化を論じる。

9) K.Lewin, Frontiers in group dynamics, *Human Relations*, vol.1, 1947, pp.5-41. レヴィンの変革プロセス・モデルは有名であるが，これは有機的システムを対象とした「場の力」概念にもとづく3段階モデルであって，解凍（均衡状態を流動的にさせるプロセス）—移行（新しい均衡状態に進行させる動的プロセス）—再凍結（新しい均衡状態に定着させるプロセス）をへる。
10) コンフリクト・マネジメント論は知識として重要であるが，われわれ実際に調停を担ってきた人間としては，J.フェファーやR.I.サントンのように知識は実行してこそ価値があると考える。それは論述を行動と錯覚することなく，前例にとらわれることなく，実行の解を見出すのである。恐怖心やめんどうくさいということで実行への行動が阻まれることがあるが，官僚制組織の現状肯定の評価方法では，環境変化に対応できるような判断力を狂わせかねない。確かに知識と行動とのギャップは大きいけれども，認識を行動に変えるメカニズムとして，実行を習慣付けて，実行に伴う失敗から学ぶシステムを構築したいのである。なぜ知識を行動に活かせないのかという「実行力不全」はフェファーなどを除いて，意外に研究されていない（J.フェファー・R.I.サントン『実行力不全』長谷川喜一郎監訳，ランダムハウス講談社，2006）。調停とは紛争解決の実行である。
11) 行政改革委員は職員への人心掌握術を必要としなくても，職員の改革への意欲，やる気を引き出すために，人の長所を見抜き，その心をつかんで改革への人材として育つように支援していく姿勢は大切である。

　　行政組織の職員が現状維持になりがちなのは既得権益を守るためというよりも，社会のシステムがますます複雑になって，その複雑さのゆえに予測がより困難になっていて，狭い行政思考の枠組みでは前進への筋道を付けにくいからである。職員は決して怠惰ではないけれども，個人に改革への機会を与えて，試行錯誤で決定していくような加点法のしくみになっていないからである。減点法の世界では職場での内なる裏の承認がなくては昇進への足がかりが得られないのである。外部的に評価されても，昇進へは直接的につながらないのである。これが行政組織の環境変化への対応を鈍くしているのである。
12) 行政改革委員が改革への実効案に説得力を持たせるには，行政組織の職員に実現の可能性を具体的に論じる必要があるのであって，バランス感覚と職員を納得させる的確な状況判断のもとで，危機を突破してこそ明るい将来展望が開けることを論拠を持って説得的に論じることである。委員は住民の代表としてガバナンスを論じるが，実質的に政策を立案しているのは議員ではなくて，行政職員である。いわば行政改革の絵図を描いているのも行政職員であって，その枠から大幅に脱していると，委員の発言は実質的に無視されてしまうのである。いわば行政改革委員には責任体系などはないから，主権在民の住民の代表であっても，その政策立案能力，改革実行案の提示能力に疑いをもたれていて，また委員も職員の非難ばかりでは目的を見失ってしまうのである。
13) 櫻井道晴『コーポレート・レピュテーション』中央経済社，2005。
14) 土屋守章，岡本久吉『コーポレート・ガバナンス論』有斐閣，2003。「地域社会とコーポレート・ガバナンス」（203-206頁）について述べている。ここでは，地方自治体は住民に対しては生活基盤の整備，行政サービスの充実，企業に対しては地場産業の育成，企業誘致，企業インフラの整備，そして地方自治体に対しては行政の連携による行政機能の広域的運営を論じている。

　　勝部伸夫『コーポレート・ガバナンス論序説』文眞堂，2004。「ガバナンス論の登場は，マネジメントの機能不全，あるいはマネジメントへの疑念や不信，これが問題の契機になっているといってよい。つまり一言で言えば，経営者支配体制そのものの根幹が問われている」（284頁）ことになる。

　　このように，コーポレート・ガバナンスとは，経営の規律付けの仕組みであって，その目的の一つは企業価値の向上である。会社の意思決定や，業務執行に関係する株主総会，取締役会，代

表取締役などの仕組みや運営のあり方を株主などの利害関係者のために問うている。経営に対する監視を強めたり、社外取締役による経営トップなどの動きをけん制したりする。経営者が企業価値向上という責任を果たすための具体的な企業内部体制を整備することである。
15) 行政組織は地域経済に配慮しながらも、従来の取引関係にとらわれることなく、効率的な取引先を選別せざるをえなくなっている。必然的に地元の業者だけの入札物件は減り、行政組織間の戦略的提携や情報技術化、スピード行政経営への対応が広範に求められているのである。また、行政組織の職員の人件費も地域社会ではかなりの水準に達していて、人口増を前提にした雇用体系を維持することも難しくなっている。それは職員の「市場価値」は測りにくくても、組織貢献を反映した評価給の導入や、管理職やそれに準じる職位を減少させざるを得ないのである。行政経営の効率性が問われているのであるから、「結果の平等」や「年功序列」への若干の考慮はあっても、貢献に応じた誘因になろう。ただここでは、「機会の平等」はメンバーの貢献意欲を高めるためにも大切なことである。
16) ここでのガバナンスは、住民から業務執行を預かる行政経営者の行動をどのように規律付けるか、どのように行政経営を監視する仕組みを設けるかについての広範にわたる問題を論じることである。利害関係者の関心はマチマチであっても、行政の社会的な逸脱行為の防止だけではなくて（過剰な財政赤字を含む）、効率的で公正な行政経営という観点からも論じられている。今日では住民のモニタリング（監視）も有力な方法であって、行政経営の仕組みや運営のあり方も論及されるように、各種の委員会に住民が参加して行政経営のトップなどの動きをけん制したりすることである。また業務の適正化を狙い、行政組織内の基盤を行政経営者が組織内部の整備のために内部統制の強化するのを住民として支援することである。過剰な公共事業や損失リスクの管理や、職員の違法な行為を未然に防ぐ組織体制の整備や、住民の信頼を得るための適切な情報公開である（「ゼミナール」日本経済新聞、2007年4月26日）。
17) 行政改革は外圧的に行政組織の職員の意識を変えようとしているけれども、濃厚な対人的接触や対人的時間を共有してきた日本的組織の典型である行政組織の職員にとっては、特殊組織的な互恵的関係や先輩―後輩という長幼の序を覆す意識改革は難しいのである。そこで行政組織の職員が自己利益を追求しても、地方自治体、地域社会という全体の利益の追求と整合的になるように組織づくり、制度づくりをしていって、仮に職員の意識が危機でも変わりにくくても、組織、制度が職員の行動を変えさせていくのである。ここに制度論的アプローチを取るのであるが、行政改革には2008年度から連結ベースで自治体の健全性を評価し早期の再生を促す早期再生制度が大きな契機になりうる。連結ベースで実質債務超過を見るだけに、抜本的な事業再建を迫られ、住民に不可欠のサービスを担う地方の官業の透明性確保や抜本的な効率改善が求められる。
18) P.Selnick, *TVA and the Grass Roots*, University of California Press, 1949.
19) C.I. バーナード『経営者の役割』（山本安次郎・田杉競・飯野春樹訳）ダイヤモンド社、1968。
20) 太田肇教授は、社会一般に通用する表の承認とともに裏の承認にも注目する。「裏の承認とは、義理を果たし、周囲との調和を保ち、ときには自己犠牲を払うことによって、消極的に認められること」（47頁）である。草の根実力主義とは「評価」よりも「評判」に配慮したものである（太田肇「働き方分析」『プレジデント』45巻10号、2007）。
21) M.P.Follett, *Creative Experience*, Longmans Green, 1924.「自己支援的かつ自己更新的プロセスとしての経験」（第1部）を述べる。M.P. フォレット著『新しい国家』（三戸公監訳）、文眞堂、1993。

J.C.Tonn, *Mary P. Follett*, Yale University Press, 2003. トンは第19章の「創造的経験」で、フォレット著の『創造的経験』の論評を行い、利害の統合者としての「状況の法則」を論じる。そこでは「新しい心理学」のシステムにおける経験の意味を論じ、それは統合への循環的対応

のプロセスを経て，全体的状況での認識の下で統合的行動を解明している。Power over ではなく Power with こそ，統合へのプロセスであって，参加的民主主義のもとでのパワーウイズである。フォレットは，1924年4月に H. ラスキに「私の次の本は，コンフリクトについてです」と手紙を書いたように，コンフリクト・マネジメントこそフォレットの究極的な研究対象であったのである。そしてフォレットの関心は調停と仲裁にあったといえよう（1942, pp.230-246）。

22) F. トロンペナール・P. ウーリアムズ，古屋紀人『異文化間のビジネス戦略』（古屋紀人訳）白桃書房，2005。多様性のある異文化間のビジネスでは，ジレンマ，コンフリクトが生じやすい。著者らは，普遍主義と個別主義との間のジレンマをはじめとして，個人主義と共同体主義，関与特定型と関与融合型，感情中立傾向と感情表出傾向，実績主義と属性主義，内的コントロールと外的コントロール，との間のジレンマや，時間に対する意味の違いから発生するジレンマを論じている（第6章）。

23) 行政改革は将来の財政収入といった先行きの見通し，すなわち「期待」によって実行力も異なってくる。今の時点での財政収入に関する期待は，あくまで現時点で得られる情報に基づく予想であって，次の時点で過去にさかのぼってデータが改訂されれば，この変化を踏まえて期待は修正される。政策が期待に，あるいは逆に期待が政策に対してどのように影響を与えるかを解析的・定量的に分析できるようになってきているから，住民との対話を通じて，期待を織り込む分析が求められる。期待というものは，行政改革の進捗に応じて変化するのである（平田英昭「経済教室」日本経済新聞，2007年4月26日）。

24) C.Argyris, *On Organizational Learning*, Blackwell, 1992。シングル・ループ学習とダブル・ループ学習について論じる（p.218）。C.Argyris, *Knowledge for Action*, Jossey-Bass, 1993。組織変革への障壁を克服するための手引きが論考され，第12章で，変革や改良のためのモデルを示して，その理論的枠組みを論じている。

大月博史・藤田誠・奥村哲史『組織のイメージと理論』創成社，2001。大月博史教授は{プロセスとしての組織}を論じ，そこでアージリスとショーン（1978）の組織的学習に論及し，シングル・ループ学習（現行の枠組みを維持するための改善学習）とダブル・ループ学習（新しい枠組みを創るための改善学習）について述べている。

25) われわれは主にミクロのコンフリクト・マネジメントを論じてきたが，結果の不平等等による格差拡大に伴うコンフリクトを軽視しているわけではない。地方自治体の行政改革にしても，地域格差の拡大のために自主財源の乏しい自治体にとっては，これまで依存してきた地方交付税の削減によって，行政組織の痛みは大きく，中途半端な行政改革程度では財政赤字を膨張させていくだけである。少なからずの市町村は実質的には財政破綻しており，次世代の負担はあまりにも大きいのである。このコンフリクトの解決はきわめて大問題であって，均衡財政主義者でなくとも，きわめて深刻な状況である。正規メンバーと非正規メンバーとの大きな待遇格差もジェンダー視点で考察すると偏見を伴ったコンフリクトである。このようにマクロのコンフリクトは日本中に満ち溢れていて，より高次のコンフリクト・マネジメントを必要としているのである。

26) 佐藤郁哉・小田真茂留『制度と文化　組織を動かす見えない力』日本経済新聞社，2004。
制度や文化の呪縛をこえての組織活動を論じる。今村都南雄『行政学の基礎理論』三嶺書房，1997。第7章「組織理論と行政組織研究」で条件適合的な見方をしている。田中豊治『地方行政官僚制における組織変革の社会学的研究』，1994。第2部では，「行政組織変革過程の動態的分析」が論じられている。行政組織の組織文化の戦略的拘束力を低下させるのが破壊的決定であるけれども，組織構造と結びついた組織文化の執拗さのために，改革が骨ぬきにされやすいのである。強い組織文化を持つ行政組織を変えさせるのは，財政再建団体転落という危機的状況を職員が主観的に認識してこそである（河合篤男『企業革新のマネジメント』中央経済社，2006）。

あとがき

　大学を卒業して40年も経つと，人生とは一瞬のものと気づくのであるが，そのプロセスにおいては退屈することも多かったのである。だが，学究生活に入ってからは日々を忙しく過ごすようになり，じっくりと思索する時間の余裕をなくして，ただ論文を書いているような気がするのである。少しでも早く書きたいということであろうが，本書の交渉や調停についても同様なことが言えよう。パン食い競争ではないのに，急いで書いてしまうのは何故であろうか。未開拓な領域を開拓しているという意識が先陣を求めるのかもしれないが，精緻に研究を深めるということをしていないからでもある。

　少年時代から平凡な人生を歩んできた私にとっては，ニッチを突く研究になるのであるが，ニッチが広範に研究されるようになると競争力が低下してしまうので，次のニッチへと向かったのであるが，もうそれも終焉のときがやって来ているようである。

　交渉も調停も地方自治体の行政改革委員や裁判所の調停委員の経験を踏まえて論じているので，現実を無視したものではないが，文献も読んで理論的整序のもとで実行力のあるものにしたいのである。これまで学んできた組織理論をベースにしているので，司法的見方は補助的なものになっている。ただ裁判所の民事調停委員を15年間やってきただけに，司法的解釈の重要性も十分に認識しているのである。

　リスク化社会になるとコンフリクトも発生しやすく，利害が錯綜してコンフリクトの解決も容易ではないが，それでもコンフリクト・マネジメントを学ぶ人は少なく，大学でもコンフリクト・マネジメントはほぼ開講されてはいない。ここにわれわれの営みも無視されるものではないであろう。将来不安の高まりによって，公助，互助よりも自助への関心が高まり，交渉力や調停力を身につけようとしている人がビジネス領域外でもふえている。

あとがき

　社会や組織や個人には多様なコンフリクトがあって，社会的不平等，社会的格差の拡大，非正規メンバーの比率の増大など，深刻なコンフリクトが生じている。裁判所の調停においても社会の歪みが反映しているコンフリクトも少なくなく，そのために紛争当事者間の紛争解決も容易でなくなっている。財政赤字の地方自治体の行財政改革も鋭く利害関係者の利害が対立しているだけに，改革に伴うコンフリクトの解決も財政支出縮小化のもとでは，複雑骨折した状況のようで簡単には行かないのである。

　これらのコンフリクトのほとんどは，組織と個人，組織間のコンフリクトであって，組織行動を理解していないと解決の糸口を見い出すことも困難である。裁判所の調停委員や地方自治体の行政改革委員などの経験を踏まえてコンフリクト解決を論じているが，10年や15年の経験では日常的なコンフリクトの解決は決して整然と述べられるものではない。

　このようにコンフリクトの解決は文献でも体系的に論じられていないが，われわれは組織論的なコンフリクト・マネジメントを交渉や調停を軸にして論じている。交渉は今日では脚光を浴びるテーマであって，ビジネス交渉，とくに国際ビジネス交渉には企業の利益だけでなくて国益もかかっていて，最近になって研究する人もふえてきたのである。ただ，交渉の理論の研究はこれからであるが，行政改革においても交渉力はきわめて重要になっている。交渉によっては大きなコンフリクトを伴いながらも改革は推進されるのである。同時に利害関係者間のコンフリクトを調停していくことも大切であって，そのことによって互恵的な相互作用を形成したりして，双方ともに満足することも出来るのである。行政改革と地域振興は両立しがたくあるように思われるけれども，知的創造性を発揮した調停であれば，M.P. フォレットのいうような「統合的解決」も可能である。

　調停にはフォレットの理論を学ぶことが大切であって，われわれもフォレットに学んでいる。C.I. バーナードを含めて経営学の古典には数多くのコンフリクト・マネジメントに役立つ理論があり，裁判所の調停においてもそれらを利用してきたのである。今日では組織間紛争を調停することもふえていて，ADR機関の役割は一層重要になっている。たしかに調停においては

裁判所の調停制度が先駆したけれども、多様な紛争解決にはADR機関の充実が求められるのである。そして調停の理論と技能の向上が企業間紛争にも良き影響を与えるのであって、数多くの組織間紛争の解決に貢献していくことであろう。そしてコンフリクトがスムーズに解決できる時代を待ちたいのである。われわれも非力ながら調停の理論の進歩に寄与したいのである。

かくして、コンフリクト・マネジメントには交渉と調停の理論を関連させて考察することが大切であって、地方自治体の行政改革においても交渉し調停していかねば行政改革も推進されないのである。このような経験は貴重であって、コンフリクトを回避していては改革は微細なものに終ってしまうのである。行政にも独自の行政経営思想が必要であって、企業家精神のもとでマネジメント改革をして経営力を強化する必要がある。それは環境変化に伴うコンフリクト状況に対応して、柔軟かつ適応的な仕組みをもつ、官僚主義を脱した行政経営である。それは良好なコンフリクト・マネジメントがあってのことである。フォレット理論はここにおいても役立つのである。今こそ、フォレットである。

初出一覧

第1章　未発表
第2章　未発表
第3章　『大阪商業大学論集』139号、2006年。
第4章　大阪経済法科大学『経済学論集』30巻1号、2007年。
第5章　『大阪商業大学論集』143号、2007年。
第6章　『大阪商業大学論集』145号、2007年。
第7章　大阪経済法科大学『経済学論集』30巻2・3号、2007年。

事項索引

〈欧文〉

ADR 21, 33, 70, 71, 78, 79, 81, 84, 87, 90, 93, 94, 97, 100, 101, 102, 115, 122, 128, 137, 139, 189
　——機関 1, 22, 70, 78, 79, 80, 90, 95
　——基本法 71, 78, 79, 80, 84, 87, 92, 93, 94, 114, 138
　——制度 88
　——機関 79
BANTA 148, 151, 152, 174, 181
Win-Win 解決（ウィン‐ウィン解決も見よ） 106, 110, 115, 120, 124, 125
Win-Win 型交渉 138, 169, 170

〈ア行〉

家の論理 47, 59
異文化間交渉 96, 164, 171, 178, 187, 188
ウィン‐ウィン解決 61, 159
内なる承認 204
　——欲求 205
裏の承認 207, 214, 215
円環的対応 161
表の承認 208, 215
　——欲求 214, 215

〈カ行〉

家事調停 8, 24, 45, 80, 84, 92, 93
家事労働 7, 19, 20, 46, 183
ガバナンス 2, 3, 160, 200, 202, 204, 205, 206, 214, 216
　——改革 2, 3, 203
企業間交渉 189
企業の競争優位性 81
競合的交渉 18, 44, 73
行政改革 2, 3, 4, 194, 196, 197, 198, 199, 201, 202, 203, 204, 207, 210, 211, 212, 213, 214, 215, 216, 218, 219

　——委員 2, 28, 196, 197, 198, 199, 202, 203, 204, 205, 206, 207, 210, 212, 213, 214, 216, 217
　——推進大綱 203, 211, 214
　——大綱 198, 201
行政経営 2, 3, 200, 212, 213, 216
　——能力 215
行政組織のガバナンス 202, 212, 213
競争優位性 48, 52
協調的交渉 4, 18, 55, 73, 96, 106, 107, 111, 128, 134, 137, 138, 141, 144, 145, 146, 160, 163, 179, 182, 185, 190, 192, 194, 195, 198
均衡財政主義 205
経営資源の動員力 134
経営資源の優位性 55, 135, 136, 137, 209
経験的学習 54
ゲーム理論的交渉 186
建設的コンフリクト 97, 106, 107, 109, 123, 124, 125, 128, 138, 179
権力的交渉 190
権力的紛争処理 37, 44
権力統制型 29
交渉学 44
交渉技能 1, 15, 163, 165, 177, 187, 218
交渉者 140, 141, 142, 143, 150, 163, 166, 167, 168, 176
交渉成立 138
交渉戦略 73, 141, 143, 146, 153, 163, 168, 180, 181, 182, 190
交渉人 55, 56, 108, 138, 141, 152, 154, 156, 157, 161, 168, 174, 178, 181, 195
交渉力 1, 5, 12, 55, 72, 73, 100, 108, 109, 133, 134, 135, 136, 137, 146, 150, 160, 161, 163, 165, 166, 167, 174, 178, 180, 188, 195, 209
交渉理論 12, 90, 132, 160, 177, 190, 196
行動科学的紛争解決 3, 17, 53, 61, 94, 105, 208

コーポレート・ガバナンス　131, 133, 189, 200
国際渉外交渉　208
国際ビジネス交渉　1, 41, 68, 173, 178, 182
固定的な性別役割分業　46, 50
個別交渉　177
コンティンジェンシー理論　105, 115, 123, 157, 192
コンフリクト・マネジメント　1, 3, 4, 8, 10, 11, 17, 20, 25, 33, 34, 35, 43, 44, 48, 49, 51, 52, 53, 56, 57, 58, 60, 61, 65, 66, 69, 71, 72, 80, 81, 87, 90, 94, 96, 99, 100, 102, 110, 114, 115, 117, 118, 122, 124, 125, 126, 128, 129, 132, 133, 134, 135, 147, 154, 160, 183, 187, 189, 196, 203, 207, 208, 209, 210, 212, 213, 217, 219
——能力　48, 207, 213, 219
——力　132, 211
——論　9, 10
コンフリクト・モデル　47
コンフリクト解決　1, 3, 4, 8, 14, 27, 47, 99, 100, 118, 122, 124, 134, 136, 179, 208, 217
——能力　3, 48

〈サ行〉

財政再建団体　197, 199, 200, 201, 202, 203, 206, 210, 211, 212, 215, 216, 218
裁判外紛争解決　21, 33, 40, 70, 97, 115
ジェンダー・コンフリクト　7, 19, 50, 133, 178, 183
ジェンダー・フリー　7, 46, 50
ジェンダーバイアス　7, 19, 20, 45, 46, 50, 77, 106
仕事労働　19, 46, 47, 69, 183
司法的紛争解決　3, 8, 10, 14, 17, 19, 20, 41, 53, 61, 94, 103, 105, 134, 208
司法的紛争処理　33, 51, 52, 115, 128, 178, 189
社会関係資本　5, 180
シャドウ・ワーク　161, 183
集団的交渉　72
状況の法則　107, 109, 120, 123, 133, 209
条件適合理論　43, 52, 53, 105, 123, 133, 163, 192
女性労働の本格化　32, 46, 50
シングル・ループ　146
真の紛争解決　31, 37, 114, 125, 128, 192, 217

随伴的結果　42, 51, 89
水平的調停　83
水平的紛争解決　37
潜在的コンフリクト　48, 81
全体の状況　13, 24, 107, 115, 192
全体の整合性　43, 54, 55, 89, 157, 180, 192, 209
専門調停人　65, 81
戦略的の交渉　137, 177, 188, 189, 192, 209
戦略的選択　123
戦略的提携　160
総合的コンフリクト・マネジメント　88, 105
総合的な紛争解決　94
創造の交渉　195
創造の紛争解決　33, 38, 115
組織間学習　145, 146
組織間交渉　159, 162, 186, 188, 194
組織間紛争　117
組織的学習　17, 34, 40, 71, 146, 187
組織的コンフリクト・マネジメント　189, 191
組織的能力　43, 52, 57, 81, 96, 134, 160, 180, 209
組織の環境適応能力　133
組織の競争優位性　194
組織のダイナミズム　100, 128
組織への一体化結合　108
組織変革のプロセス　194
組織論的コンフリクト・マネジメント論　8

〈夕行〉

対立モデル　107, 114
ダブル・ループ　146, 212
団体交渉　107, 177, 218
調停委員　3, 13, 14, 15, 16, 20, 22, 23, 24, 25, 27, 28, 29, 30, 31, 32, 39, 40, 41, 45, 56, 57, 58, 61, 62, 64, 65, 75, 76, 77, 78, 80, 83, 92, 96, 100, 189, 211
調停機関　137
調停技能　1, 8, 9, 11, 14, 17, 28, 29, 30, 41, 52, 54, 57, 77, 85, 88, 113
調停者　18, 64, 212
調停制度　1, 8, 9, 10, 21, 22, 26, 29, 38, 40, 73, 79, 81, 94
調停成立　22, 41, 55, 59, 64, 74, 81, 92
調停人　11, 13, 19, 21, 22, 24, 26, 30, 31, 37, 38, 39, 41, 45, 52, 53, 54, 56, 57, 62, 63, 64,

69, 70, 71, 73, 74, 77, 80, 82, 86, 91, 92, 93, 100, 106, 108, 110, 112, 113, 114, 115, 119, 124, 128, 138, 191, 192, 193, 197, 203
調停不成立　12, 15, 59
調停力　27, 71, 128
調停理論　8, 9, 10, 17, 18, 30, 34, 37, 40, 41, 52, 55, 56, 57, 58, 61, 76, 86, 89, 91, 92, 93, 94, 112, 113
調和モデル　47, 48, 49, 114
提携交渉　182
敵対的交渉　4, 44, 73, 96, 109, 111, 128, 134, 137, 145, 160, 162, 163, 177, 179, 181, 185, 187, 190, 192, 195, 198, 209, 218
統合的解決　3, 34, 66, 86, 96, 105, 106, 107, 108, 109, 110, 112, 114, 115, 117, 121, 122, 123, 124, 127, 128, 135, 137, 138, 139, 146, 159, 169, 179, 192, 217
統合的交渉　182
統合的な紛争解決　87
取引交渉　136, 142, 143, 159, 161, 174, 181
取引コスト　5, 15, 16, 52, 56, 73, 159, 166, 173, 174, 181, 193, 218

〈ナ行〉

内在的コンフリクト　49
日本フォレット協会　97
認証 ADR　80, 81
　――機関　71, 80, 81, 82, 90, 92, 93, 94, 138

〈ハ行〉

ハーバード流交渉術　96, 106, 109, 110, 111, 113, 117, 120, 124, 125, 138, 159, 171, 173, 174, 175, 176, 179, 192
ビジネス交渉　3, 4, 132, 134, 137, 159, 160, 161, 163, 165, 166, 178, 179, 180, 181, 187, 188, 190, 193, 209
ビジネスモデル　60, 80, 181
部分的包含　32
紛争解決　8, 9, 10, 11, 13, 19, 20, 21, 24, 25, 26, 29, 31, 33, 34, 37, 38, 43, 44, 45, 51, 52, 53, 57, 58, 60, 61, 64, 69, 70, 71, 73, 74, 79, 80, 81, 82, 84, 85, 86, 87, 88, 90, 91, 93, 94, 96, 101, 102, 103, 105, 106, 108, 113, 114, 115, 118, 119, 121, 122, 128, 134, 145, 164, 165, 186, 189, 193, 208
　――意欲　25, 71
　――技能　34, 89
　――規範　24, 25, 26, 145, 193
　――交渉　82
　――能力　20, 34, 49, 57, 64, 189
　――力　1, 208
紛争の全体的状況　105
法　57
　――的紛争処理　49, 53, 107

〈マ行〉

ミシガン研究　97, 102, 133
民事訴訟理論　84
民事調停　8, 9, 11, 45, 80, 84, 92, 93, 137
民事調停委員　11, 71, 76, 77, 93, 114, 208, 210
民事紛争解決　84

〈ヤ行〉

有効多様性　42, 115

人名索引

⟨ア行⟩

アージリス, C. 131, 133, 142, 146, 212
アンドリュス, F.M. 117
ウィリアムソン, O.E. 56, 159
榎本世彦 116, 120, 122
太田肇 207, 214
オルドリッチ, H.E. 2

⟨カ行⟩

カーン, R.L. 3, 104, 117, 133
カッツ, D. 3, 104, 117, 133
加藤勝康 116
グラハム, P. 122, 123
コース, D. 159
コース, R.H. 56
コールマン, S.W. 143

⟨サ行⟩

サイモン, H.A. 64, 117, 133, 134, 186, 208, 209
佐々木信夫 215, 216
サスキンド, R. 153
サランシック, G.R. 209
シャピロ, D. 141, 156
セベニウス, J.K. 152
セルズニック, P. 204

⟨タ行⟩

田中成明 83, 84, 85, 89, 160
田村次朗 138, 168, 169
チャイルド, J. 123
ドラッカー, P.F. 72, 126, 207
トン, J.C. 121

⟨ハ行⟩

ハーシュマン, A.O. 81
バーナード, C.I. 3, 10, 24, 63, 82, 83, 96, 98, 100, 103, 106, 107, 108, 109, 111, 112, 113, 115, 116, 117, 120, 121, 126, 131, 133, 137, 139, 159, 161, 180, 183, 186, 195, 207, 208, 217
フィッシャー, R. 141, 151, 156, 171, 172
フープス, J. 126, 127
フェファー, J. 135, 137, 143, 209
フォレット, M.P. 3, 4, 10, 13, 17, 24, 26, 34, 45, 61, 65, 66, 83, 86, 87, 96, 97, 98, 99, 100, 105, 106, 107, 108, 109, 110, 111, 112, 113, 114, 115, 116, 117, 118, 119, 120, 121, 122, 123, 124, 125, 126, 127, 128, 129, 131, 133, 135, 136, 137, 138, 139, 146, 157, 159, 161, 169, 179, 183, 191, 192, 195, 208, 209, 217
藤田忠 166, 195, 196
ブラウ, P.M. 186
ブレット, J.M. 109, 142, 143, 163, 164, 167, 171, 173
ベイザーマン, M.H. 149, 171
ペルツ, D.C. 117
ボールディング, K.E. 98, 102, 103, 104
ホワイトヘッド, A.N. 119
ポンディ, L.R. 98

⟨マ行⟩

マーチ, J.G. 133, 183, 186, 208, 209
マズロー, A. 142
マニックス, E.A. 72, 73, 149
三戸公 47, 51, 107, 119, 120, 121, 122, 123
ミンツバーグ, H. 65, 86, 171
守屋明 94

⟨ヤ行⟩

ユーリー, W. 109, 171, 173, 179
吉田猛史 145

⟨ラ行⟩

レイダー, E. 143

レヴィン, K. 194
ローシュ, J.W. 104, 105, 109, 122, 123, 124, 133, 136, 157, 163, 173, 191, 192
ローレンス, P.P. 104, 105, 109, 122, 123, 124, 133, 136, 157, 162, 173, 191, 192

〈ワ行〉

渡瀬浩 83, 111

著者紹介

数家　鉄治（かずや　てつじ）
1944年生まれ
大阪府立大学大学院経済学研究科博士課程を経て，米国ミシガン大学経営大学院留学。
1973年　大阪商業大学商経学部専任講師，助教授，教授を経て，
現　在　同総合経営学部教授

著　書

『経営の組織理論』白桃書房，1980年。
『現代経営の組織理論』文眞堂，1985年（新増補補正版，1998年）。
『日本的システムとジェンダー』白桃書房，1999年。
『ジェンダー・組織・制度』白桃書房，2003年。
『コンフリクト・マネジメント』晃洋書房，2005年。
その他，共著，分担執筆多数。

組織の交渉と調停

2008年4月10日　第1版第1刷発行　　　　　　検印省略
2010年4月10日　第1版第2刷発行

著　　者	数　家　鉄　治
発　行　者	前　野　　　弘
発　行　所	東京都新宿区早稲田鶴巻町533 株式会社 文眞堂 電　話　03（3202）8480 ＦＡＸ　03（3203）2638 http://www.bunshin-do.co.jp 郵便番号 (162-0041) 振替 00120-2-96437

印刷・㈱キタジマ　製本・イマヰ製本所

Ⓒ 2008
定価はカバー裏に表示してあります
ISBN978-4-8309-4616-5 C3034